U0509825

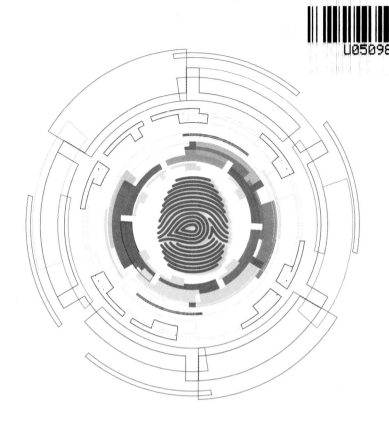

FinTech+

金融科技的创新、创业与案例

王阳雯◎著

经济管理出版社
ECONOMY & MANAGEMENT PUBLISHING HOUSE

图书在版编目（CIP）数据

FinTech+：金融科技的创新、创业与案例/王阳雯著. —北京：经济管理出版社，2018. 2

ISBN 978-7-5096-5674-7

Ⅰ. ①F… Ⅱ. ①王… Ⅲ. ①科学技术—金融—研究 Ⅳ. ①F830

中国版本图书馆 CIP 数据核字（2018）第 038092 号

组稿编辑：陈 力
责任编辑：杨国强 张瑞军
责任印制：黄章平
责任校对：王淑卿

出版发行：经济管理出版社
　　　　　（北京市海淀区北蜂窝 8 号中雅大厦 A 座 11 层　100038）
网　　址：www. E-mp. com. cn
电　　话：(010) 51915602
印　　刷：三河市延风印装有限公司
经　　销：新华书店
开　　本：720mm×1000mm/16
印　　张：20
字　　数：363 千字
版　　次：2018 年 5 月第 1 版　2018 年 5 月第 1 次印刷
书　　号：ISBN 978-7-5096-5674-7
定　　价：58.00 元

·版权所有　翻印必究·

凡购本社图书，如有印装错误，由本社读者服务部负责调换。

联系地址：北京阜外月坛北小街 2 号

电话：(010) 68022974　　邮编：100836

前　言

　　本书的缘起是我在金融、创新与企业战略跨界研究和实践经历中的观察及思考。现代金融业是信息密集型行业，信息科技的演进为金融和相关行业提供了持续的创新活力。在近两年里，FinTech 技术已经发展到了其应用成本可以被商业接受的阶段，FinTech 的创业和投融资的井喷，预示着其是未来十年的风口。

　　十年前，我在英国伦敦一家国际投行从事战略变革与流程重组工作，期间亲历了全球金融危机的爆发。多阶段归因积淀下来，学界对这次危机总结出的缘由之一是，全球金融科技创新遇阻。对大型金融机构积存已久的信息不对称问题，在以往的金融微创新中，甚至是以金融电子化和信息化为主要特征的互联网金融创新中，都难以得到质的改善。

　　而以大数据、去中介、智能化为主要特征的金融科技，以其强大的信息能力助力金融，为提升金融效率、降低信息不对称风险带来了曙光。金融科技的快速发展，正在改变金融的业务流程、商业模式，甚至挑战传统的金融思维。而此轮由次贷危机引发的全球金融风暴成为过去的标志，正是 FinTech 领域里程碑式的科技创新。科技不但能提升金融效率，更能助力金融稳定。

　　两年后，我到香港中文大学攻读博士，从事企业战略研究。香港作为富有活力的国际金融中心，拥有国际顶级的金融机构、人才和先进的实践案例。深入其中的观察和交流，为我的研究进一步开阔了视野。同时，国际金融机构高额的服务费用、金融从业人员远高于其他行业的收入水平，也引发了我的思考：金融行业为何能长期享有高水平的超额利润？金融中介机构能获得高额的利润，其实正反映了整体金融效率还有提升的空间。同时，金融行业的高额利润，也会刺激外部的创业者和企业，使他们更有动力进入金融行业，通过破坏性的创新攫取金融市场的机会。FinTech 的去中介与智能化特征，正是破题的关键所在。

　　同时，我也从企业国际战略研究的视角，不断思考中国的 FinTech 环境和FinTech 企业在国际上的竞争力。我所在的香港中文大学企业国际战略研究团队，常年在学术研究领域保持国际领先。团队对中国创新研究问题的脑力激荡，启发我思考：在不同国别市场和产业发展的情境下，中国 FinTech 企业的优、劣势在哪里？中国 FinTech 创新应用的切入点与欧美有哪些差异，有哪些关键的环境变量？中国的 FinTech 企业是如何实现从对国际创新的模仿（Copy to China）到对国际输出创新（Copy from China）之间的转换的？

从 2014 年起，我在中国人民大学商学院继续开展学术研究和教学。在讲授《企业战略管理》课程时我意识到，现有教材的知识体系其实已落后于日新月异的实践发展。战略管理理论的主要流派，是以产业结构分析为基础的竞争战略理论和以资源及知识为基础的核心竞争力战略理论。当前，世界主要经济体已经从工业文明跃迁到信息文明，而企业的竞争也从供给端转向消费端，我们的战略理论也应该关注企业如何更好地理解、挖掘和实现客户价值主张。

在给国际学生讲授《创业创新管理》课程时，很多"95 后""00 后"的学生们对 FinTech 创新都非常感兴趣。我引导学生思考的一个重要问题是，FinTech 创新的主体是谁？FinTech 创新更多来源于成熟企业的内部创业，还是新进入者的创业行为？这一方面是个创业问题，关乎市场机会的发现和实现。另一方面是个战略问题，关乎企业，特别是金融行业的在位者，怎样在主流业务的投入、现有顾客的满足，与把握创新的机会与金融未来趋势之间进行平衡。

2018 年被称为中国金融科技大发展之年。中国适逢历史性变革的机遇，是全球 FinTech 最有活力的区域之一。科技创新成为国家发展战略的核心，从顶层政策设计对创新的包容和激励，到各界对人工智能、区块链、大数据等 FinTech 产业落地的高度共识，都使得金融产品迭代、行业重构、生态演进，乃至环境改变成为大概率事件。中国学者有更多的理论总结和创新机会，为金融科技领域的研究做出贡献。

理论来源于实践，升华后又需要有指导实践的能力。在这些年的管理咨询中，我也看到非常多的企业在积极地发掘创新机会。特别是在 FinTech 领域，相关的探索和尝试层出不穷，探索者也经常转向学术界，希望获得更多的经验总结、案例借鉴和理论指导。

对金融、企业战略和创新创业研究与实践的长期关注，使我意识到，FinTech 是一个跨学科的研究领域，具备很大的理论创新潜力。同时，FinTech 又是一个新趋势，从业者对 FinTech 的热情更让我觉得有责任发挥作为学者的研究专长，对实践进行总结、提炼和理论升华。借马云的话来说，对于新生事物带来的创业机会，被淘汰的企业和个人往往经历了"看不见，看不起，看不懂，来不及"四个阶段。如何在这一波新的技术革命中，帮助中国企业快速地理解、把握金融变革的机会，我觉得这是我作为曾经的金融从业者、现在的战略和创新研究学者的责任所在。

本书主要的创新点

本书的创新之一是跨学科的研究视角。金融科技（FinTech）由"Financial Technology"合成而来，是"应用于金融的技术"，对其的解读、理解可以有金融、科技、创新、创业、商业模式等不同的角度。随着FinTech创业和投融资的井喷，各种研究报告和相关书籍层出不穷。但我在广泛阅读后发现，相关资料多是由技术从业者编写，或者是投研机构针对发展得较成熟的运用场景出具的研究报告；仍然缺少从学术视角对FinTech创新背后理论逻辑的解释，也缺少对FinTech创新与传统金融关系的梳理。

同时，这个新时代的商业竞争，必然融合技术的发展。不懂技术，将无法理解其应用，更遑论发现商业机会、进行商业模式的创新。同时，掌握技术只是把握商机的必要但不充分条件。FinTech技术能否转化为落地的商业创新，需要融合金融学、创业学、企业战略学等多方面知识的催化。

因此，本书从观察者与研究者的角度，融合金融、创新与企业战略理论，试图透过纷繁的现象，梳理FinTech的概念，探究其背后的理论原因。

本书的创新之二是理论与实务的深度融合，技术与场景的知行合一。我们已经站在金融科技新时代的起点。人工智能、区块链、云计算、大数据、物联网等新技术从概念到落地，越来越多地应用到金融和其他领域，推动业务动态重构和场景跨界融合。行业生态正在向成本更低、效率更高、迭代更快、用户感知更好的方向进化。本书将FinTech放入技术发展与商业创新的理论对话中，系统梳理了FinTech技术商业化应用的条件、创新突破点和商业模式。同时，梳理实务中金融科技顺应现代科技发展和数字化时代客户需求变化，为金融各领域赋能，对传统业态提出的挑战。

本书的创新之三是案例剖析凝练深化，聚焦创新落地。中共十九大报告提出，创新成为经济发展的驱动力。中国已经积累了丰富的模式创新成果，技术创新也在发力。中国科技进步的标志远不止"新四大发明"（高铁、支付宝、共享单车和网购），"大众创业、万众创新"背景下的"FinTech+"模式拥有天时、地利、人和，对中国企业而言是创新发力、弯道超车的好机会。本书提供了大量金融行业FinTech应用的领先案例和不同类型中国企业的FinTech创业案例，以供参照。

本书的主要内容

本书从四个层面论述了 FinTech 带来的影响和变革：

在行业层面，创新性地解决传统金融痛点；在企业层面，抓住 FinTech 创业创新的机会，介绍了不同资源类型企业的 FinTech 创业路径；在国家层面，分析 FinTech 在科技实力、经济发展和法律制度方面给中国带来的机会；在个人层面，阐述个人如何迎接 FinTech 时代的来临，调整职业发展思维，做好知识储备。从而试图回答产学研各界关注的以下问题：

FinTech 为什么这么热；是否可以从以往的技术创新找到规律，预判它的发展和应用前景？

FinTech 参与下的未来金融行业会是怎样一幅图景；FinTech 如何给金融行业带来改变？

FinTech 能为企业带来什么好处；企业应该怎样抓住 FinTech 的机会，实现这些收益；FinTech 的商业模式是什么？

FinTech 会给我们个人的生活、学习和职业发展带来怎样的变革和机会？

针对以上问题，全书分为四大部分，共十七章：

第 1 部分包括三章，是关于金融科技的概念与理论基础、金融科技的技术基础和全球金融科技发展的概述。

第 2 部分包括七章，分述"FinTech"在不同金融职能领域的应用，包括征信业务、支付与结算业务、保险业务、融资活动、投资活动、风险管理和基于区块链技术的可编程数字货币。

第 3 部分包括四章，总结 FinTech 创业创新的机遇，分别介绍金融企业、科技企业和初创企业在 FinTech 领域的创业逻辑与实践。

第 4 部分包括三章，展望 FinTech 的未来，分为风险与监管、中国弯道超车的机会、个人学习与发展。

本书的读者对象

首先，本书的读者对象是希望理解 FinTech 技术、了解 FinTech 赋能与颠覆能力的金融从业者。金融行业无疑是 FinTech 优化、赋能、解构、重塑的行业，金融从业者"必须不停地奔跑，才能留在原地"；本书的理论体系和经典案例，将帮助金融从业者找到奔跑的方向和动能。

其次，希望增进金融与商业知识，将 FinTech 进行商业化应用的技术人员可以将本书作为重要参考。新时代的舞台是更大的舞台，科技咖可能收获更多更大的机会。创新之父熊彼特将创新定义为"解决问题的能力"，技术人士可以将本书中 FinTech 创新的方法论，作为技术与 FinTech 商业化应用机会的连接器，为行业、企业与自身赋能。

再次，本书的读者对象是渴望系统学习 FinTech 创业与创新知识的高校学生。大学生、研究生是所有成功企业的目标超级用户；对应来看，熟读本书，做最好的自己，连接本书提炼出的 A（人工智能）、B（区块链）、C（云计算）、D（大数据）、E（物联网）资源，就是有志于此的同学们最优化的人生算法。

最后，本书希望成为对 FinTech 发展现状与未来有全局认识的读者，学而时习之的参考工具书。"人生就像滚雪球，重要的是发现很湿的雪和很长的坡"（沃伦·巴菲特），毋庸置疑，"FinTech+"就是这个雪坡。

致谢

感谢中国人民大学金融科技与区块链大数据研究所、中国人民大学 FinTech 私董会（FinTech 校友会筹）提供的 FinTech 资源会聚平台和学术支持。感谢李志杰博士在选题论证、研讨会筹备、创新实务等方面的帮助。感谢邵玲、李雪婷、刘聪、陈平、何明钦、黄千员等老师和同学在本书撰写过程中提供的支持。

金融科技，未来已来。让我们一起拥抱"FinTech+"的新时代！

目　录

第1部分　金融科技概述

第2部分　赋能与颠覆：金融行业的 FinTech 解决方案

第 3 部分　机遇：FinTech 创新创业

第4部分　发展：FinTech 的未来

第
1
部
分　　金融科技概述

第1章
金融科技的概念与理论基础

1.1　FinTech 的界定

1.1.1　金融科技（FinTech）

金融科技的时代已经来临。根据 FinTech 行业报告，2017 年上半年，全球风险投资机构对 FinTech 企业的投资金额达到了 80 亿美元。2016 年，全球 FinTech 公司的投资价值相较于 2015 年增长了 75%（Skan，Dickerson & Gagliardi，2016）。而这仅仅是一个开始。行业研究人员认为，金融科技将持续、快速地增长。

金融科技是一个舶来词，英文为 Financial Technology，简称 FinTech。金融科技成长的过程是一个金融与技术相互作用、共同促进的过程。这个互动的过程带来了一系列的创新成果，给金融业带来了一系列的业务赋能甚至是颠覆，典型例子包括大数据风控、移动支付、在线身份识别、P2P 网贷、智能投顾、保险科技和可编程加密货币等。可以说 FinTech 在大众甚至还没有意识到的时候，就已经渗透进了我们生活的方方面面。有人认为 FinTech 指的是技术，是区块链、人工智能、云计算等新名词的总称；有人把 FinTech 跟互联网金融的概念等同，认为 FinTech 是互联网金融的别称；还有人认为 FinTech 是领先于互联网金融的新金融趋势。大家对于 FinTech 的观点不同，哪一种看法更加正确呢？对于 Fin-Tech 有没有一个科学的可操作的定义呢？我们来看一下关于金融科技相对主流的定义：

➤ 技术视角

定义一：金融科技（FinTech）是金融领域的技术解决方案，包含所有能够给现有金融服务带来创新的事物，尤其指那些能够快速给产业带来变革的技术。

这个定义来自 Hayen（2016）的著作 "FinTech：The Impact and Influence of Financial Technology on Banking and the Finance Industry"。在书中，Hayen 认为 FinTech 是一种技术解决方案。这样的定义和牛津词典中对于 "FinTech" 这个单词的解释不约而同，牛津词典将 FinTech 定义为 "用于支持银行和金融服务的计算机程序和其他技术"。不难看出，Hayen 和牛津词典的定义都认为 FinTech 的核心是技术，这也符合对 FinTech 的字面理解，金融科技即是金融中的技术解决方案。

➤ 产业视角

定义二：金融科技（FinTech）是利用技术来改进金融活动的新的金融产业。

这个定义是国外学者 Schueffel（2016）回顾了 200 多篇关于 FinTech 的学术论文总结得出的。Schueffel 将 FinTech 定义为一个新的金融产业，他认为这个定义体现了 FinTech 的核心要素是金融，并且兼顾了 FinTech 中出现的技术创新。同时，这个定义又排除了那些不属于 FinTech 的要素，能够将 FinTech 与传统金融中的人工服务区分开。

定义三：金融科技（FinTech）是一个由一群使用新技术来支持金融服务的企业组成的产业，这些企业具有基于信息通信技术的创新性和破坏性的商业模式。

这个定义来自 Nicoletti（2017）的 "The Future of FinTech：Integrating Finance and Technology in Financial Services" 一书。Nicoletti 认为 FinTech 需要从两个方面来理解：一方面，FinTech 产业中不只包括创业企业，由于很多 FinTech 创业企业非常显眼，这让大家产生了 FinTech 的参与者只有创业企业的误解，但实际上许多成熟企业也开始利用 FinTech 来改进自身的业务；另一方面，虽然定义中没有详述 FinTech 的细节，但 FinTech 不是一个简单的产业，这个产业的特点是它包含着复杂的技术解决方案。

以上三个定义应该涵盖了业界和学者对于 FinTech 的大部分观点。分析这三个定义可以发现两个冲突点：第一个冲突点是 FinTech 的焦点到底是金融还是科技。很明显，定义一将 FinTech 的关注点放在技术上，认为 FinTech 是技术的解决方案，而金融不过是这一解决方案的应用场景。定义二和定义三的关注点则在金融上，它们把技术看作是实现金融效率提升的途径。从实践总结来看，Fin-

Tech 的核心应该是金融，虽然 FinTech 中的各项技术（区块链、大数据、云计算、人工智能、物联网等）吸引着人们的眼球，但可以发现它们最普遍的应用都在金融活动中。因此，本书认为 FinTech 首先应该定义为一个金融产业。

第二个冲突点在于 FinTech 产业是否只包含创业企业。这一点实际上在Nicoletti（2017）对 FinTech 的定义中已经有了解答。从现实案例中我们看到，运用 FinTech 进行金融创新的企业，不仅有创业企业，也有许多致力于运用技术改进传统业务的金融机构。例如，世界最大的区块链技术联盟，R3 区块链联盟，迄今已经吸引了 42 家银行业国际巨头的参与，包括富国银行、美国银行、花旗银行、德意志银行、汇丰银行等。我国的四大国有银行也都成立了区块链研究中心。

要准确定义 FinTech，还有一个关键问题是 FinTech 中的金融和技术是如何有机地结合的。FinTech 的发展是金融和技术共同演进的结果，但 FinTech 并非是金融和技术简单的"1 + 1"，对商业模式的创新在其中起到重要的调和剂作用（Nicoletti，2017）。在 Nicoletti（2017）的定义中，FinTech 创新仅仅涵盖破坏性的商业模式创新（Christensen，1997），这样的定义未免过于狭窄。在现实的FinTech 应用中，我们观察到大量的基于已有金融业务产生的持续性改进型创新。因此，我们认为对商业模式的破坏性创新和持续性创新都在金融和技术的整合上发挥了重要的作用。

对此我们提出本书对 FinTech 的定义：金融科技（FinTech）是通过创新性的商业模式，利用信息技术来改进金融服务的一个新的金融产业。对商业模式的创新既包括持续性创新，又包括破坏性创新；这个产业的参与者既有成熟企业，又有创业企业。

这个定义包含三层含义：首先，FinTech 是一个金融产业；其次，这个产业中的公司通过持续性或破坏性的创新商业模式，来实现信息技术对金融服务的改进；最后，这个产业的参与者和竞争者是同时包括成熟企业和创业企业的。

1.1.2 概念区分：金融科技、科技金融与互联网金融

很多人对金融科技（FinTech）、科技金融（TechFin）和互联网金融三个词感到困惑。它们到底是对同一个事物的不同称呼，还是对不同事物的描述呢？

虽然这三个名词里都有"金融"二字，并且它们出现的时间也相差不远，但这三个名词描述的对象是有差别的。我们首先来看一下金融科技和科技金融的区别。

金融科技（FinTech）和科技金融（TechFin）虽然只有词语顺序的不同，但在本质上有很大的差别。虽然它们讨论的都是金融与技术，但在关注的焦点、金融与技术的关系以及参与的主体上有很大的区别。

在关注的焦点上，如前文所提到的，金融科技焦点是金融，技术是提升金融效率的途径，旨在解决的问题是金融服务中效率提升的问题。而科技金融关注的焦点是技术，它把金融看作支持前沿科技的手段，旨在解决前沿科技的资金困难问题。

在金融与技术的关系上，金融科技利用新技术提升金融的效率，利用创新的商业模式实现新技术对于金融服务的提升。在科技金融中，金融为前沿科技解决资金的问题，以推动技术创业创新的发展。

在参与对象上，金融科技主要的参与主体是金融企业，以及有志于提供金融服务的科技企业及创业企业。科技金融主要的参与主体是致力于提供创新型技术产品的科技企业，金融企业在其中的作用是提供支持服务。

我们对金融科技和互联网金融做一个区分。很多人会把金融科技和互联网金融混为一谈，这两者之间的确有很强的重合度，但并非是完全等同的。金融科技在覆盖面、创新程度与参与主体上，比互联网金融更进了一步。

第一，金融科技比互联网金融的覆盖面更广。这体现在金融科技的技术和应用范围上。在技术上，互联网仅仅是金融科技的一项基础技术，在此基础上，金融科技运用了如人工智能、大数据、区块链等更新的信息科技。在应用范围上，金融科技覆盖了线上线下几乎所有的金融业务，包括支付清算、融资、基础设施、投资管理、借贷、财富管理、支付、保险、众筹、征信等。

第二，金融科技比互联网金融的创新程度更高。互联网金融将互联网视为一个新的渠道，将传统的金融服务转移到线上，但对金融的基本功能、业务逻辑等变革较小。而金融科技是金融行业的整体革命，它从解决信息不对称这一金融基本问题着手，力图用新技术提高传统金融的效率，甚至对传统的金融业务进行颠覆。

第三，金融科技的参与主体更加多元。相较于互联网金融，金融科技受到更多科技企业的推动，科技企业和金融企业的良性互动带来了金融科技的快速发展。同时，FinTech产业吸引了更多的外部进入者，无论是技术背景还是金融、商业背景的创业者，都能在这一领域发现机会，他们共同形成了FinTech产业的推动力量。

我们也需要注意到，金融科技和互联网金融的发展不能被完全地割裂开来。

很多原有的互联网金融公司逐渐升级为金融科技公司，互联网金融和金融科技更像是金融行业变革的不同阶段。互联网金融是金融业在互联网技术浪潮到来时的服务手段升级，金融科技则是各种信息技术深入金融业后带来的金融思维和模式的变革。这一点我们在第 1.3 节（FinTech 对金融行业的变革过程）中会详细阐述。

1.2 FinTech 创新的理论基础

1.2.1 信息不对称带来的金融交易成本

FinTech 的核心在于金融，是金融业的一次革命，所以弄清金融科技的创新点，首先要从金融入手。我们先看看金融的定义。《辞源》（1915）中说："今谓金钱之融通曰金融，旧称银根。"《辞海》（1979）则把金融定义为"货币资金的融通。一般指与货币流通与银行信用有关的一切活动"。1986 年，韦伯词典中把相当于本书口径的"Finance"定义为："包含资金流转、信用保证、投资和提供银行业设施的系统。"

总结来说，"金融"，即资金的融通，指通过货币流通和信用渠道以融通资金的经济活动，其目的是实现资金在空间和时间上的有效配置。在没有金融的年代，由于地理和其他各种客观条件的限制，人们都通过面对面的物物交换来完成交易。而随着商品经济的发展，交易的范围不断加大，跨地区、跨时期的交易逐渐增多。为了实现资产的跨地与跨时配置，货币、票据、银行都相继出现，继而出现了更多的资金配置方式，金融也逐渐成为一个新的行业。

信用是金融交易的基础。金融中的信用（Credit，源于拉丁文 credo）本身是一个经济学概念，指的是一种在未来的某一时间支付而现在取得物品或服务的能力，这种能力建立在对未来支付的信任的基础上。因此，信用（Credit）也可以被看作是一种支付手段。正因为有信用的存在，金融领域的一系列活动，如存贷款、投资、融资、保险等，才有发生的基础。

金融中的信用风险，是借贷人违约的风险。由于金融活动中各方的信息不对称，金融机构无法准确评估借贷人的还款能力和还款意愿，这是信用风险产生的根本原因。在传统经济学对"理性人"的基本假设中，重要的一条是市场参与者拥有完全的市场信息，因而能基于信息做出最优决策。但学者们早已认同，现实生活中市场主体不可能拥有完全的市场信息。同时，市场主体对有关信息的掌握是有差异的，往往卖方对信息的掌握要比买方多。这就造成了经济活动中的信息不对称（Informationasymmetry）。

在信息不对称的情况下，掌握信息比较充分的人员，往往处于比较有利的地位，而信息贫乏的人员，则处于比较不利的地位。信息不对称会导致信息拥有方为牟取自身更大的利益，而使另一方的利益受到损害。

我们以借贷活动为例，说明信息不对称为何会提高金融活动的交易成本。在贷款人与借款人直接的资金融通过程中，由于贷款人与借款人之间存在信息不对称，贷款人处于信息劣势的位置，其难以获知借款人的真实信息，因而其出借的资金要承担逆向选择风险和道德风险。逆向选择风险源于事前的信息不对称，想要借钱的人可能正是信用水平不高的人；道德风险源于事后的信息不对称，借款人在借款发生后，还款能力或意愿降低。借款人为获得资金，需要为这些风险支付溢价，以补偿贷款人的出借风险。贷款人也必须要付信息收集与评估的成本与监控和督促履约的成本等，这些成本共同构成了金融活动的交易成本。

1.2.2　金融中介机构与交易成本

因为信息不对称的存在，贷款人与借款人之间进行直接的资金融通，会产生巨大的交易成本。金融中介作为一个信用媒介，出现在最终贷款人和最终借款人之间。金融中介作为第三方机构，为交易双方承担金融活动的风险，并由此取得报酬。交易成本理论认为，控制金融信用风险，减少信息不对称性，从而降低金融活动的交易成本，是金融中介产生的根本原因（Scholes，Benston & Smith，1976）。

金融中介的收益来自于其在信息获取和交易监督上的比较优势（Boyd & Smit，1992）。因此信息生产的效率和准确性，对金融机构至关重要。在金融中介出现之后的上百年间，尽管金融服务的模式不断创新，甚至在互联网金融时代，渠道也由线下拓展到线上，但金融服务仍然价格高昂，金融创新并未给借贷双方带来显著的实际收益。其原因是在信息生产的效率和质量上，技术并没有取得突破性的进展。在技术和服务上的微创新，无法使中介成本有明显的下降。

Philippon（2015）发表在《美国经济评论》上的文章，计算了从 19 世纪末到 21 世纪初金融中介成本的变化。单位金融中介成本的计算方法是用金融行业该年利润和薪金总和，除以该年的 GDP。结果显示，一个世纪以来，金融服务机构的中介成本一直在 1.5%~2%波动，并没有显著降低，见图 1.1。

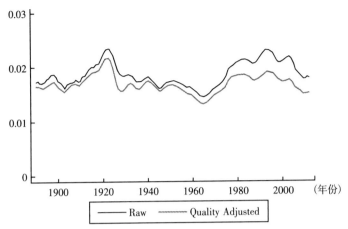

图 1.1　19 世纪末到 21 世纪初金融中介成本变化

1.2.3　FinTech 带来的破坏性创新

在 FinTech 时代，信息能力成为企业最重要的竞争力。信息具有共享性与再生性，这些特性使得信息的价值不会随着其使用而受到损耗，反而可以在原有信息使用的基础上产生新的信息。信息被利用的人数越多、范围越广，信息的价值越能得到充分的发挥，并且产生的新信息也会越多，这时信息的价值还会增加。信息资源的共享性和再生性使它与传统的物质资源区分开来：在自然界中，物质和能量是守恒的，其总量保持不变，信息资源的数量是呈指数级增长的。因此，信息将支配其他资源，未来的商业竞争是基于信息能力的竞争。

本书把信息能力定义为对信息的获取、存储、清洗、运算，以及运用已有信息创造新信息的能力。信息能力将帮助企业降低信息成本和经济活动中的信息不对称性。FinTech 的发展得益于信息领域的技术突破。其中，具有代表性的 "A、B、C、D、E" 技术（人工智能、区块链、云计算、大数据、物联网技术），是对信息能力构建方式的破坏性创新。原先企业通过积累市场运营经验获取市场知识。在 FinTech 时代，企业通过信息技术，大范围地获取市场知识和客户信息，甚至用机器对信息的学习能力，取代原有以人为基础的经验学习。

根据 Christensen（1997）对于创新的分类，创新分为持续性创新和破坏性创新。持续性创新在现有市场和产品的基础上，通过创新不断提升现有产品的性能和生产效率，使其能更好地满足客户需求。由于市场上的领军企业在资源、人才和了解顾客方面更有优势，它们往往也是持续性创新的领头人。持续性创新是在原有基础上的创新，不会让现有市场的主流企业、产品与目标顾客发生重大改变。在 FinTech 出现之前，金融行业的改进属于持续性创新。

而 FinTech 对金融行业的变革，则是破坏性的创新。破坏性创新重新定义了顾客的需求，试图通过为顾客创造新价值，打破现有市场格局。破坏性创新的"破坏"是相对于市场主流的企业、技术和产品而言的。它在主流市场的发展之外找到一条新路径，通过创新降低产品或服务的成本，或是降低产品的使用门槛（例如使产品更便携），以满足边缘市场或低端市场中被主流企业忽视的需求。

由于破坏性创新的发展与市场主流的产品、顾客需求会产生竞争，因而容易受到大企业的压制，更多的破坏性创新尝试是由小型企业和行业的新进入者做出的。FinTech 在金融领域的变革，最初也是由外力带来的。信息领域新技术的飞速发展，使科技企业向外寻找可以将这些先进技术进行商业转化的应用场景。金融行业的高利润率是一块诱人的蛋糕，吸引着这些潜在的进入者。FinTech 首先瞄准的是低净值的"长尾客户"。而随着技术的改进，破坏性创新下产生的产品性能和服务水平不断提升，加上其低成本和便捷性的优势，终会将主流金融市场中的客户吸引到这一新的价值网络中。

FinTech 对原有金融产业的价值网络造成破坏性打击，是不可避免的。FinTech 涵盖金融领域的信息技术创新和以技术驱动的商业模式创新。这种创新会破坏现有的行业结构，模糊行业的边界，彻底改变现有企业创造和提供产品与服务的方式。FinTech 时代的金融服务将呈现去中介化、普惠化和大规模定制化等新特征。

具体来说，区块链直接挑战了金融交易的记录和存储方式，并改变了金融活动中的信任基础，使用机器信任代替制度信任成为可能。人工智能运用机器学习，把信息的搜寻和监控范围提升到人力不可能达到的广度，并大大降低了获取信息的成本。进一步地，人工智能还能帮助企业基于信息自动化地做出决策并执行决策。大数据的使用使得原本分散的信息得到聚拢，通过分析信息之间的联系，企业可以实现对个体客户需求和风险水平的精准画像。

FinTech 为金融行业带来的破坏性创新将主要体现在客户、渠道与产品上。在目标客户上，低门槛"普惠化"将成为主流，原本低净值高风险的个人金融、小微企业金融等长尾客户，将成为新的目标客户群。这将大大拓展金融行业的服务对象。在渠道上，将出现"去中介化"甚至去中心化的金融流程。自动化平台化的金融服务将使传统的实体金融机构"隐形"。金融中介对服务效率和服务成本的竞争将越发激烈。在产品上，基于用户画像，金融机构能够实现大规模低成本的定制化服务，并且能够针对个体风险，实行金融服务的差别定价。因此，金融服务满足客户差异化需求的能力也将大大提高。

1.3 FinTech 对金融行业的变革过程

1.3.1 FinTech 创新的扩散

FinTech 是金融业的一次革命，革命的过程是新的信息技术在金融领域的扩散过程。根据美国学者埃弗雷特·罗杰斯（Rogers，1976）的创新扩散理论，创新的扩散是一个社会构建过程，除了受到创新自身特性的影响外，还受到创新的接收者、传播渠道、时间和社会系统等外界因素的影响。下面我们一一分析 Fin-Tech 创新扩散的外部影响因素。

> **FinTech 的接收者**

FinTech 创新的扩散，除了受到创新领导企业（Innovator）的推动，也与创新跟随企业（Adopter）对 FinTech 技术的学习和对 FinTech 商业模式的模仿密不可分。创新的接收者是指那些通过评估创新与现有体系的结合度、学习的难易度以及推广的风险和阻碍，将创新应用于现有系统的主体（Rogers，1976）。

创新的接收主体既包括组织，也包括个人。创新的接收是一个学习和模仿的过程，所以其速度和程度会受到接收主体原有知识结构的影响（Kogut & Zander，1992）。同时，新技术的采纳是一个主动的过程，与接收主体对创新的态度密不可分（Karahanna，Straub & Chervany，1999）。按照创新接收者知识背景和创新动机的不同，我们将 FinTech 创新的接收者分为传统金融企业、科技企业与创业者三大类。它们在 FinTech 创新的应用上具有不同的动机、优劣势和竞争战略。

传统金融企业的 FinTech 应用模式主要是持续性创新。它们的动力来自于行业内激烈的竞争压力和新进入者带来的威胁，其主要创新方式是基于其原有金融业务的持续改进，利用 FinTech 提升效率，降低成本。同时，传统金融企业开始以投资、合作等投入和承诺较低的方式，布局 FinTech 新业务。随着市场的成长，传统金融企业会逐渐加大对 FinTech 的资源投入。

科技公司本身既是 FinTech 的技术来源，又是 FinTech 商业创新的接收者。它们进军金融业的主要动力是为新技术寻找应用的场景，进行商业转化。它们具有技术优势，但欠缺在金融行业的资源、经验与深刻的行业理解力。因此科技企业多以"低端破坏"的模式进入市场，先利用 FinTech 技术降低金融服务成本，瞄准传统金融业的"非目标客户"。随着市场份额、行业经验和能力的提升，科技企业利用 FinTech 提供的金融服务将比肩直至超越传统金融服务。

另一类 FinTech 接收的主体是创业者。FinTech 创业者或团队往往具有金融与科技的跨界经验，他们进入 FinTech 领域的原因是他们看到了用技术改变金融"痛点"的机会。创业团队与成熟企业对比，资源和能力相对欠缺，难以在原有市场格局中与成熟企业进行竞争。因此，FinTech 创业者热衷于寻找尚未成熟的细分市场，当发现明确的未被满足的需求时，则快速切入。FinTech 创业者适宜运用他们的快速反应能力，深耕细分市场，待市场地位和品牌建立后，再考虑扩大业务和服务范围。

➤ FinTech 的传播渠道

创新的扩散离不开信息的传播，FinTech 发展过程中也离不开有效的传播渠道。Bass（1969）认为，创新的扩散主要受到两种渠道的影响：行业外部渠道，如大众传媒；行业内部渠道，如从业者之间的交流。FinTech 作为信息技术领域的创新，在内外两个传播渠道上都具备独特的优势。

在外部传播渠道上，以互联网技术为代表的信息技术加快了信息的传播速度，基于信息技术发展起来的 FinTech，无论是其技术创新、应用场景创新，还是商业模式创新，都会很快地通过互联网，在世界范围内广泛传播。

在行业内部传播渠道上，首先，在技术领域，FinTech 发展基于的几项基础技术，如大数据、云计算、区块链等都是开源技术，创新的接收者可以免费、便捷地获取这些技术，甚至参与技术的开发与升级。其次，在金融应用领域，企业间的频繁交流、跨界合作以及 FinTech 投融资的迅速发展，都为 FinTech 创新的信息提供了良好的传播与沟通渠道。

➤ FinTech 扩散的时间维度

时间是创新扩散程度的重要影响因素。Mansfield（1961）提出，技术创新的采纳程度，随着时间呈"S"形增长。在技术创新的前期，由于应用新技术的不确定性较大，企业出于风险和收益的权衡，在新技术的采用上会非常谨慎，造成创新前期扩散的速度缓慢。然而，FinTech 创新的特性使它一进入市场就势如破竹。一方面，FinTech 以破坏性创新的面貌进入金融行业，在初期就引起了强烈关注。随着市场对 FinTech 技术和 FinTech 企业的热烈讨论，有关 FinTech 的市场信息量迅速膨胀，加速了企业对 FinTech 的了解。另一方面，金融行业内部竞争的白炽化，使企业不得不依靠持续学习、持续创新取得竞争优势，也使得 FinTech 的扩散比其他行业的创新更为迅速。因此，FinTech 创新的"S 曲线"相较于其他领域的技术创新更为陡峭，如图 1.2 所示。

目前，FinTech 在一些领域已有比较成功的应用场景和商业模式，进一步减小了采用新技术的不确定性，因此我们认为，FinTech 技术创新已达到迅速扩散的拐点，如图 1.2 所示。

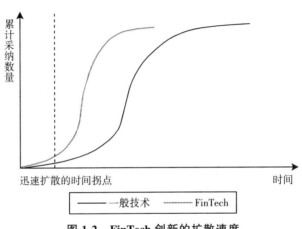

图 1.2　FinTech 创新的扩散速度

> **FinTech 扩散的社会系统**

创新的扩散需要社会系统的支持。首先，创新作为推动各国经济发展的因素受到许多国家的重视，例如，中国的"双创"政策，创造了社会创业创新的氛围。各国对于信息技术运用于金融业的开放态度，为 FinTech 的发展提供了制度环境的保障。其次，Bass（1969）提出的新产品扩散的模型认为，信息的沟通渠道对创新扩散有重大影响。FinTech 相关的技术、商业创新、投融资案例等，都因为互联网和大众媒体的关注，得以快速传播。金融和科技领域的跨界合作与交流，也为 FinTech 相关信息提供了广泛的交流渠道。丰富的信息交流，为 FinTech 创新的扩散提供了社会认知的保证。

1.3.2　FinTech 的发展阶段

创新的扩散可以分为获知、说服、决策、实施和确认五个阶段（Rogers，

1995）。在获知阶段，创新接收者接触到创新的信息，但缺乏对创新的全面认知。在说服阶段，创新接收者对创新产生兴趣，开始收集与创新相关的信息。在决策阶段，创新接收者评估创新的优劣并做出接受或是拒绝创新的决策。在实施阶段，创新接收者将创新运用于现实场景之中。在确认阶段，创新的接收者做出是否继续运用这项创新的决定，如图 1.3 所示。

图 1.3 创新的传播过程

FinTech 发展的过程中，创新扩散不但需要经历以上五个阶段，还经历了多次技术的升级换代。根据 Bower 和 Christensen（1995）的研究，破坏性的创新在初期的市场绩效将会远远落后于现有市场；但随着破坏性创新在被市场接受的过程中技术不断升级，其市场绩效呈现指数型的增长，最终将超越原有市场的绩效（见图 1.4）。FinTech 是在不断的技术升级中取得突破性的市场进展的。

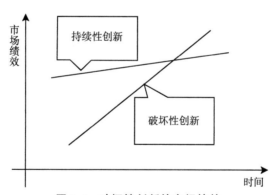

图 1.4 破坏性创新的市场绩效

在 FinTech 发展初期，主要的创新集中在互联网以及大数据技术，其应用主要是降低金融服务价格，以满足原来因为获利空间低而被市场忽略的小微企业和个人金融需求。随后，更具有破坏性的技术创新开始出现，如区块链和人工智能技术等。但由于发展初期其商业应用模式不明确，没有得到市场大规模的关注。随着对市场探索的不断加深，FinTech 发展到今天，已有相对清晰的商业模式，破坏性的技术创新开始发力，例如自动化交易执行、大数据用户画像、可编程加密货币等应用正在颠覆原有的金融市场格局。在 FinTech 发展的未来，相信这些破坏性创新将取代传统的金融手段，成为金融发展的主力。

按照技术发展和商业应用水平，我们将 FinTech 发展划分为三个阶段：Fin-Tech1.0、FinTech2.0 和 FinTech3.0 阶段。

➤ FinTech1.0 阶段

FinTech 发展的第一个阶段是互联网金融阶段。这个阶段是信息技术在金融业扩散的探索阶段，FinTech 以持续性创新的形式在金融领域扩散。在 Fin-Tech1.0 阶段，互联网技术已经成熟，并深入人们的衣食住行。企业意识到互联网技术对于信息快速、透明的传递，可以很好地提升金融服务的效率，满足金融客户获得更高效金融服务的需求。因此，它们开始更广泛地收集技术创新的信息，探索信息技术与自身业务的结合点。

➤ FinTech2.0 阶段

FinTech 发展的第二个阶段是我们现在所处的阶段，是人工智能、区块链等新兴信息技术在金融业大规模寻找应用场景的阶段。大数据等技术的成熟促进了人工智能等技术的突破，以 AlphaGo 为标志，人工智能和区块链等新兴信息技术成为了 FinTech2.0 的核心。在这个阶段，利用 FinTech 进行破坏性创新带来的绩效开始超越持续性创新的绩效。观察到这一趋势，企业对 FinTech 的战略也发生了改变。

科技企业加大了将 FinTech 创新破坏性地应用于金融业的力度，在金融领域进行多元化布局。例如，京东金融基于"FinTech＋电商＋金融"的模式，利用数据、技术和场景的优势，布局了支付、保险、供应链金融、消费金融、财富管理、金融科技、农村金融、证券和众筹九大业务，在每个板块下都推出了创新性的产品。我们也看到类似 Talking Data 这样的数据处理公司，开始将人工智能技术带入数据分析的流程，为金融业提供更好的数据决策服务支持。

传统的金融企业也开始认识到 FinTech 创新可能带来的市场格局颠覆，在继续进行持续性创新的同时也开始尝试布局破坏性创新业务。投资机构开始发展智能投顾，希望利用智能技术降低投顾服务的使用门槛。银行开始尝试将区块链技术融入到现有的业务流程中，以求提升业务的可靠性和透明度。与此同时，金融机构也开始寻求与科技公司合作，希望能够共享 FinTech 创新的成果。

个人创业者加快寻找破坏性创新给现有金融市场带来的机会。FinTech2.0 时代不断出现的创业成功案例，激励了更多创业者去探索 FinTech 带来的市场机会。例如，对可编程资产的关注，使创业者们开始在以太坊等区块链平台上建立可编程资产服务，力图基于 FinTech 发展颠覆传统的交易方式。

➤ FinTech3.0 阶段

FinTech 发展的第三个阶段将会是新兴信息技术在金融业成功扩散，实现整个社会的价值互联。到了 FinTech3.0 时代，各项在 FinTech1.0 和 FinTech2.0 阶段萌芽的破坏性创新将会得到广泛的应用，整个社会实现价值的互联，可以想象大致的形态：第一，价值信息可以透明安全地进行互换。第二，金融将是人工智能技术下的智能化金融。第三，金融是在分布式网络上的点对点的服务，金融中介机构将不复存在。第四，真正的普惠金融和人人金融将会实现。

在 FinTech3.0 时代，我们会像如今在互联网购物一样便捷地使用金融服务，金融将从物理的空间走向数字的空间。信息技术的应用将从消费互联（信息技术介入生产者和消费者之间），升级为价值互联（信息技术介入到产业价值链的各个环节）。但这并不是 FinTech 发展的最终阶段，因为新的破坏性创新还在出现，并在等待着新的接收者将其广泛传播，不断颠覆已有的市场。

参考文献

［1］谢祯. 信息不对称理论与商业银行信贷问题［J］. 科技创业月刊，2006，19（8）：29-30.

［2］宋旺，钟正生. 理解金融脱媒：基于金融中介理论的诠释［J］. 上海金融，2010（6）：12-17.

［3］吴晓光，李明凯. 从信息不对称理论看我国的金融信息服务［J］. 金融发展研究，2011（3）：16-18.

［4］胡乃武，罗丹阳. 对中小企业融资约束的重新解释［J］. 经济与管理研究，2006（10）：41-47.

［5］张文玺. 现代金融中介理论述评［J］. 西部金融，2005（5）：41-44.

［6］刘宗华. 中国银行业的规模经济和范围经济研究［D］. 复旦大学博士学位论文，2004.

［7］Bass F M. A new product growth for model consumer durables［J］. Management Science，1969，15（5）：215-227.

［8］Bower J L，Christensen C M. Disruptive technologies：Catching the wave［J］. Rearch，1995（1）：7-14.

［9］Boyd J H，Smith B D. Intermediation and the equilibrium allocation of investment capital：Implications for economic development［J］. Journal of Monetary Economics，1992，30（3）：409-432.

［10］Christensen C M. The innovator's dilemma：When new technologies cause great firm fail［M］. Boston：Harvard Business School Press，1997.

[11] Drummer D, Jerenz A, Siebelt P, & Thaten M. FinTech: Challenges and Opportunities-How digitization is transforming the financial sector [J]. Economic, 2016 (1): 7-14.

[12] Karahanna E, Straub D W, Chervany N L. Information technology adoption across time: A cross-sectional comparison of pre-adoption and post-adoption beliefs [J]. MIS Quarterly, 1999 (1): 183-213.

[13] Kogut B, Zander U. Knowledge of the firm, combinative capabilities, and the replication of technology [J]. Organization Science, 1992, 3 (3): 383-397.

[14] Mansfield E. Technical change and the rate of imitation [J]. Journal of the Econometric Society, 1961 (1): 741-766.

[15] Nicoletti B. The future of FinTech [J]. Palgrave Studies in Financial Services Technology, 2017 (1): 7-14.

[16] Hayen R. The impact and influence of financial technology on banking and the finance industry [J]. Review, 2016 (1): 7-14.

[17] Philippon T. Has the US finance industry become less efficient? On the theory and measurement of financial intermediation [J]. American Economic Review, 2015, 105 (4): 1408-1438.

[18] Rogers E M. New product adoption and diffusion [J]. Journal of Consumer Research, 1976, 2 (4): 290-301.

[19] Rogers E M. Diffusion of Innovations [M]. New York: The Free Press, 1995.

[20] Scholes M, Benston G J, Smith C W. A transactions cost approach to the theory of financial intermediation [J]. The Journal of Finance, 1976, 31 (2): 215-231.

[21] Schueffel P. Taming the beast: A scientific definition of FinTech [J]. Journal of Innovation Management, 2017, 4 (4): 32-54.

[22] Skan J., Dickerson J., Gagliardi L. FinTech and the evolving landscape: Landing points for the industry [J]. Accenture, 2016.

| 第 2 章 |

金融科技的技术基础

2.1 人工智能

2.1.1 人工智能缘起

人工智能 (Artificial Intelligence)，英文缩写为 AI。人工智能就是用人工的方法在机器 (计算机) 上实现的智能。人工智能的重点是智能，可以理解为获取知识的能力，包括识别能力、推理演绎能力、归纳能力、统计与分析能力等，当然也包括对已经入手知识的补充和应用。研究人类的情绪波动或许在生物心理学或是生物学抑或是仿生学方面是重要的，但人工智能的研究更侧重体现在对智能的研究上。

1956 年，几个计算机科学家相聚在达特茅斯会议 (Dartmouth Conferences)，提出了 "人工智能" 的概念。其后，人工智能就一直萦绕在人们的脑海中，并在科研实验室中慢慢孵化。之后的几十年，人们对待人工智能的态度一直在 "坐过山车"，有人称之为人类的未来，有人则称之为技术疯子的狂想。直到 2012 年，这两种声音还同时存在。

但近几年人工智能进入大爆发时代。很大一部分是由于 GPU 的广泛应用，使得并行计算变得更快、更便宜、更有效。当然，无限拓展的存储能力和骤然爆发的数据洪流 (大数据) 的组合拳，也使得图像数据、文本数据、交易数据、映射数据全面海量爆发。

2.1.2 人工智能的内涵与技术手段

人工智能不是某一项单独的技术，而是一个非常庞杂的技术领域。从早期的算数求解，到现在的专家系统、自然语言理解等，都属于人工智能范畴。

人工智能的研究是高度技术性和专业的，各分支领域都是深入且各不相通的，因此涉及范围极广。但是，根据上述的定义来看，人工智能还是模仿和扩展"人"的智能，所以用图2.1表示机器模拟人各种能力的人工智能的技术领域。

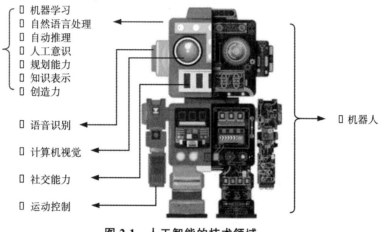

图2.1　人工智能的技术领域

根据人工智能的不同层级，可以将人工智能技术分为运算智能、感知智能和认知智能。

➢ 运算智能

运算智能，即快速计算和记忆存储能力。人工智能所涉及的各项技术的发展是不均衡的。现阶段计算机比较具有优势的是运算能力和存储能力。1996年，IBM的深蓝计算机战胜了当时的国际象棋冠军卡斯帕罗夫，从此，人类在这样的强运算型的比赛方面就不能战胜机器了。但运算智能只是人工智能的最低层级，仅仅是提高了计算的算力，而我们现在热烈讨论的人工智能往往指更高的两个层级。

➢ 感知智能

顾名思义，感知智能即用计算机（机器）模拟或发展人的视觉、听觉、触觉等感知能力，包括语音识别、计算机视觉和自然语言处理技术。

语音识别，是将语音转换为文本的技术，是自然语言处理的一个分支。通过特征提取、模式匹配将语音信号变为文本或命令，以实现让机器识别和理解语音。

计算机视觉，是指利用成像系统代替人类的视觉器官，通过计算机程序对各类图像进行分析、处理和解释。借助设定的算法，计算机能够对图像中所蕴含的视觉信息，如物体的形状、位置、姿态、运动数据进行快速的分析评估，例如拍照相机中的人脸检测、自然场景图像中的文字定位和识别等。

自然语言处理，是研究在人与人交际中以及在人与计算机交际中的语言问题的一门学科，它通过算法或规则对庞多复杂的语言、文字信息来进行各类分析、处理或理解。该领域研究的问题主要有机器翻译、信息检索、自动文摘、文档分类、问答系统等，如通过机器翻译实现从一种语言到另一种语言的自动翻译；通过文档分类实现垃圾邮件的自动过滤，此外，百度、谷歌等搜索引擎通过信息检索技术使得知识通过问答的方式得到普及。

这三个研究领域作为人工智能最主要的分支，近年来吸引了许多的学者进行研究，并且各大互联网公司也基于这些领域做出了很多应用产品。除此之外，人工智能还有专家系统、神经网络等重要的研究领域。

> **认知智能**

认知智能是最高层级的人工智能，这一层级的人工智能不仅能识别信息，还能进行信息输出，模仿的是人的思维。目前被广发开发和应用的机器学习和深度学习就属于这一层次的人工智能。

机器学习（Machine Learning，ML），是专门研究计算机如何模拟或实现人类的学习行为，以获取新的知识或技能，重新组织已有的知识结构，使之不断改善自身的性能。机器学习最基本的做法，是使用算法解析数据、从中学习，然后对真实世界中的事件做出决策和预测。与传统的为解决特定任务、硬编码的软件程序不同，机器学习是用大量的数据来"训练"，通过各种算法从数据中学习如何完成任务。其强调的是在给计算机程序（或者机器）输入一些数据后，它必须做一些事情，那就是学习这些数据，而这个学习的步骤是明确的。

深度学习（Deep Learning，DL）的概念源于人工神经网络的研究。隐含多层的感知器就是一种深度学习结构。深度学习通过组合低层特征形成更加抽象的高层表示属性类别或特征，以发现数据的分布式特征表示。简单地说，深度学习就是把计算机要学习的东西看成一大堆数据，把这些数据丢进一个复杂的、包含多个层级的数据处理网络（深度神经网络），然后检查经过这个网络处理得到的结果数据是否符合要求——如果符合，就保留这个网络作为目标模型，如果不符合，就一次次地、锲而不舍地调整网络的参数设置，直到输出满足要求为止。

2.1.3　人工智能的商业价值

伴随着劳动力成本的连年攀升，产业转型升级的不断深入，对机器人及自动化成套装备的需要逐年增加。近年来，智能技术开始步入相对成熟和加速期，同时人口老龄化和人口红利消失也带来了机器替代人力的旺盛需求。未来 30 年，中国发展的主要驱动力将来自于创新红利，因为低廉的劳工优势已经消失了，人工智能的出现可以替代大量基础劳动力的工作，降低成本。

把不同的人工智能技术应用到不同的技术领域，可以解决生活中的复杂难题。这些技术领域包括但不限于以下几个。

➤ 问题求解

人工智能最为人们所熟知的应用实例应该就是 AlphaGo 与世界围棋高手的精彩对决了。AlphaGo 使用的下棋程序中应用的某些技术，是把困难的问题分解成一些较容易的子问题，发展成为搜索和问题归纳这样的人工智能基本技术。这些技术可以解决例如向前看几步这样的问题。另外一种问题求解技术涉及问题的原概念，在人工智能中称为问题表示的选择，人们常能找到某种思考问题的方法，从而使求解变易而解决该问题。到目前为止，人工智能程序已能知道如何考虑它们要解决的问题，即搜索解答空间，寻找较优解答。不过，虽然今天的计算机程序已能够达到下各种方盘棋和国际象棋的锦标赛水平，但尚未解决包括人类棋手具有的但尚不能明确表达的能力，如国际象棋大师们洞察棋局的能力。

➤ 逻辑推理与定理证明

逻辑推理是人工智能研究中最持久的领域之一，其中特别重要的是找到一些方法，只把注意力集中在一个大型的数据库中的有关事实上，留意可信的证明，并在出现新信息时适时修正这些证明。不仅在数学领域中对臆测的题、定理寻找一个证明或反证需要有根据假设进行演绎的能力，而且许多非形式的工作，包括医疗诊断和信息检索都可以和定理证明问题一样加以形式化。因此，在人工智能方法的研究中，定理证明是一个极其重要的论题。

➤ **专家系统**

专家系统是目前人工智能中最活跃、最有成效的一个研究领域，它是一种具有特定领域内大量知识与经验的程序系统。近年来，在"专家系统"或"知识工程"的研究中已出现了成功和有效应用人工智能技术的趋势。人类专家由于拥有丰富的知识，所以才能形成优异的解决问题的能力。那么计算机程序如果能具备和应用这些知识，也应该能解决人类专家所能解决的问题，而且能帮助人类专家发现推理过程中出现的差错。现在这一点已被证实，如在矿物勘测、化学分析、规划和医学诊断方面，专家系统已经达到了人类专家的水平。成功的例子如：PROSPECTOR 系统（用于地质学的专家系统）发现了一个钼矿沉积，价值超过 1 亿美元。DENDRL 系统的性能已超过一般专家的水平，可供数百人在化学结构分析方面的使用。MY CIN 系统可以对血液传染病的诊断治疗方案提供咨询意见。经正式鉴定结果，对患有细菌血液病、脑膜炎方面的诊断和提供治疗方案已超过了这方面的专家。

2.1.4　人工智能的应用场景

凡是使用机器代替人类实现认知、识别、分析、决策等功能，均可认为使用了人工智能技术。作为一种基础技术，理论上讲人工智能能够被应用在各个基础行业，同时，在具体应用行业，人工智能同样能够发挥作用，如机器人等。

例如，在医疗领域，人工智能可以协助医生找到治疗癌症的最佳药物组合。目前，世界上有超过 800 种药物和疫苗被用来治疗癌症，治疗方法的多样化会给医生带来选择上的困难。微软公司正在研发一种叫作"Hanover"的机器，用来记录有关癌症治疗的文章并帮助医生预测每个病人最有效的药物组合；另一项研究是根据从现场医生与患者互动获得的数据向每个患者询问多个问题，使用人工智能来尝试和监测出高风险患者。另外，一项研究表明，人工智能在识别皮肤癌方面可以达到同经过训练的医生相同的水平。

再如我们日常出行，人工智能通过创造自动驾驶技术为汽车行业的发展做出贡献。截至 2016 年，有超过 30 家公司利用人工智能创造了无人驾驶汽车，这些公司包括了特斯拉、谷歌和苹果等。无人驾驶技术包括了制动、换车、防撞、导航和制图等系统，这些系统与高性能计算机一起集成到一台复杂的车辆中。

人工智能可以说已经渗透到了生活的方方面面，但人工智能应用的广泛程度可能还远远超乎了我们的想象。从技术角度出发，人工智能还有更多更广泛的应用。

➤ **语音识别的应用**

语音识别目前主要可以应用于以下领域：第一，办公室或商务系统，典型的应用包括：填写数据表格、数据库管理和控制、键盘功能增强等；第二，工业制造，例如在质量控制中，语音识别系统可以为制造过程提供一种"不用手""不用眼"的检控；第三，电信业务，该技术在拨号电话系统方面有着相当广泛的应用，包括话务员协助服务的自动化、国际国内远程电子商务、语音呼叫分配、语音拨号、分类订货；第四，医疗服务，这方面的主要应用是由声音生成和编辑专业的医疗报告；第五，其他方面，包括由语音控制和操作的游戏和玩具、帮助残疾人的语音识别系统、车辆行驶中一些非关键功能的语音控制，如车载交通路况控制系统、音响系统。

➤ **自然语言处理的应用**

自然语言处理的应用非常广泛，包括舆情监测、商情分析、智慧医疗、智慧交通、敏感信息过滤、海量数据整理和分类以及人工智能对话系统等，可以在人们生活的方方面面提供帮助。例如，在医疗方面，自然语言处理可以帮助建立电子病历智能检索系统，可以对患者海量的电子病历信息进行智能检索分析，为医生更高效、准确诊断提供支持。患者可通过智能检索系统了解类似患者的治疗方案和经验，实现数据快速共享，改善患者就医体验。

再如，在交通领域，Lingbench 语义技术嵌入汽车导航仪，或者植入智能手机，配合 GPS 模块，能够实现丰富的应用。可以在开车时向 Lingbench 人机对话系统发出各种指令，如：给李总打电话、给张总发短信、放一首《荷塘月色》、导航至北京工人体育馆等。也可以结合 GPS 定位，实现周边位置点的查询，如经十路体育中心附近的鲁菜馆、最近的停车场、附近的宾馆、附近的医院、附近的银行或者加油站等。

➤ **计算机视觉**

计算机视觉最为人所知的应用要数人脸识别了，目前人脸识别技术已经被应用到支付验证、电子终端设备管理、监控录像等领域，已经成为一个较成熟的技术。无人驾驶汽车技术也应用了计算机视觉技术，运用各种摄像头、激光设备、雷达传感器等，并根据摄像头捕获到图片及雷达和激光设备相互配合来感知车辆当前的速度、前方的交通标识、车道识别、判断周围行人与车辆的距离等信息，以此做出加速、减速、停车、左转、右转等判断，从而控制汽车实现真正的"自驾游"。我们日常使用的电子地图中的街景模式也是计算机视觉技术的一种应用，例如 Google Street View（Google 街景）和微软的 Street Slide，利用了普通相机拍摄的二维图片进行拼接，从而生成了全景图，使得用户可以在街道当中"漫游"。

➤ 机器学习与深度学习

如上文所述，机器学习和深度学习是认知层面的高级人工智能技术，可以通过模拟人的行为和思维方式进行问题的解决。我们在日常生活中所提到的"人工智能"通常指的是机器学习和深度学习的技术。

在日常生活中，我们看到最多的机器学习应用，莫过于无人驾驶技术。当自动驾驶汽车在公路上行驶时，必须能够实时响应周围的情况，这一点至关重要。这意味着通过传感器获取的所有信息必须在汽车里完成处理，而不是提交服务器或云端进行分析，否则即使是非常短的时间，也可能造成不可挽回的损失。因此，机器学习将是汽车数字基础设施的核心，使它能够从观察到的环境条件中进行学习。对于这些数据，一个特别有趣的应用是映射——汽车需要能够自动响应现实世界的周围环境，以更新地图。因此，每辆车都必须生成自己的导航网络。

与自动驾驶汽车一样，随着物联网的发展，制造业企业可以从安置在生产线各环节的传感器收集大量的生产数据。然而，这些数据并没有被充分利用。从复杂系统收集到众多参数的数据后，数据分析变成了一项艰巨的任务。但是，通过机器学习，数据分析变得不再困难。美国水处理公司 Ecolab（艺康集团）就是一个很好的例子：为协助各企业实现净水循环使用的目标，该公司正通过包括 Azure 和 Dynamics CRM Online 在内的微软云平台帮助全球企业实现可持续运营。与全球各地数以千计传感器相连的云平台能收集实时用水数据，通过机器学习和商业智能分析全球各地的生产用水运营解决方案，不仅提高效率，还能降低水、能源消耗及运营成本。

金融行业也是应用机器学习技术的重要领域之一。金融机构作为交易的中介，拥有从交易数据到客户数据及两者之间的所有数据，迄今为止，金融机构已经使用各种统计分析工具进行大量的分析，但对海量数据的实时分析与排序仍然是一项挑战。金融业内已经有很多部署机器学习的讨论和试点行动。可以预计，金融机构将越来越多地依靠机器学习来挖掘新的商机，为客户提供个性化服务，乃至预防银行诈骗。

2.2　区块链

2.2.1　区块链缘起

随着比特币的发展，区块链成为了 2015 年下半年的热门话题，从那以后，区块链从一个小众的主要受技术极客们追捧的技术逐渐转变成为了受到社会各阶层密切关注的大众话题。

在国际组织和国家层面，联合国社会发展部（UNRISD）在 2016 年年初发布了题为《加密货币以及区块链技术在建立稳定金融体系中的作用》的报告，提出了关于利用区块链技术构建一个更加稳固的金融体系的想法，并认为区块链技术在改善国际汇兑、国际结算、国际经济合作等领域有着很大的应用发展空间。国际货币基金组织也针对各国关注的数字货币问题发表了题为《关于加密货币的探讨》的专业分析报告，对基于区块链技术的加密货币的未来发展进行了具体的分析和阐述。美洲、欧洲和亚太地区的主要经济体也纷纷表态支持对分布式记账技术进行积极的探索，美国已经批准在区块链上进行公司股权交易。英国政府在 2016 年发布了关于分布式记账的全面透彻的报告，并对区块链的未来发展进行全面分析。中国人民银行也于 2016 年召开数字货币研讨会，考虑争取早日推出央行发行的数字货币。

企业层面上，各个相关行业纷纷成立相关研究小组探索区块链的应用。据安永会计师事务所统计，截至 2016 年年初，全球已经有 917 家区块链领域的创业公司，在区块链领域的累计投资已经超过了 15 亿美元。在高科技行业，一些科技公司已经开始推出 BaaS（Blockchain as a Service，区块链即服务）的解决方案，提供区块链的基础设施服务，以方便其他开发者快速地开发相关应用。在金融行业，金融机构开始将区块链技术与原有的业务结合，力图开发出相关的应用。在咨询服务行业，四大会计师事务所先后提供了基于区块链的专业解决方案，充分利用其全球化的网络资源、众多复合型人才以及在技术领域与业务领域多年的深厚积淀，对接技术与业务，充分发挥其桥梁与纽带的作用，推动整个行业的发展。

2.2.2　区块链的内涵

区块链受到了各个国家各行各业的广泛关注，但因为"区块链"这个词难以理解，因此对于大多数非技术人员来说，区块链这个词具有很强的神秘感。在网络上搜索"区块链"这个词我们可以得到以下的定义。

区块链是分布式数据存储、点对点传输、共识机制、加密算法等计算机技术的新型应用模式。

——来自百度百科

区块链起源于中本聪的比特币，作为比特币的底层技术，本质上是一个去中心化的数据库。

——来自 MBA 智库百科

区块链是用于维护持续增长的记录（区块）的分布式数据库。

——来自维基百科

我们会发现这些定义具有相似的特点，即它们都从计算机技术的角度出发回答了区块链是什么的问题。但是，对于非技术专业的读者，看到这样的定义后仍很难理解区块链的本质，更难以理解区块链成为各国各行业关注热点的原因。以下我们将暂时抛开计算机技术，从区块链诞生的必然性来理解区块链的内涵。

➤ 区块链的本质是解决分布一致性的分布式记账技术

区块链的本质是一种分布式记账技术，与之相对的是中心式记账技术，中心式记账技术在我们目前的生活中广泛存在。那么，中心式记账技术和分布式记账技术有什么区别？我们可以基于一个假设的情景进行解释。

假设甲、乙、丙、丁是好朋友，他们经常一起出去吃饭，并约定每次吃饭轮流付钱，每次付完钱大家都各自记下谁付的钱，付了多少，等到月底的时候大家拿出各自的账本一对，再把账做平，这就是分布式记账。经过几个月他们发现，由于他们经常在聚餐的时候喝醉，喝醉了之后总有人忘了记账或者记错了，导致到月底对账的时候各自的账经常不一致，导致平账的时候可能发生争执。这就是账本不一致的问题。于是他们共同决定推举酒量最好的甲作为统一记账人，其他人就不记账了，每次都由饭后最清醒的甲来记录。这就是中心式记账。有一个月甲不小心把账本弄丢了，结果到月底大家为了付钱的事争吵了一番。这是中心式记账可能存在的问题。又过了几个月，丙和丁发现自己吃饭的花销异常地增加了，于是丁在接下来的一个月偷偷地也记了一本账，到月底发现，原来甲和乙串通在每次自己付款时都多记了付款的金额。这就是中心式记账可能存在的另一个问题。

从上面的例子我们可以看出，甲、乙、丙、丁一开始采取的分布式记账的方式有两个前提条件，其一是存储去中心化，即每个参与方都拥有平等的保存账本的权利，在场景中甲、乙、丙、丁各自保存着所有吃饭的付款记录。其二是记账行为去中心化，即所有的参与方都平等地拥有记录账务数据的权利，在场景中就是甲、乙、丙、丁各自都记录了每次付款记录，并且他们的账本是平等的。但是，这样的记账方式很容易和记账的基本原则（账本一致性）相违背，就像在以上这些场景中会出现当甲、乙、丙、丁出现错记漏记甚至篡改时账本不一致、账本不真实等问题，这个问题在计算机领域被称为分布式一致性（Distributed Consensus）问题。

因为分布式记账方法存在着分布式一致性的问题，所以现实生活中我们一直都采用中心式记账的方法，即由一个主体统一进行记账结算。但是，中心式记账也存在着自身的问题。一方面是存储的安全性问题，由于中心式记账是统一存储数据，一旦存储的中心出现问题，就会影响所有记录，就如同场景中提到的统一记账人甲不小心将账本遗失了导致所有的账目遗失；另一方面是数据篡改问题，由于中心式记账只有一个账本，因此很容易在账本上进行篡改，就如场景中提到的甲与乙串通篡改账目的现象。现实生活中我们通过信任来缓解这两个问题可能带来的危害，为我们进行统一结算的往往是国家权力保障和信用担保的机构，如银行等，但这种举措并不能从根本上解决中心式记账存在的问题。

在这种情况下区块链诞生了，作为一种分布式记账技术，区块链通过一系列技术手段，如公钥密码学、哈希算法、共识机制来解决分布式一致性的问题（关于如何通过这些技术解决分布式一致性的问题将在下一小节解释）。正是因为区块链既可以满足分布式记账存储去中心化和记账行为去中心化的条件，又可以解决分布式一致性的问题，区块链才会成为各国各行业关注的焦点。

➤ 区块链是一个能够传递价值的网络

区块链是一个能够传递价值的网络，对于一个传递价值的网络的需求是推动区块链技术产生的重要原因。互联网技术的出现，极大程度地改变了信息传递的方式和效率，我们可以非常低的成本高效地通过互联网点对点地传递信息。但是，互联网却很难作为传递价值的网络，因为互联网缺乏对于带有所有权的信息的保护机制。在互联网上我们可以随意复制、传播具有版权的信息。近年来，我们看到视频、音像行业受到了很大的冲击，在互联网上盗版的音像图书产品屡禁不止，就是因为互联网并不具有对于版权的保护机制。在对于保护带有所有权或者其他价值的信息需求的推动下，区块链出现了。区块链通过公钥密码学、分布式存储等技术手段一方面保证了带有价值的信息的高效传递，另一方面保证了这些信息在传递的过程中不会被轻易地复制篡改。区块链的出现是互联网技术发展的必然。

综上所述，从区块链诞生的必然性来理解区块链的内涵，区块链是解决了中心化记账缺点、解决了分布式一致性问题的分布式记账技术，同时也是互联网情境下保证带有价值的信息安全高效传递的价值传递网络。

2.2.3 区块链的技术手段

上一小节我们解释了区块链的内涵，本节将从技术的角度解释区块链是如何解决分布式一致性问题而实现安全高效的价值传递的。

➤ 分布式网络

区块链本质是解决分布一致性的分布式记账技术，因此首先需要通过技术保证满足分布式记账的两个条件，存储去中心化和记账行为的去中心化。分布式网络技术实现了区块链的存储去中心化。区块链采用了动态的点对点网络，每个参与到区块链网络的计算机成为节点，并不再区分服务器与客户端，使每个节点既可以发送服务，也可以请求服务，节点之间可以直接分享和交换信息而不再像传统的中心化网络需要服务器进行连接。同时，区块链也是一个动态的网络，不断有新的节点加入和旧的节点退出。需要注意的是，在区块链的每一个节点都具有完整的账本记录，以此保证篡改的行为难以实现。

➤ 共识机制

共识机制是区块链得以实现自信任的前提。所谓共识机制是在一个互不信任的市场中，要想使各节点达成一致的充分必要条件是每个节点出于对自身利益最大化的考虑，都会自发、诚实地遵守协议中预先设定的规则，判断每一笔记录的真实性，最终将判断为真的记录记入区块链之中。区块链通过共识机制的规则来实现记账行为的去中心化。区块链的共识机制可分为四大类：工作量证明机制（PoW）、权益证明机制（PoS）、股份授权证明机制（DPoS）和 Pool 验证池。本小节以工作量证明机制（PoW）为例说明区块链如何通过共识机制实现记账行为去中心化。工作量证明机制通过算力竞争来决定哪个节点具有记账的权利，区块链中每个节点的计算机的算力决定该节点获得一次记账（写入一个新区块）的权利的概率，通过一个（人人都可以验证的）特定的结果，以确认（竞争的）参与者完成了相应的工作量，最终决定在一次算力竞争中的最终获得记账权利的节点。

➤ 哈希算法

区块链通过哈希算法实现信息的不可篡改。哈希算法的思想是接收一段明文，以一种不可逆的方式将它转化成一段长度较短、位数固定的输出散列。一旦输入明文发生变化，输出的散列就会发生显著的变化，以此保证当区块链中的信息被篡改时能够很快被发现。此外，从哈希算法的输出散列逆推回原明文需要大量（天文级）算力，这使得哈希算法具有不可逆性，由此保证了带有价值的信息能够在区块链中安全地传递。

➤ 公钥密码学

区块链通过公钥密码学来识别身份。公钥密码学是一种非对称的加密手段，对于一段明文通过公钥加密可以使用私钥解密，用私钥加密可以通过公钥解密，公钥和私钥是一一对应的。我们可以通过一个假设的场景来解释公钥与私钥识别身份的过程。假设甲要向乙发送一个东西，首先甲需要确定他交易的对象是否真的是乙，因此乙向甲发送一个用能够证明乙身份的私钥加密的信息，如果甲能用对应的公钥解开这段信息则证明正在与甲交流的是真正的乙。然后，甲使用与乙所持有的私钥相对应的公钥将要发送的信息加密发送给乙，这样乙通过解密他所持有的私钥就可以得到甲要向乙发送的信息。实际上我们可以把公钥和私钥比喻为信箱地址和信箱的钥匙。乙通过自己持有信箱的钥匙能够打开乙所拥有的信箱证明自己的身份，然后甲将信息投入到乙的信箱，保证只有持有信箱钥匙的乙能获得信息。

2.2.4 区块链的商业价值

区块链商业价值体现在其分布式、自信任、可编程性、公开透明、不可篡改、集体维护和隐私保护的特点中。

首先，区块链分布式的特性提高了资源配置的效率。区块链中的信息具有公开透明和不可篡改的特征，可编程的特性使得在区块链中的交易可以自动进行，这将有效降低交易成本、协调成本和监督成本，大幅度提升商业运行的效率。同时，区块链采用点对点的动态式网络能够提高资源的对接效率，实现资源配置的帕累托最优。

其次，基于机器信任的区块链能够极大程度地降低信任的成本，这主要体现在三个方面：第一，采用非对称的公钥密码学原理来验证身份，用密码学原理取代传统人工审核，简化了身份验证的过程。第二，通过加密技术保证交易安全，由于区块链的透明公开性和不可篡改性，免去了交易过程中需要借助第三方信任的成本。第三，利用区块链可编程性的特点以智能合约的形式保证合约的执行，省去了依靠第三方担保交易执行的成本。

最后，作为价值传输网络的区块链具有很大的商业价值。一直以来互联网难以提供对有价值的信息的保护机制，区块链使得基于纯技术手段传递有价值的信息成为可能。区块链通过密码学等技术实现了突破地理限制地、点对点地、安全地传递有价值的信息。可编程性的特点使得这样的传递可以附带规则，提高传递有价值的信息的效率。

2.2.5 区块链的应用场景

➤ 数字货币

数字货币是区块链的第一个应用，区块链是作为比特币的基础架构而诞生的。区块链通过一系列技术手段解决了在去中心化的情境下的"双花"（一次交易中重复支付）的问题。同时，区块链的去中心化、自信任特征使得数字货币能够利用机器信任代替传统的国家信任。比特币现在的影响依然巨大，与之相类似的各种竞争币也在不断涌现。

➤ 众筹

众筹是指通过向多数人募集资金来为一个项目或者企业提供支持。它由于具有门槛低、项目多元、注重创意的特点受到大家的追捧。通常来说，众筹项目都需要第三方介入，资金从项目支持人流向众筹平台再流向项目发起者。这个过程对于项目支持人来说潜藏着两类风险：其一是众筹平台的风险，众筹平台的运营没有办法做到完全透明，人们都是基于对众筹平台的信任进行投资；其二是来自项目发起者的风险，因为项目平台只是作为资金流动的中介存在而不具有对项目发起者受信的能力，也就是说项目平台无法保证项目筹集的资金是否真的被用于项目。区块链的出现将缓解众筹的这两类风险，区块链具有公开透明的特点，可以降低后续资金使用过程中的信息不对称的问题，还可以利用区块链的可编程性，通过内置智能合约的方式保证资金的使用是符合项目支持人的意愿和利益的。

➢ 智能合约

在传统场景中，合同的签订和执行往往需要借助第三方的信任来保证。区块链可编程性的特点使得我们可以将合同以代码形式放到区块链上，区块链上采用一种类似"if...then..."的形式而达成一定条件时自动执行合同。这种过程存在两项优势：一方面，区块链难以篡改的特点使合约在签订之后不会被任何一方恶意篡改，保证了合同的稳定性；另一方面，区块链通过代码强制执行合同，通过代码的机器信任来取代传统的借助第三方提供的信任降低了信任成本。智能合约虽然具有这样的优势，但由于目前存在资产数字化不足的问题，因此智能合约距离大规模落地尚需要一定时间。

➢ 数字版权

互联网的出现对数字版权保护带来了巨大的挑战，在互联网上可以轻易地复制、传播和篡改内容，尽管各国已通过各种手段打击盗版侵权行为，但盗版的问题依然在发生。区块链技术的出现将会有效地缓解这些问题。如前文所述，区块链的出现是为了满足传递有价值的信息网络的需求。数字版权作为一种具有所有权的信息将会是区块链的主要应用领域，区块链通过加密的手段保护数字作品的内容，并通过技术手段降低对于数字产品复制传播的可能性。

➢ 物联网

物联网被称为继计算机、互联网之后世界信息产业发展的第三次浪潮，市场对于物联网一直都有很高的预期。但是，现阶段的物联网发展却仍然受到阻碍，主要体现在两个方面：一方面，现有的中心化网络难以承受物联网庞大的数据量，物联网物物相连的特性使得数据量呈现几何级的增长，但随着数据量的激增，传统中心化网络结构的运行效率将会降低，使得数据处理的成本增加；另一方面，物联网需要考虑保护用户的个人隐私，但现有基于互联网的服务却难以达到这样的要求。区块链的出现为物联网的发展提供了解决方案：一方面，区块链本身就是一种分布式的存储方式，可以从根本上解决中心化网络由于数据激增带来的成本增加的问题；另一方面，区块链通过密码学等技术保证了在区块链中信息传递的私密性和安全性，可以解决物联网所需要的保护个人隐私的问题。因此，随着区块链技术的成熟，相信在不久的将来区块链将会成为物联网的核心技术。

> ➤ 供应链

区块链可以解决供应链中信任问题和效率问题。一方面，由于区块链具有公开透明的特点，那么当区块链与物联网的技术结合起来时就可以实现供应链中信息的透明化，降低供应链成员之间的新人成本；另一方面，利用区块链可编程化的特点可以将智能合约引入供应链中，实现交易的自动化，提高供应链成员之间的效率。目前，有一家名为 Provenance 的区块链公司正在为企业提供供应链溯源服务，通过区块链记录全球供应链的全流程信息以提升供应链的信息透明度。随着区块链技术的进一步发展，区块链技术将会被更加广泛地应用于供应链管理中。

2.3 云计算

2.3.1 云计算缘起

1981 年，IBM 推出了世界上第一台个人计算机，微软的 DOS 和 Windows 系统随之产生。在此之前，只有极少数的科研人员使用大型计算机进行研究。20 世纪 90 年代，互联网革命将各个信息孤岛汇聚成庞大的网络，信息爆炸时代到来。进入 21 世纪，Web2.0 技术的应用使个性化与社会化成为互联网用户日益深化的需求，人与计算机之间交互的频率越来越高，计算机系统需要处理和存储的数据越来越多，对计算技术提出了更高的要求。对于以 IT 设施作为基础设施的企业而言，随着信息处理量的增多，人力成本、资金成本都会随之增长，在此背景下企业必须要想办法提高计算机资源的使用效率、充分利用有限的资源。

与此同时，计算机技术迎来了快速发展的新阶段。一方面，外部技术的发展为新计算方式的产生提供了良好的外部环境，21 世纪以来，移动互联网技术越来越成熟，网络接入技术开始完善，互联网逐渐覆盖更多的区域、兼容更多的网络设备，使用户能够通过多种渠道随时随地使用互联网；另一方面，以分布式计算与虚拟化技术为代表的核心技术逐渐发展成熟，为新计算方式的形成奠定基础。信息存储技术实现了云端海量数据的存储，分布式计算大大提高了计算机任务处理的速度，虚拟化技术实现了单一平台多系统的操作（张亚明、刘海鸥，2010），多租户技术则使得用户在共享系统和应用时仍保持数据的隔离……这些技术进行优化、组合，逐渐形成了新的计算模式的原型。

在需求推动（用户存储与处理信息的需求、企业降低成本的需求）和技术进步（外部网络环境与核心技术）的背景下，云计算应运而生。

2.3.2　云计算的内涵

我们每天都要用电，但不是每家自备发电机，它由电厂集中提供；我们每天都要用自来水，但不是每家都有井，它由自来水厂集中提供。这种模式节约了资源，方便了我们的生活。云计算就是像电厂和自来水厂一样使用户能够像用电和用水一样使用计算机资源的计算方式。

云计算（Cloud Computing）是一种能够通过网络以便利的、按需付费的方式获取计算资源（包括网络、服务器、存储、应用和服务等）并提高其可用性的计算模式（美国国家标准和技术研究院，2011）。其具备以下五个基本特征：

（1）云计算提供按需分配的自助服务。云计算的使用者可以在需要的时候，自助地从云上获取云端存储的资源与计算能力。

（2）多种网络接入途径。云计算允许用户通过多种类型设备接入，如移动电话、平板电脑、笔记本、工作站等。

（3）云端拥有资源池。云计算服务的资源使用多租户模式，依据用户的需求，不同资源被动态地分配和再分配，用户通常不需要知道资源具体的物理位置或谁掌控资源。

（4）云端存储空间和算力的快速弹性。云计算可以弹性地提供或释放计算能力，以快速伸缩匹配等量的需求。对用户来说，这种计算能力通常等于无限。

（5）云计算提供的服务可及时评测。通过利用与服务匹配的抽象层次的计算能力，系统能够自动控制和优化云端资源的使用。

2.3.3　云计算的技术手段

➤ 虚拟化技术

虚拟化技术是指通过虚拟化手段将系统中的各种异构的硬件资源转换成为统一的虚拟资源池，形成云计算基础设施（徐保民、倪旭光，2015），相当于分离了操作系统与硬件设备，使得在一台计算机上可以运行多台逻辑计算机。各台逻辑计算机之间的操作相互独立、同时运行，从而提高计算机硬件设备的利用率。

虚拟化技术既可以将一台性能强大的服务器虚拟成多个独立的小服务器，也可以将多个服务器虚拟成一个强大的服务器，这两个方向使云计算具有良好的扩展性。

➢ 分布式系统

分布式存储是云端海量资源的存储方式。与集中式存储相反，分布式存储将云端的数据分布存储到数据中心不同的节点，突破了集中式存储存在的存储瓶颈，相当于将存储空间共享，使得各用户能够按需求获得存储空间。

分布式计算是一种计算方法，与集中式计算相对应。有些应用需要非常大的计算能力才能完成，如果采用集中式计算，需耗费相当长的时间，而分布式计算能够将该任务分成很多小任务，分配给多个节点进行处理，从而提高计算效率。

➢ 多租户技术

多租户技术可以实现用户数据的隔离。类似于租房子，云服务商就像是拥有很多设计与功能相同房源的房东，用户根据自己的需求选择房子租住，每个用户住的房子内部构造都是一样的，但各用户之间具体使用房子的信息是隔离的。云计算的用户可以通过云平台享受同样的计算资源，但如何利用这些资源以及用户数据信息是相互隔离的。

➢ 大规模数据管理技术

大规模数据管理技术可以实现对云端海量数据的管理。Google 的 BT（Big Table）数据管理技术是比较典型的大数据管理技术。BT 是一个大型的数据库，将数据作为对象进行处理，形成巨大的表格，用来存储大规模结构化数据。BT 采用列存储的方式对数据读取过程进行优化，提高数据读取效率，方便存储数据的管理（雷万云，2011）。

➢ 并行编程模型

并行编程模型帮助云计算处理大数据量的计算问题，同时提高计算的容错性。Google 开发的 MapReduce 是目前比较流行的并行编程模型，其运行的基本思想是先将任务分给多个计算节点，多个节点进行计算后形成最终结果。如果其中某个节点出现错误，该节点则会被自动屏蔽于系统外等待修复，而该节点需要执行的计算任务会被转移到其他节点上继续执行，使整个计算任务顺利完成。

2.3.4　云计算的商业价值

随着企业业务的快速发展，投入使用的应用系统越来越多，每个应用系统都单独占用一套完整的硬件设施资源却不可能充分发挥它们的效用，造成了巨大的资源浪费。因此，企业不得不抛弃传统的应用部署方式，寻求新的解决方案。分布式系统和虚拟化技术为以上问题的解决提供了可能，最终逐渐发展成熟为云计算。

云计算具有的以下优势使其具有巨大的商业价值：

首先，云计算能够节约成本。第一，云计算节约了企业成立初期构建信息系统的成本。云计算把计算的过程放到云端，不需要企业自己购买及维护硬件，为企业在建立初期节省了一大笔费用。第二，云计算降低了企业日常运营过程中信息资源的管理和维护成本。企业的数据资源由云计算服务提供商集中帮助管理，降低了单一用户资源的管理成本。

其次，云计算能够提高业务灵活性。云能够提供具有可扩展性的资源与空间，因此被放入云中的业务不需要担心存储空间和资源不足的问题。企业可以根据自己的需求购买不同层次的云服务：当企业刚成立、需要的计算能力较小时，可以租用适量的计算资源，而随着企业的发展、业务计算量增大时，企业可以及时地增加租用资源量，以满足业务成熟企业存储与计算的需求。云计算使得企业各个发展阶段资源需求与供给实现动态的匹配，灵活应对企业发展需求。

最后，云计算具有较高的安全性。数据的安全性通常与存储数据平台的投资相关，在建设数据存储平台时投入越多（如设置备用电源、建立多地的灾备中心），数据的安全性越高（徐立兵，2013）。云计算提供了一种低投入高安全性的选择，不需要用户自建高等级的灾备中心而将数据存储在云端，由云计算服务商维护数据的安全。一般云计算服务商出现安全问题的可能性非常低，因此云计算能够提供更高等级的数据存储服务。

2.3.5　云计算的应用场景

> **基础应用：存储与计算**

云计算的基础应用体现为"云"和"计算"，"云"即指云端提供的存储空间，"计算"是指云端提供的计算能力。

一方面，云能够提供较大并且可扩展的存储空间，云存储是指通过集群应用、网络技术或分布式文件系统等功能，将网络中大量不同类型的存储设备通过应用软件集合起来协同工作，共同对外提供数据存储和业务访问功能（张龙立，2010）。比较典型的云存储应用包括百度网盘、七牛云等，这些应用可以帮助用户储存资料，一些大容量文件也可以通过云存储分享给其他人，提高了数据传输的便捷性。

另一方面，云计算提供了传统硬件设备难以提供的强大的计算能力。云计算是在网格计算基础上发展起来的，其不仅具备了网格计算的兼容性和容错性，还支持资源动态伸缩。搜索是典型的云计算应用。我们在搜索框中输入被搜索项，搜索平台云端的服务器就开始进行大量计算，从资源库里寻找与被搜索项匹配的项目并输出，在线下的终端显示出来。云计算强大的计算能力使得整个过程速度非常快，因此其背后的过程常常被我们忽略。

按照服务层次的不同，云计算可以分为 IaaS、PaaS、SaaS 三类。IaaS 是指基础设施即服务，为需要硬件资源的用户提供硬件基础设施部署服务，需要使用者上传数据、程序代码和配置环境才能使用。PaaS 是指平台即服务，为程序开发者提供应用程序部署与管理服务，使用者需要上传数据和程序代码方能使用。SaaS 是指软件即服务，为企业和需要软件应用的用户提供基于互联网应用程序的服务（汪鸿昌、肖静华、谢永勤，2013）。

按照服务范围的不同，云计算主要可以分为私有云、公有云和混合云三类。私有云指企业使用自有基础设施构建的云，所提供的服务仅供自己内部使用。由于私有云部署在企业内部，因此其数据安全性和系统可用性都可由企业自己控制，但缺点是建设投资规模较大、前期成本较高，同时需要配备相应的维护人员。

公有云是指通过互联网为客户提供服务的云，即所有基础设施均由云服务提供商负责，用户只需要接入网络的终端即可。公有云只需要通过配置公有云中的虚拟化私有资源，就可以获得相应的服务，无须做投资与建设，因此节约了成本。但是，由于该部署方式下应用和数据不存储在用户自己的数据中心，其安全性和可用性较低。

混合云是指部分使用公有云，部分使用私有云所构成的云，它所提供的服务可以供其他用户使用。混合云结合了公有云和私有云的优势，但这种部署方式对服务提供者的技术要求较高。

表 2.1 总结了云计算的基本类型、特点及典型应用案例（罗军舟、金嘉晖、宋爱波，2011）。

表 2.1　云计算的分类

	类别	特点	典型案例
服务层次	IaaS	最底层，应用难度高	Amazon Web Services EC2
	PaaS	基于 IaaS，应用难度中等	Microsoft Azure
	SaaS	最上层，应用难度低	Salesforce CRM
服务范围	私有云	终端用户自己出资建立云平台，拥有全部的所有权和使用权	企业内部信息系统
	公有云	终端用户只对云平台享有使用权	Dropbox
	混合云	私有云与公有云的混合应用	VConnector

➤ 行业应用：金融云、医疗云、教育云、制造云

金融云是金融机构融合云计算及金融业务体系所产生的新应用，是金融机构对云计算技术的有益探索。利用云计算的模型及原理，金融云将金融产品、信息、服务分散到庞大分支机构所构成的云网络中，能够提高金融机构发现并解决问题的能力。金融云为用户提供了一种灵活的选择，将计算机技术与金融业务细节相分离，使得金融机构能够使用该项技术而不必具备专业的计算机知识。

与云计算在其他行业的应用相比，金融行业一般信息量较大，算法更加复杂，因此金融云对计算能力的要求比较高。此外，金融云对安全性的要求极高，云上存储的信息以及在云端进行的计算都需要进行较高级别的保密。目前大部分的中小金融机构由于缺少资金、人力、技术等，逐渐开始将线上的业务云化以节约成本。许多大型的金融机构也开始应用金融云，如浙江网商银行成为了国内第一家核心系统架构在云上的银行，借助金融云，网商银行实现了用大数据进行贷款发放。

除此之外，云计算也可以被应用于医疗、教育和制造行业。

医疗云。医疗云是以全民电子健康档案为基础、覆盖医疗卫生体系的信息共享平台。医生、护理人员等可以通过医疗云及时分享患者资料，而患者的电子医疗记录或检验信息都存储在云端，能够随时在获得允许的前提下获取，从而打破各个医疗机构的信息孤岛，帮助医生进行诊断。

教育云。借助云计算，学校可以逐步建立起一个覆盖一定范围的、可供用户随时使用的教育云平台，为师生提供更为便捷、内容更为个性化的高质量教育服务，可以包含课程中心、在线课堂、交流平台等模块。教育云帮助实现移动教学、远程教学，也可以通过大数据分析为每个学生定制教学计划，实现真正的一

对一教学。

制造云。制造云是云计算在制造业领域的延伸与发展，将各类制造资源和制造能力虚拟化，构成制造资源和制造能力的服务云池，进行优化管理和经营。在制造云的模式下，用户只需要在终端提出需求，制造云就能够自动从虚拟制造云池中为用户构造"虚拟制造环境"，完成其制造业整个生命周期的各类活动。

2.4 大数据

2.4.1 大数据缘起

半个世纪以来，尤其是步入了 21 世纪这个技术高速发展的时代，信息化程度不断加深，移动互联网、物联网、通信、医疗管理系统、车载导航仪等一系列终端设备及网络，无时无刻不在产生着大量的数据信息。IDC 的监测数据显示，人类产生的数据量从 2009 年起就呈现指数型增长，平均每两年翻一番，且这个趋势将会在短期内一直保持下去，据估计，到 2020 年，全球数据量将达到 2015 年的 44 倍，增长速度超过摩尔定律。

面对如此庞大的数据，人类其实是茫然无措的。长期以来，人们没有意识到大数据中包含的潜在价值，以及其中由相关关系所衍生出的对未来的预测方法，混乱的数据本身就令人头疼。技术是另一个制约大数据革命的因素，传统的数据处理方法和硬件设施无法高效地对现代社会海量的信息进行综合规整与分析，换句话说，如何对已有的资源进行开发利用是瓶颈所在。

信息革命必然伴随着基础网络建设的加强，全球网络带宽持续提升，智能芯片、计算机核心处理器功能大大增强、效率大幅提高，移动互联网以较低的成本将全世界不同终端的资源、信息连接为一体，构成庞大的共享资源池。

随着云时代的到来，云计算技术结合配套的 IT 基础设施，在负载强度与处理能力上产生质的飞跃，原有系统的容量得到扩展。在很多场景中，在线机器学习算法（Online Machine Learning）等可以做到在处理的时效性和准确性之间取得一个平衡。工作流程和逻辑的转变，衍生出了多种数据处理的方式，批处理和流处理模式可以同时满足不同的处理需求和习惯，动态数据、静止数据以及使用中数据都能被囊括其中。与此同时，云资源获取的成本相对变低，设备、网络、应用的构建方式更加灵活，因而，大规模并行设备（MPP）、数据挖掘、云计算平台、分布式数据库、文件系统等多节点、宽平台的专业性数据处理技术为大数据技术的发展提供了基础。

在强大的数据分析技术支撑下，数据资产的潜在价值成为新时代社会争夺的焦点，随着数据生产要素化，数据科学、数据科技的不断发展，数据价值的挖掘深度增强，与人工智能、机器学习和云计算相伴而生的数据科学被越来越多的人所认知，数据科学由此诞生并将推动人类社会开启一场革命。

2.4.2 大数据的内涵

大数据从其根源来说，先产生理念思维，之后才有相关的技术应用。在宏观的世界里，人类社会所面临的一直都是高量级的数据：数以亿计的人口、万亿级的财富、TB 甚至更高次级的信息量……因此，样本数据和抽样调查成为处理统计和推断问题的主流手段，基于各种回归模型的因果关系成为我们探求自然科学与社会科学规律的最终目的，这些都是小样本时代的特征。小样本时代，人们希望借助于一系列方法保证所获取的样本数据尽可能是结构化、精确化的，因为在信息缺乏和技术制约的条件下，抽样是切实可行的最理想化的数据挖掘、分析技术。

在大数据时代，完整数据、系统数据、非结构化数据成为了数据革命的核心和基础。"混乱的状态其实是最稳定的状态"，海量无序的数据代表了总体的情况，同时也包含了关于万事万物发展规律的潜在信息价值，即使存在与总体规律相矛盾的个别现象，也会在大数据的集中趋势下被抵消。所以，从样本思维转向总体思维、精确思维转向容错思维、对相关关系而非因果关系的重视，是大数据概念的本质（维克托，2012）。

大数据是一种规模大到在获取、存储、管理、分析方面超出了传统数据库软件工具能力范围的数据集合，具有海量的数据规模、快速的数据流转、多样的数据类型和价值密度低四大特征（McKinsey，2011）。大数据可以理解为传统信息革命所引发的数据信息爆炸或大繁荣，在成年累月量变的基础上所实现的一种对数据利用方式的质的改变。而大数据技术，是指高增长率、多样化的信息资产，以及与之相适应的数据挖掘分析技术。举个简单的例子说明，我们每个人的消费记录、汽车行车记录仪的视频片段、各地的天气等是我们司空见惯的数据信息，而互联网技术将一切信息通过云平台进行汇总整合。当每个人的消费记录、每一辆车的行车轨迹以及全球各个角落的天气水文状况被纳入一个共同的平台，此时，整个世界都被囊括在这一套大数据中，大数据由此包含的潜在价值无疑是巨大的。我们也就不难理解，大数据时代将带来整个社会的变革。

大数据具有四大特点，简称为"4V 特征"。①大容量（Volume），现代社会中大量自动或人工产生的数据，可以通过互联网集中到统一的数据中心。大到政府、银行、医院等组织，小到车辆、手机、POS 终端，都在源源不断地传输和创造数据信息，信息源和信息渠道促成了大量的数据基础。②多样化（Variety）。随着云计算、人工智能、云存储等技术的发展，非机构化数据的处理方式和重要性也在不断提升，传统的初级数据如照片、文章、地理位置等可以被二次加工，纳入大数据的范畴之中。③速度快（Velocity）。在需求日益变化和信息不断更新的今天，我们对数据处理速度的要求甚于精确度。"1 秒定律"提出，要在秒级时间范围内给出分析结果，而如果超过这个范围，数据就毫无价值了。大数据的重要应用在于预测，因此数据挖掘趋向于前端化，这就要求时效保证。④真实性（Veracity）。数据的质量和规模是大数据决策应用的重要前提，规模化的数据无疑会降低数据的精确度，但我们可以运用已有的数据分析方法进行修正，大大降低不确定性和误差。

2.4.3 大数据的技术手段

大数据的技术，是指使用非传统的工具对大量的结构化、半结构化和非结构化数据进行处理，从而获得分析和预测结果的一系列数据处理技术。近年来，移动互联网、物联网、云计算、人工智能的飞速发展，数以亿计的用户终端不停地传递着大量信息。另外，现代社会对数据的时效性和质量有着较高要求，在此背景下，一套完整的大数据处理技术系统逐渐建立和完善，并发挥了显著作用。

从大数据的处理流程来看，大数据技术共涉及了数据采集、数据处理、数据存取、数据分析、数据解释五个过程，而最为核心的技术，来自于数据的处理分析、存取和整理解释。

云计算是大数据处理分析的基础，是整个大数据的底层支持技术。云计算提供了 IT 的基础架构，通过虚拟化技术将硬件终端和软件资源相隔离，由互联网将全平台的信息数据整合成资源池，再将抽象的、伸缩性强的信息、存储方式等传递给终端用户。分布式缓存基于 CARP 技术，它很好地解决了数据丢失和重复占用的问题。不同于曾经一对一的存储、读取方式，分布式缓存管理着一系列机器终端，可以使数据缓存分布在多个终端机器上，一旦有一个成员发生故障，便可以从其他中心转移调取，进行恢复。在数据和信息爆炸的时代，硬盘存储已经无法支撑数量成倍增长的计算机文件系统，数据安全、备份问题、传输速度也是传统硬盘管理文件的短板，分布式文件系统可以将固定终端的文件系统，扩展到多个虚拟终端，不同的节点组成一个共享网络，各个成员可以基于协议进行通信和传输，做到随时随地读取存储文件系统。同样，传统关系型数据库已经无法适应大容量、高并发性、高可用性的大数据处理需求，分布式数据库应运而生，它利用高速计算机网络将物理上分散的多个数据存储单元连接起来组成一个逻辑上统一的数据库。更进一步的非关系型数据库（NoSQL）可以解决超大规模和高并发的 SNS 类型的 Web2.0 网站情形。NoSQL 数据库具有以下特征：模式自由、支持简易备份、简单的应用程序接口、一致性、支持海量数据（NoSQL Databases，2013）。如 Google 公司的 BigTable 就属于 NoSQL 数据库，在 BigTable 中，数据是没有任何意义的字符串，客户端将结构化或非结构化的数据存入 BigTable，它为客户提供了简单的数据模型。通过模型中多维数据表的时间戳、行列字符信息，客户可以动态控制数据的分布和格式，即这种数据库中的数据没有固定格式的限制。在 BigTable 中，主服务器创建子表，数据以子表的形式保存在子表服务器上，再利用分布式文件系统进行存储（Fay Chang，Jeffrey Dean，2002）。

可视化技术是大数据描述、解释和呈现阶段的关键要件。数据可视化技术通过交互可视界面来分析、推理和决策，将可视化和数据处理分析方法相结合，提高可视化质量的同时也为用户提供更完整的大规模数据解决方案（吴加敏、孙连英，2002）。标签云是可视化技术的典型应用，它通过不同的标签来定义不同的对象，标签自身具有颜色、大小、结构特性，用于区别数据的重要性、出现频次等特质，一系列相关的标签组成的集合构成标签云，以此构建成的超链接能够让用户更系统、个性化地了解想查询的内容。

2.4.4　大数据的商业价值

大数据时代，数据的规模和形式发生了革命性的变化，人们对数据的利用方式和理念由此转变。在众多的领域中，我们可以深层次、大范围地获取从前不曾掌控的完整数据，全面的数据能够打破样本数据固有的缺陷，数据的量级提升最终会导致其价值质的突变。数据本身并没有直接价值，大数据的情境下，对数据的深度挖掘和分析成为价值制造的来源。

大数据与云计算是相伴而生的，大数据是信息时代数据的自然增长和人类对数据认知转变的产物，云计算是技术手段发展到一定阶段的体现。打个比方，大数据就像是目前能源界所关注的清洁能源可燃冰，其价值在之前并没有为人所发现，而云计算就充当着一种技术手段，为潜在价值的开发提供了解决方案。云计算的分布式存储、文件管理以及近年来流行的 Web 2.0 挖掘技术可以在"PB"为量级的信息时代对结构化和非结构化数据进行综合的利用，新的存储方式、传输手段大大降低了成本，这本身就是大数据及其技术带来的一大经济价值；数据规模化的分析利用赋予人类探索未来、预测未来的可能。

近年来，大数据的应用集中在商业领域，数据成为各大互联网公司争夺的战场，数据挖掘和监测对用户的身份识别、行为预测都会产生巨大的商机，简单地说，大数据的商业价值集中体现在三个方面：

（1）识别市场机遇，抢占先机。伴随着互联网、移动通信传输的发展，数据监测和搜索能力不断提升，分布式存储和文件管理系统大大扩展了存储容量，多节点的数据中心和处理核心降低了数据应用管理的风险，信息共享效率得以增强。大数据的价值基础就在于规模之大，它采用全系统数据，因此从理论上来讲，我们可以得到我们想要的所有信息。目前，各个互联网巨头都在打造自己的数据中心和云平台，基于用户全面数据的收集和分析，他们能够实时掌握用户的偏好、消费习惯甚至财务状况等更隐私的信息，这本身是一笔巨大的商业财富。例如，阿里云平台作为一家公有云和大数据中心，其囊括的数据类型和数量已经超乎想象，单就淘宝平台来说，阿里巴巴集团可以在不超过 3 秒延迟时间内掌握每笔交易的信息，从金额、商品种类到区域分布，都能反映出具有价值的信息：如特定年龄群体的消费偏好、某一季度居民的消费水平、地区电商的活跃程度等。在商业市场中，信息即命脉，大数据的实时收集与利用克服了传统商业过程对信息不对称的障碍，具有数据的公司可以凭借信息资源获取竞争优势，识别数据所显现出的机会和风险，迅速占据市场。

（2）深度挖掘分析，预测市场反应趋势。大数据价值大而密度低，这依赖深度挖掘技术对数据进行处理；大量的数据甚至是被称为"数据废气"的无直接价值、错误数据都可以在二次挖掘和重组数据中得到利用。大数据的一个重要思维是重视相关关系而不纠缠于因果关系，只要发现了两个现象之间存在的显著相关性，就可以创造巨大的经济或社会效益。大数据的核心价值是预测，云计算、机器学习、算法技术的应用可以为数据分析预测赋能，模型技术和检索信息结合输出我们对规律和趋势的判断。

大数据技术就像一个科技黑箱，我们可以只去运用它，而不必关注黑箱内的体系和本质，事实上，如今商业社会中基于大数据的预测是互联网等新兴行业发展的核心优势。正如市场上的机票价格预测、欧美地区流行的选举结果预测、消费者购买行为预测等，均属于大数据可以预测的范围。事实上，当数据的规模足够大并且算法技术进一步完善时，我们的一切商业行为都可以达到量化的维度，机器智能的参与也会改变许多行业的决策流程，以后，借助于大数据分析预测，传统依靠人类经验和判断力的商业领域都会被智能、高效的计算机系统取代。

（3）创造新的需求和服务。预测是大数据的核心价值，而由预测本身所延展开的服务和潜在价值是无穷的，大数据与云计算的结合，无疑会实现"1+1>2"的效果，甚至会改变很多商业模式。在此基础上，我们对预测的利用不再局限于天气预报、水文状况、选举等方面，人类对未知领域和未知事物与生俱来的求知性给了大数据创造商业价值的入口。就像上文提及的机票价格预测、房价预测、股市预测，正是在解决信息不对称问题时所衍生的一系列商业服务；百度、亚马逊、谷歌收集客户查询的信息，提供差异化广告和推荐服务，也正是新兴商业产品的体现。

维克托说过，大数据时代开启了一场寻宝游戏，而人们对于数据的看法，以及对于由因果关系向相关关系转化时释放出的潜在价值的态度，正是主宰这场游戏的关键。新兴技术工具的使用使这一切成为可能。宝贝不止一件，每个数据集内部都隐藏着某些未被发掘的价值。这场发掘和利用数据价值的竞赛正开始在全球上演（维克托，2012）。

2.4.5 大数据的应用场景

大数据的应用是基于存储技术、深度挖掘、数据分析以及机器学习算法等技术所输出的结果，为人们提供辅助决策和发掘潜在规律的过程。早在20世纪90年代末，商业智能的概念就被提出，旨在利用企业已有的数据进行分析，转化为知识，为企业的经营决策提供依据（余长慧、潘和平，2002）。21世纪开始产生基于海量数据的挖掘和分析预测技术，发展到现在，大数据应用所能覆盖到的领域可谓方方面面[①]。

➤ 物联网大数据应用

有人将大数据比喻成一张充满漏洞的渔网，而物联网可以将漏洞补全。随着物联网的深度发展，我们每个人都成为大数据的生产者和消费者，从大型服务器、个人电脑到现在的移动手机、传感器、POS机，日常生活的痕迹都在扩展物

---

① 大数据应用的底层技术相同，划分标准目前主要按行业区分或按产业划分。

联网的边界。物联网的传输节点很多，立体性更强，可以传递大量异构性的、多类型的数据。

物联网大数据较早应用在物流行业中。UPS 国际快递公司利用物联网大数据监测车队的运行状况，公司的运输车上会被安装 GPS、传感器等设备终端，即数据收发源，公司能够实时掌控上万辆车的工作情况以及车况信息。控制中心可以通过众多传感器反馈的信息规划出最优的配送线路，也能够将车况信息经过分析后形成建议反馈给配送工，大大降低车辆故障率；即使有车辆发生故障，控制中心也可以及时就近调配其他人力进行任务承担，在保证服务的同时降低成本。

智慧城市也是大数据与物联网结合产生的应用场景，生活中的众多场景都会因这两者的介入而创新。智能安防系统作为一种应用目前已在推广，物联网应用改变了安全防护的思路，由传统的被动监测向现在的主动预警发展，我们的银行、医院、停车场、商城通过配置无线跟踪和定位技术，将海量数据信息反馈到智能终端，由大数据分析中心利用模型技术结合过去的和实时的情景信息进行识别、界定，从而做出决策。

> **社交网络大数据应用**

随着互联网的发展，加入到在线社交网络的人群越来越多，我们在线上社交网络上能够实现的关系，远远超过现实生活中的人群联系，网络每个节点上输出的数据都会通过一定的路径到达其他任何节点。互联网不再只是提供信息检索和网页浏览的场所，更重要的是构建网上社会关系，以及基于强大社交网络的信息分享。

在线社交网络大数据的主要来源是在线消息、个人空间以及共享平台，这三个应用平台产生的大量数据能够构建一个虚拟的社交关系网。我们可以利用文本处理和挖掘技术、自然语言识别、智能分析等手段，结合管理学、社会学和心理学等理论，对其中海量的数据进行自动获取、监测和综合分析，将结果广泛应用于网络舆情分析、精准化营销、政府决策支持等。社交游戏公司 Zynga 每天要收集高达几百亿的用户数据，数据涉及用户在线时长、上线时间等，数据中心会用这些数据分析用户喜欢买哪些虚拟游戏产品以及赠送礼物给在线好友的频次，从而得出不同行为所对应的用户对游戏的态度和黏性。Zynga 的根本目的是基于数据，猜透用户的心理，再迎合他们的需求。例如，蚂蚁工厂作为蚁坊软件的大数据处理平台，在数据挖掘和大数据分析上具有强大的应用。公司的"鹰击""鹰眼"产品可以提供舆情监测分析服务，利用互联网信息采集和智能分析技术，实现海量信息自动抓取、自动分类聚类、主题检测、专题聚焦，满足用户的网络舆情监测和新闻专题追踪等信息需求。

> **➤ 医疗健康大数据**

医疗健康领域是大数据的一个新迸发点，虽然传统医药系统本身已经对患者的个人信息、身体状况进行了全方位的抓取，但对其利用只停留在诊治层面。上海的申垦医院发展中心，从 2006 年开始建立区域医疗的第一个平台，成立了医联工程，截至 2014 年，它负责 3900 万就诊人口，数据达到 150TB 的规模（冯东雷，2015），随着医药系统信息化的进一步推进，其数据规模应该已经实现了量级的飞跃。

如今，我们已经具备了数据深度挖掘、生命体征信息综合分析的能力，医院、康复中心等医疗机构可以采用互联互通技术，将医学影像、住院记录、输液次数、药物购买记录等信息整理成个人账户，建立共享的医疗大数据档案库，这些临床医疗和自我量化数据的分享可以使医院和科研机构对人类的基因、疑难杂症、流感疫情等具体门类集中研究，用于日后的疾病防治和个性化诊疗。

美国曾对肌萎缩症患者及其亲属进行了全基因测序，然后通过一定的技术手段与统计方法对所获取的大量数据进行集中分析，成功地确定了致病基因和突变位点，为该病的预防提供科学的遗传学依据。正如 Google 预测流感趋势一样，目前，医药行业已经意识到了大数据应用的重要性，传统诊疗信息的二次利用以及不同数据的重组可以产生远超过诊断、监测结果的价值。各种医疗健康大数据的存在，一方面提供了能迅速获取大量医学经验和知识的机会，另一方面也提供了更为可靠地研究、探讨和解决各种医学问题的新途径（俞国培等，2014）。今后医疗领域的一个重要发展方向就是对患者各种数据进行收集整理，发掘其重要的价值，为疾病诊治、疫情防控、居民健康状况、人类进化进程提供更多准确的决策信息。

> **➤ 群智感知众包数据应用**

群智感知网络实际上与物联网的发展具有一定联系，随着移动设备和蓝牙、无线通信技术的发展，手机、手表、汽车等移动终端均成为了数据收发的重要节点，为了配合物联网对广泛环境的感知需求，这些移动终端承担了传感器的功能，于是，数据的收集进入了一个更复杂、更全面的阶段。

如图 2.2 所示，一个典型的群智感知网络通常由感知平台和移动用户两部分构成（赵东、马华东，2014）。用户可以利用嵌入传感器的移动手机、可穿戴设备采集物理环境中的各种数据，通过无线传输通道或互联网实时向感知平台传送感知数据。这时，感知平台就相当于一个庞大的数据库和大数据处理中心，对这一群智网络所堆积的大数据山进行深度挖掘和分析，并以此构建环境监测、智能交通、城市管理、公共安全、社交服务等各种群智感知应用。

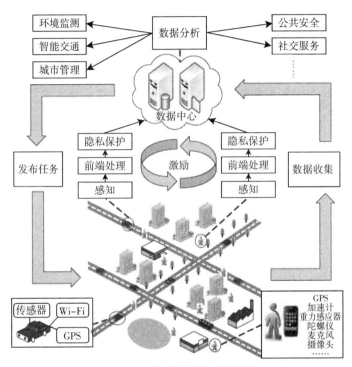

图 2.2　群智感知网络系统结构

IBM 在 2010 年发布了 iPhone 应用 Creek Watch，使用该 APP 时，所有与河流、湖泊有接触机会的人都可以成为移动的水文监测员，他们收集水质、流速以及垃圾污染情况并反馈给后台，服务器对所有数据进行汇总后进行公布并做出大量数据的分析，给环境保护和防治工作提供科学的依据。BikeNet 是一款骑行软件，它通过移动手机 GPS、互联网实时传送用户的骑行信息，在数据终端通过模型和算法技术对所有用户的行车轨迹、空气状况、路况信息进行综合分析，为骑行者提供最佳骑行路线，也可以将路况信息进行共享，服务于交通管理部门、运政公司等机构。

移动终端的群智感知是大数据应用的一个重要手段。空间群智感知平台的建立，能够保证个体、群体、社群都不断地参与到收集、分析和传播各种时空信息中去。基于更多种类传感器所感知的海量数据，加以有效地挖掘和综合分析，必将催生出更多的大数据应用和服务。

2.5　物联网

自 20 世纪 90 年代物联网正式提出以来，物联网被认为是继计算机、互联网和移动通信之后引发新一轮信息产业浪潮的核心领域。2009 年以来，发达国家以及包括中国在内的发展中国家相继出台物联网发展规划，进行物联网领域的前瞻布局，以求在新一轮信息浪潮之中把握发展机遇。物联网在消费领域和制造业领域得到进一步的应用，全球在相关领域的支出已达到一个新的量级，国际数据公司（IDC）的数据显示，截至 2016 年，物联网全球支出已达到 7370 亿美元，且将以 15.6% 的年增长率增长到 2020 年。随着金融与科技的融合与发展，物联网作为底层支撑技术为 FinTech 的深度发展提供了技术支持，促进了 FinTech 领域的创新和新的颠覆。

2.5.1　物联网缘起

对物联网进行追本溯源，我们可以沿着时间线来进行梳理，图 2.3 是对物联网发展时间线的简单梳理。

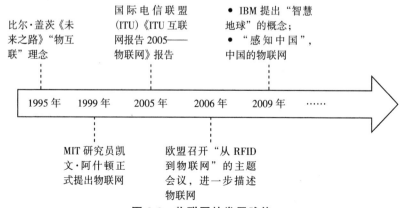

图 2.3　物联网的发展脉络

物联网的理念初见于微软联合创始人比尔·盖茨创作于 1995 年的《未来之路》。在对未来信息时代的发展预测和展望中，比尔·盖茨谈到这样一个情景，丢失的摄像机会自动地向主人发送信息，报告其所处的位置，所以无论该物品处于何地，从理论上都将易于找到，这一情景最好地体现了物联网的思想。

1999 年，美国麻省理工学院（MIT）的研究员凯文·阿什顿（Kevin Ashton）在研究无线射频识别（Radio-Frequency Identification，RFID）技术的过程中首次提出了物联网的概念，凯文·阿什顿被认为是"物联网之父"。有趣的是，凯文·阿什顿提出物联网的最初动机在于解决保洁公司零售架上的及时补货问题，由于不能对货架上的在售口红进行跟踪，货架缺货时不能及时发现，通过在口红条形码上内置无线通信芯片，便可对商品的位置信息进行跟踪，这种无线通信芯片应用了无线射频识别（RFID）技术。"一支口红引发的思考"成为物联网缘起中必须谈及的逸闻趣事。

2005 年，国际电信联盟（ITU）在信息社会世界峰会上发布了《ITU 互联网报告 2005——物联网》，引用并正式确定了"物联网"的概念，认为物联网通信将信息与通信技术的目标从人与人之间的沟通推进到人与物、物与物之间的连接，将任何时间、任何地点，连接任何人，扩展到连接任何物品，万事万物的连接便形成了物联网。2012 年，ITU 电信标准化部门推出的《ITU-T Y.2060 建议书》中也明确指出，物联网在"随时"和"随地"的基础上，为信息通信技术提供了"所有物间通信"的功能。

2006 年，欧盟召开主题为"从 RFID 到物联网"的会议，进一步对物联网进行描述，重视物联网所产生的作用（刘强等，2010）。2008 年，IBM 首席执行官彭明盛首次提出了"智慧地球"（Smart Planet）的概念，其基本内涵是，将传感设备嵌入到电网、铁路、供水系统、建筑等各种物体中，实现这些物体的普遍联结，形成"物联网"。"智慧地球"的思路在 2009 年得到了美国时任总统奥巴马的公开肯定。2009 年以来，发达国家以及包括中国在内的发展中国家相继出台物联网发展规划，进行物联网领域的前瞻布局，以求在新一轮信息浪潮之中把握发展机遇。

随着各项技术的进步，物联网也向纵深发展，时下，物联网已经应用到我们生活中的方方面面。本节将清晰地呈现物联网的商业价值及应用场景。那么，在展现物联网的应用价值之前，我们有必要探讨一下究竟什么是物联网。

2.5.2　物联网的内涵

物联网能够引发新一轮信息产业浪潮，那么，什么是物联网（Internet of Things，IOT）呢？

1999年，麻省理工学院（MIT）建立自动识别实验室（Auto-ID Labs），该实验室认为物联网即是通过无线视频识别（RFID）、无线传感器网络（WSN）、红外感应器（IS）、全球定位系统等信息传感设备，将万物与互联网相连接，进行信息交换，从而实现对物品的识别、定位、跟踪、监控和管理的一种网络。

在中国，随着物联网受到重视并作为国家五大新兴战略性产业之一被写进《政府工作报告》，"感知中国"被用来形象地称呼中国的物联网，在本次报告中，官方给出的物联网定义为：物联网是指通过信息传感设备，按照约定的协议，把任何物品与互联网连接起来，进行信息交换和通信，以实现智能化识别、定位、跟踪、监控和管理的一种网络。它是在互联网基础上延伸和扩展的网络。

国内学者孙其博等（2010）认为物联网有狭义和广义之分，狭义指物物之间的网络，以实现对物品的智能化识别与管理；广义指物联网是对信息空间与物理空间的融合，通过对事物进行数字化和网络化，在物—物之间，人—物之间，以及人与现实环境之间实现高效信息交互，并通过各种服务模式将信息技术融入社会的行为，达到在人类社会中应用信息技术的新境界。

通俗地讲，世界上的万事万物，小到钥匙、手表，大到冰箱、汽车、楼房等，只要在这些物品上嵌入微型传感设备，就能实现人与物、物与物之间自动的对话和信息交流，实现物物之间的智能化识别与管理，这就是物联网。

例如，当下火热的现象级产品共享单车，通过手机扫描二维码获取单车信息，再经通信网络将信息上传到云端服务器，然后服务器以GRPS接收信息，下发解锁指令到单车，并进行后续的计费处理，这一过程是典型的物联网架构，体现了对信息的感知、传输和智能处理的物联网过程特征。

对物联网概念的不同界定，其起点和侧重点虽有不同，但物联网的核心可以归结于覆盖万事万物的互联互通，使得人类和物理世界进行自动的"对话交流"，从而提高生产效率为商业社会乃至人类社会的发展带来新的洞见。

2.5.3　物联网的技术手段

对物联网的技术手段的认识，可以从两个方面把握，这两个方面分别是：物联网技术体系架构、物联网中的关键技术。

在对物联网的系统架构进行介绍之前，根据物联网实现万物互联，"让物进行思考"和"对话"的功能和信息传递的过程，物联网的基本特征可以概括为全面感知、可靠传输与智能处理（孙其博等，2010）。全面感知，即通过视频识别、二维码、传感器的技术手段实现从物体上采集和获取信息。可靠传输，即通过各种不同的通信协议如 Wi-Fi、Zigbee、蓝牙等，充当物联网中的信息传输载体。智能处理，即在上层应用上实现对信息的分析决策和处理，这也是实现智能化识别和管理的关键步骤。物联网的技术架构和网络是实现以上功能和特征的手段。

国际电信联盟（ITU）给出了物联网基本架构的参考模型，模型由下到上分别为装置层、网络层、业务支持和应用支持层、应用层，以及与每层相关的管理和安全能力，该体系被称为泛在传感器网络（USN）。欧洲电信标准化协会在 USN 的基础上提出了其简化版本 M2M 架构，M2M（Machine to Machine），主要表示机器之间的互联互通。对物联网的技术架构的认识基本建立在这一参考模型基础上，例如，马寅（2012）认为物联网架构可分为感知识别层、网络构建层、管理服务层与综合应用层，其提出的管理服务层的内涵应该与 ITU 参考模型中的业务支持和应用支持层是相同的。另外，为简化和让大众对物联网技术架构有更清楚的认识，将物联网技术架构和网络分为感知层、网络层和应用层得到了普遍的认可，加上贯穿于每一层次的公共服务技术，构成了整个物联网技术体系。图 2.4 是物联网的技术架构体系立体图示。

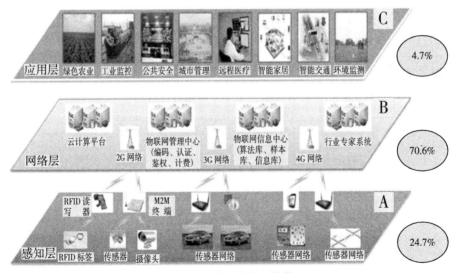

图 2.4 物联网技术架构体系

资料来源：中投顾问. 物联网产业发展规划［EB/OL］. http://www.ocn.com.cn/us/wulianwangyuanquguihua. html.

（1）感知层。即利用嵌入物体的射频识别标签、传感器等的采集来获取信息。感知层的关键在于通过技术解决在功耗、体积和成本上的问题。感知层涉及的关键技术为感知与标识技术，感知与标识技术是对应于感知层，对数据进行收集和识别的，其中重要的有无线射频识别（RFID）技术、传感器技术、二维码等。物联网的正式提出来自于凯文·阿什顿对 RFID 的研发过程。射频识别是一种自动识别技术，利用无线射频方式进行非接触双向通信，以达到识别目的并交换数据（沈宇超、沈树群，1999）。基本的 RFID 系统至少包含阅读器（Reader）和 RFID 标签（Tag）（任小洪等，2011）。无须目标之间建立机械或光学接触，该技术应用甚广，如 IC 公交卡、银行卡以及商品标签等，也是物联网发展中的关键技术。

另外，传感器（Sensor）技术与上述技术同样重要。国家标准 GB7665-87 对传感器的定义是"能感受规定的被测量件并按照一定的规律（数学函数法则）转换成可用信号的器件或装置，通常由敏感元件和转换元件组成"。通俗来讲，传感器是一种信息监测和传输装置，是赋予物体拥有感官功能，从而实现自动监测和控制的关键技术。

（2）网络层。依托于互联网、专用网、移动通信网等各种网络支撑技术，将感知层采集和获取的信息接入网络，从而实现信息的传输，各种网络是实现万物互联的关键设施。网络层涉及的关键技术是网络与通信技术，包括接入与网组，通信与频管。以互联网协议版本 6（IPv6）为核心的下一代网络协议，为物联网的发展创造了良好的基础网条件。无线传感网络技术在网络层发挥作用，无线传感网络技术目前主要有六种，分别是蓝牙、Wi-Fi、超宽带通信、近场通信、ZigBee 和红外线通信 IrDA 技术（任小洪等，2011）。近年来，由我国华为公司最早推进的低功耗广域网 NB-iot 被认为是物联网的一个重要分支，具有覆盖广、连接多、速率低、成本低、功耗低、架构优等特点，其应用被认为将推动物联网的进一步发展。

（3）应用层。对信息进行决策和控制，实现智能化识别、定位、跟踪、监控和管理的实际应用效果，是人们能最终体验到的物联网技术效果的层面，也是发展物联网要实现的基本目标。物联网的技术架构体系与上文的物联网的特征能够进行一一对应，每一层都体现了物联网的一个特征，如，感知层——全面感知，网络层——可靠传输，应用层——智能处理。

应用层涉及的关键技术为计算与服务技术，包括信息计算和服务计算。收集和传递的海量感知信息通过分析和计算才能使信息得以有效利用，其中云计算是重要的信息计算方式之一，服务计算是最终实现智能化的重要手段。

另外，在物联网体系中，还有贯穿于感知层、网络层与应用层的公共管理和支撑相关的技术。例如，编码技术，表示技术、安全技术以及信息服务技术，这些技术将对物联网智能目标的实现发挥重要作用。物联网中的关键技术分布模型如图 2.5 所示。

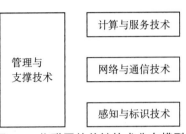

图 2.5　物联网的关键技术分布模型

资料来源：孙其博，刘杰，黎羴等. 物联网：概念、架构与关键技术研究综述［M］.北京：机械工业出版社，2010.

2.5.4　物联网的商业价值

在全球范围内，物联网都被视为信息技术的第三次浪潮，被认为是在新一轮信息浪潮中把握发展机会、获取竞争优势的重要领域。据 Forrester Research 公司预计，十年之内物联网将成长为比互联网大 30 倍的产业，达到万亿级。根据工信部数据预计，到 2020 年，我国的物联网产业将达到 1.8 万亿元。物联网所具有的价值潜力是巨大的，其所蕴含的商业价值主要表现在以下几方面：

（1）提高效率降低成本。从农业文明到工业文明再到当下的信息文明，技术进步背后的推力往往来自于对效率的追求。物联网实现人与物之间、物与物之间的自动信息交互和沟通，降低了信息传输和分析处理的中间环节，提高了生产效率。例如，物联网与工业的结合，在智能工厂中，运用物联网技术实现库存管理，自动地向上游企业发出采购需求，供应商接到订货信息后可以进行自动的物品供给，实现供应链上的协作，大大提高了企业间的供应效率，大大降低了运营成本。物联网也将降低设备维护等方面的成本。提高效率和降低成本的过程必然是提高企业竞争力的过程。

（2）提高顾客服务体验。在越来越激烈的市场竞争中，以顾客为中心成为企业的共识，利用物联网对货物进行跟踪，实现产品在使用过程中的自动的信息反馈，将极大地促进产品和服务改进，提高顾客的体验。例如，当下的各类智能运动产品对体能和健康数据进行分析，消费者可以通过运动设备对自己的健康状况进行管理。

（3）促进产业创新。物联网的发展，在消费领域和工业领域的应用，不仅提高现有产业的创新和升级，同时也将催生新的产业，通过产业创新提高全社会的产出，实现价值创造。物联网在智能工农业、物流零售等经济发展建设，市政管理、节能环保等公共事务管理方面，以及在医疗健康、家居建筑等公众服务领域的应用，将催生和带动设计制造、软件、网络通信、服务等方面的产业创新。

2.5.5 物联网的应用场景

作为第三次信息浪潮的核心领域，依靠智能手机 APP 对设备进行控制的物联网 1.0 时代，正在向设备之间直接对话的物联网 2.0 时代迈进（吴凡，2013），物联网正在迅速地向各个行业和领域蔓延，从工业领域到消费领域再到社会生产和活动的方方面面，我们都可以看见物联网的应用所在。

当下流行的各种"智能+"便是物联网应用的体现，例如，智能家居、智能医疗、智能生活、智能城市、智能交通、智能物流、智能工厂……可以说是有人类生活的地方，便有物联网的影子。

➤ 工业物联网（Industrial Internet of Things，IIOT）

物联网在工业领域的应用是工业 4.0 的主要内容和呈现形式，"智能制造"被认为是在新的工业时代制造发展的竞争焦点（李龙，2016）。工业物联网就是将物联网的关键技术应用到生产的各个环节，是物联网与制造业的深度融合。一个典型的例子，便是"无人工厂"：在珠三角的某手机壳的生产车间，几十台机器有条不紊地运转、抛光、打磨……不到 20 秒，一个手机外壳出炉。另外，在工业 4.0 刚被提出的时候，海尔的无灯工厂被津津乐道，给人们展示了智能制造的初步模样。物联网技术实现了对实时工业数据的开发和利用，达到了工业体系的个性化定制、智能化生产、网络化协同和服务化转型。

➤ 消费物联网（Consumer Internet of Things，CIOT）

如果说工业物联网与普通人的生活感知相对遥远，那么消费物联网的应用对我们而言则要熟悉得多。它涉及从智能手机、可穿戴设备到智能家居、智能交通、车联网等各个方面。智能家居将满足现代人对于家居安全性、舒适性、功能性等方面的需求，从清晨醒来的时刻，智能家居系统便为你开启一天的美好生活，从开窗到早餐都为你完成；在你上班的路上，你可以通过远程监控系统实时监察孩子安全；同时，智能家居防盗系统为家庭安全提供防护和紧急救助功能。另外，各种各样的智能产品将让生活变得便捷、简单和丰富多样。

➤ 物联网金融

物联网实现了信息网络时代的新变革，实现了物理世界的信息化、网络化和数字化变革。实物网络信息化与金融服务的价值网络信息化，其核心都是数字化，物联网对实现实物网络和价值网络的融合创造了条件（武晓钊，2013），如当下发展正兴的供应链金融、仓储物联网金融等都是物联网在金融领域的应用。当然，物联网作为 FinTech 的基础性技术，在本书的体系架构中，金融业的创新都可以看见物联网在其中所起的作用。

参考文献

［1］i199IT. 浅谈社交网络数据分析的意义 ［EB/OL］. http：//www.199it.com/archives/243190. html，2014-06-23.

［2］McKinsey Global Institute. Big data：The next frontier for innovation，competition，and productivity ［R/OL］. https：//www.mckinsey.com/business-functions/digital-mckinsey/our-insights/big-data-the-next-frontier-for-innovation，2011-05.

［3］National institute of standards and technology. The NIST definitions of cloud computing ［S/OL］. http：//nvlpubs.nist.gov/nistpubs/ Legacy/SP/nistspecialpublication800-145.pdf，2011-09-25.

［4］NoSQL Databases，NoSQL definition ［EB/OL］. http：//nosql-datebase.org，2013-07.

［5］比尔·盖茨，辜正坤. 未来之路 ［M］. 北京：北京大学出版社，1996.

［6］比特网. "鹰击"产品领跑微博舆情监测行业 ［EB/OL］. http：//soft.chinabyte.com/os/208/13124708.shtml，2014-10-30.

［7］董国超，寇净磊. 语音识别技术及应用综述[J]. 内蒙古科技与经济，2009（15）：70-71.

［8］龚沛曾，杨志强等. 大学计算机基础（第五版）[M]. 北京：高等教育出版社，2009.

［9］黄嵩. 蚂蚁金服凭什么值 600 亿美元？[EB/OL]. https：//www.huxiu.com/article/146794/1. html，2016-04-26.

［10］康世龙，杜中一，雷咏梅，张璟. 工业物联网研究概述 ［J］. 物联网技术，2013（6）：80-82.

［11］雷万云. 云计算：技术、平台及应用案例 ［M］. 北京：清华大学出版社，2011.

［12］黎春兰，邓仲华. 论云计算的价值 ［J］. 图书与情报，2009（4）：42-46.

［13］李钧，长铗. 比特币：一个虚幻而真实的金融世界 ［M］. 北京：中信出版社，2014.

［14］李龙. 新工业时代下中国工业物联网发展现状及趋势[J]. 电子产品世界，2016（2-3）：9-12.

[15] 刘强，崔莉，陈海明. 物联网关键技术与应用 [J]. 计算机科学，2010, 37 (6)：1-4.

[16] 罗军舟，金嘉晖，宋爱波等. 云计算：体系架构与关键技术 [J]. 通信学报，2011, 32 (7)：3-21.

[17] 明选，张黔，谭浩宇等. 智慧医疗——从物联网到云计算 [J]. 中国科学：信息科学，2013, 43 (4)：515-528.

[18] 曲晓峰. 人工智能、机器学习和深度学习之间的区别和联系 [EB/OL]. https：//www.leiphone.com/news/201609/gox8CoyqMrXMi4L4.html，2016-09-06.

[19] 任小洪，乐英高，徐卫东，周天鹏. 无线传感 ZigBee 技术在物联网中的应用 [J]. 电子技术应用，2011, 37 (6)：81-83.

[20] 沈宇超，沈树群. 射频识别技术及其发展现状 [J]. 电子技术应用，1999 (1)：4-5.

[21] 史中. 吴翰清：这次勒索病毒被低估，不重视安全的企业会"突然死亡"[EB/OL]. https：//www.leiphone.com/news/201705/FB8TTu5QSxrS3Eac.html?viewType=weixin，2017-05-17.

[22] 孙其博，刘杰，黎羴等. 物联网：概念、架构与关键技术研究综述 [J]. 北京邮电大学学报，2010, 33 (3)：1-9.

[23] 汤兵勇. 云计算概论：基础、技术、商务、应用（第二版）[M]. 北京：化学工业出版社，2016.

[24] 唐文剑. 区块链将如何重新定义世界 [M]. 北京：机械工业出版社，2016.

[25] 汪鸿昌，肖静华，谢永勤. 基于企业视角的云计算研究述评与未来展望 [J]. 外国经济与管理，2013, 35 (6)：13-22, 32.

[26] 汪敬贤. 浅谈人工智能的应用与发展 [J]. 科技信息（学术版），2006 (2)：44.

[27] 王良明. 云计算通俗讲义 [M]. 北京：电子工业出版社，2015.

[28] 王慕快，李道国，付斌. 云计算与集群计算、网格计算的区别 [C]. International Conference on Management Science and Engineering，2010.

[29] 王万森. 人工智能原理及其应用 [M]. 北京：电子工业出版社，2012.

[30] 王伟军，孙晶. Web2.0 的研究与应用综述 [J]. 情报科学，2007 (12)：1907-1913.

[31] 王意洁，孙伟东，周松，裴晓强，李小勇. 云计算环境下的分布存储关键技术 [J]. 软件学报，2012, 23 (4)：962-986.

[32] 网易科技. 冯东雷：医疗健康大数据归根到底是应用 [R/OL]. http：//tech.163.com/15/1015/16/B5VUKS3S000915BF.html，2015-10-15.

[33] 维克托. 大数据时代 [M]. 杭州：浙江人民出版社，2012.

[34] 温家宝. 2010 年政府工作报告 [EB/OL]. http：//www.gov.cn/2010lh/content_1555767.htm，2010-03-15.

[35] 吴凡. 物联网 2.0 时代大门开启 [J]. 宁波经济（财经观点），2013 (7)：35-36.

[36] 吴加敏，孙连英. 空间数据可视化的研究与发展 [J]. 计算机工程与应用，2002, 38 (10)：85-88.

[37] 徐保民，倪旭光. 云计算发展态势与关键技术进展 [J]. 中国科学院院刊，2015（2）.

[38] 徐立兵. 腾云：云计算和大数据时代网络技术揭秘 [M]. 北京：人民邮电出版社，2013.

[39] 余长慧，潘和平. 商业智能及其核心技术 [J]. 计算机应用研究，2002，19（9）：14-16.

[40] 俞国培，包小源，黄新霆，刘徽，许蓓蓓，于娜，张俊. 医疗健康大数据的种类、性质及有关问题 [J]. 医学信息学杂志，2014.

[41] 云霞，沈利华，李红，陈国钢. 高校信息素养教育"云服务"平台构建 [J]. 现代教育技术，2013，23（5）：108-112.

[42] 张健. 区块链：定义未来金融与经济新格局 [M]. 北京：机械工业出版社，2016.

[43] 张珂. 2017 年，机器学习将在这四大行业得到全面应用 [EB/OL]. http：//baijiahao. baidu.com/s？id=1566825386936405&wfr=spider&for=pc，2017-05-08.

[44] 张龙立. 云存储技术探讨 [J]. 电信科学，2010（S1）：71-74.

[45] 张亚明，刘海鸥. 云计算研究综述——基于技术与商业价值双重视角 [J]. 中国科技论坛，2010（8）：126-133.

[46] 赵东，马华东. 群智感知网络的发展及挑战 [J]. 信息通信技术，2014（5）：66-70.

|第 3 章|
全球金融科技发展

近年来，随着以人工智能、区块链、云计算、大数据和物联网为代表的科学技术的进步，FinTech 在全球掀起了投融资热潮，全球 FinTech 发展态势惊人。埃森哲研究报告显示，2016 年全球 FinTech 投资总额达到 232 亿美元，较上年度增长 10%。从投资地区分布来看，FinTech 投资最活跃的地区是亚太地区，其次是北美和欧洲，如图 3-1 所示（埃森哲，2017）。大量资本流入 FinTech 领域间接反映出 FinTech 的发展潜力，各国市场都十分看好科技在金融领域的深度应用，科技的重要性在金融领域得到了凸显和放大，FinTech 已经成为未来金融市场发展新的推动力。

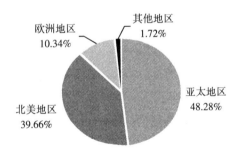

图 3.1 2016 年全球 FinTech 投融资情况

在这一章中，我们将按地理位置划分，对北美地区、欧洲地区和亚太地区各个国家 FinTech 发展情况进行介绍，并着重运用 PEST 模型对中国的 FinTech 发展环境进行分析与介绍。

3.1 FinTech 发展概况：北美

3.1.1 美国

➤ FinTech 发源地，金融科技领导地位

FinTech 发源于美国，最早可以追溯到 1998 年成立的 Paypal。凭借扎实的金融服务体系、完善的资本市场和强大的技术支持，美国在 FinTech 领域一直处于领先地位。2016 年全球 FinTech100 强企业中，美国企业占比 35%（KPMG，H2 Ventures，2017），其中具有代表性的 FinTech 企业包括 Oscar Health（保险医疗服务）、Wealthfront（智能投顾）、Square（移动支付）等。

➤ 人才与资本环境优势

拥有全球金融中心的纽约和全球科技中心硅谷的美国，掌握着充足的人才资源和优越的资本环境。FinTech 需要强大的技术基础，美国众多一流的大学为技术的发展提供了良好的教育资源，硅谷又汇集了全世界最顶尖的科技人才，由此带来的人才优势极大地促进了美国 FinTech 的发展。

此外，FinTech 的发展有赖于发达的资本市场和完善的金融基础设施。美国金融体系为 FinTech 发展提供了适宜的发展环境，吸引了众多来自风险机构的投资，而 FinTech 的各参与方，如政府、大型商业银行等也在积极地为 FinTech 企业的发展提供资金。

➤ 上届政府 FinTech 态度友好，未来仍存在较大不确定性

2017 年 1 月，白宫发布了一份《金融科技框架》（*National Economic Council*）（2017）白皮书，其中对 FinTech 发展持比较友好和开放的态度。尽管上届政府对 FinTech 一直比较支持，并实施了一系列推动 FinTech 发展的措施，如开放政府数据集、通过创业企业融资法案等，就目前情况来看，新一届政府机构对 FinTech 的发展态度尚不明确，未来美国 FinTech 受政策方面的影响存在较大不确定性。

3.1.2 加拿大

> **起步晚，发展快，绝佳的 FinTech 实验市场**

作为北美的第二大金融市场，加拿大在 FinTech 领域的发展却比较缓慢。2010 年，受全球 FinTech 发展的影响，加拿大的 FinTech 企业也开始逐渐发展起来，比较有代表性的企业如 Secure Key（身份识别与授权）、Sensibill（提供数字化票据）、Symend（催收贷款平台）等。

尽管加拿大 FinTech 市场比较小，但由于其完善的 FinTech 基础设施，加拿大是一个极佳的 FinTech 实验市场。2016 年，加拿大 FinTech 企业融资额达到 1.97 亿美元，增长了近 74%。2016 年，在美、英两国 FinTech 融资额出现下降趋势的情况下，加拿大 FinTech 高幅度的增长显现出其 FinTech 发展的巨大潜力。

> **政府重视 FinTech 的发展**

加拿大政府机构对本国 FinTech 的重视程度在逐渐提高。2017 年 4 月，加拿大金融市场管理局（AMF）宣布成立金融科技实验室，专注于 FinTech 技术的研究，帮助国内受监管公司探索 FinTech 应用。此外，AMF 还积极与区块链领域联合机构 R3 合作，增强了加拿大 FinTech 的技术力量。在 FinTech 监管方面，加拿大证券管理委员会于 2017 年 2 月开始"监管沙盒"（Regulatory Sandbox）项目，旨在使提供技术创新或金融创新服务的公司在合规的条件下更方便地提供产品及服务，同时保护投资者利益。

3.2 FinTech 发展概况：欧洲

3.2.1 英国

> **现阶段 FinTech 发展领先，未来发展存在风险**

作为世界领先的 FinTech 发展中心，2015 年英国 FinTech 行业取得了 66 亿英镑的收入，吸引着全球超过 6 万名专业从业者（HM Treasury, Ernst & Young, 2016）。凭借巨大的人才库和领先的监管环境，英国 FinTech 企业的发展较快，其中具有代表性的 FinTech 企业包括 Funding Circle（P2P）、Atom Bank（电子银行）、Azimo（跨国转账）等。

英国 FinTech 企业主要集中在伦敦。作为全球金融服务中心，伦敦具有最密集的世界级金融机构、坐拥举足轻重的本土和国际投资网络，为英国 FinTech 企业吸引了大量资本。但是，随着英国脱欧公投的通过，英国即将成为欧洲大陆中的一座孤岛，由此带来的人才流动和欧洲市场辐射的问题，都会给英国 FinTech 未来的发展带来风险。

➤ 有利于初创企业的税收政策与强有力的监管创新

英国政府大力支持 FinTech 发展。一方面，在税收政策上，英国政府为鼓励投资实施了 SEIS 计划（在英国的天使投资人的个税返还计划），并将 FinTech 小企业税率由优惠 50% 调整为免税；另一方面，在监管政策上，英国政府积极推进监管创新，2015 年开创性地推行"监管沙盒"。该项目是英国政府 FinTech 监管创新的核心，在"监管沙盒"中，FinTech 企业可以测试创新型产品、服务、商业模式和传送机制，并且不会将不良影响直接带给处于正常监管机制下的企业。

此外，英国财政部为英国 FinTech 企业架设了通往其他市场的"金融科技之桥"，目前已涵盖新加坡和韩国的 FinTech 市场。通过政府之间的友好关系强化企业之间的联系，有利于英国 FinTech 企业跨国开展业务，进一步提升英国在 FinTech 行业的影响力。

3.2.2　德国

➤ FinTech 发展速度较快

德国是欧洲地区仅次于英国的金融中心，近年来德国 FinTech 发展增势强劲。德国联邦财政部研究报告显示，2015 年活跃在德国金融与资产管理领域的 FinTech 公司总市值达 22 亿欧元，活跃在德国的 FinTech 公司有 356 家。近年来，一些优秀的德国 FinTech 企业逐渐发展起来，包括 Spotcap（在线借贷）、Solaris Bank（数字银行）等。

➤ 创业环境与金融实力使德国成为欧洲金融科技中心的强大候补

与美国类似，德国拥有柏林作为科技行业中心、法兰克福作为金融行业中心。柏林以其浓厚的创业氛围、低廉的房价和生活成本吸引了全国各地的创业者，2015 年，柏林的科技公司融资总额位居欧洲融资城市排行首位。法兰克福则在金融领域推动德国 FinTech 的发展。1993 年法兰克福被选定为欧洲中央银行所在地，从此国际性的金融机构纷纷在法兰克福新设立了机构，这使得大量的金融机构带着大量的资本与交易汇集在法兰克福，推动其成为国际金融中心。

尽管目前德国在 FinTech 发展规模上难以与英国抗争，但总体来说其仍具有快速发展 FinTech 的潜力与空间。英国脱欧后，德国有可能取代英国成为欧洲 FinTech 中心。

3.2.3　法国

➤ FinTech 起步阶段，发展稍显落后

作为最具活力的金融中心，法国巴黎汇集了众多顶级的金融机构。但是，由于缺少政策支持、苛刻的企业责任要求以及偏低的国际化水平，巴黎 FinTech 的发展比较缓慢，在欧洲地区仅位列第 7 名（Deloitte，2016）。巴黎 FinTech 的发展反映了法国 FinTech 整体的发展情况，目前法国 FinTech 企业数量相对比较少，包括 PayFit（自动处理工资支出）、Qonto（中小企业融资服务）、Stratumn（区块链应用）等。

➤ 政府在 FinTech 技术与政策方面进行了积极的探索

尽管目前法国 FinTech 的发展稍落后于英、美、德等国家，但近年来法国官方机构在技术与政策方面的确进行了许多积极的探索。技术方面，法国的中央银行于 2016 年底宣布完成首个区块链测试，可以用于在欧元区内建立债权人身份识别标记（Stan Higgins，2016）。政策方面，2016 年 5 月，法国金融监管部门举行会议宣布成立 FinTech 团队。在该会议上，时任法国参政部长、2017 年新任法国总统的 Emmanuel Macron 提出可以借鉴英国"监管沙盒"对法国 FinTech 企业进行监管。上任后他也曾明确提出投资 100 亿欧元设立创新型产业基金，将法国打造成"创业国度"。

总之，目前法国 FinTech 发展尚处在起步阶段。英国脱欧或许会给法国带来一些发展机会，极具创新力的新总统也能为法国 FinTech 发展带来有利的政策前景。

3.3　FinTech 发展概况：亚太地区

3.3.1　新加坡

➤ 亚洲 FinTech 中心

作为传统金融中心的新加坡，目前凭借其完善的金融体系和政府对 FinTech 发展的重视，已发展成为亚洲金融科技中心。新加坡的 FinTech 企业数正在逐年增加，比较有代表性的 FinTech 企业有 Call Level（实时财务监控）、Fastacash（支付）、Open Trade Docs（基于区块链的贸易融资）等。新加坡不仅在金融服务、技术和通信领域具有优势，也因其透明和高效的政府体系在全球金融市场上享有良好的声誉，为新加坡吸引来大量资本、FinTech 企业与技术人才。2016 年 7 月，IBM 在新加坡建立首个区块链创新中心，帮助新加坡贸易和金融行业开展大量的技术试点项目。

➤ 政府大力支持，监管水平正在快速提升

近年来，新加坡 FinTech 发展迅速，很大程度上是由于新加坡政府在 FinTech 政策上所付出的努力，使新加坡成为十分具有吸引力的金融创新创业国家。

监管政策方面，2016 年 6 月，新加坡金融管理局（MAS）推出了"监管沙盒"，规定凡是需要使用科技创新提供金融服务的公司均可申请进入"沙盒"，在独立环境中对 FinTech 创新服务进行测试。此外，MAS 十分注重在 FinTech 领域与其他国家的交流，比如与英国搭建了"金融科技之桥"，帮助新加坡 FinTech 企业扩展市场。

3.3.2　日本

➤ FinTech 技术优势明显

由于政府对金融领域严格的监管、日本民众较强的风险规避意识，日本 FinTech 的需求长期疲软，导致日本 FinTech 的发展较为缓慢。2014 年，由于黑客入侵，位于日本的全球最大比特币交易所 Mt. Gox 损失了大约价值 4.6 亿美元的比特币，濒临破产。该事件使日本 FinTech 环境急剧恶化。但是，随着 FinTech

在世界范围的快速发展，日本 FinTech 环境也在逐渐恢复，由此催生了一批优秀的 FinTech 初创企业，比如 Freee（中小企业云会计）、Money Design（智能投顾）、Bitflyer（比特币交易）等。与其他国家相比，日本拥有显著的技术优势，是区块链领域技术发展最前沿的国家之一，并主导着全球比特币交易市场。

➤ 政府支持 FinTech 的发展

为了刺激日本 FinTech 的发展，日本政府开始了一系列金融领域与监管方面的改革。2016 年 5 月，日本政府通过了关于准许比特币作为官方货币的提案，使日本成为了第一批在国家层面管控比特币的国家之一。2017 年 4 月，日本内阁签署的《支付服务修正法案》正式生效，比特币等虚拟货币支付手段在日本的合法地位正式确立。监管方面，日本政府逐渐放松监管措施，允许日本三大银行收购非金融企业全部的股权，方便此三家超级银行与 FinTech 初创企业建立合作关系，加快技术在金融行业的应用进程。

3.3.3　韩国

➤ 整体规模较小，发展速度缓慢

韩国 FinTech 发展整体比较缓慢，但由于韩国政府的支持以及全球 FinTech 发展潮流的带动，韩国也出现了部分 FinTech 企业，如 AIM（移动金融服务）、Hankook NFC（近场通信）等。2016 年，韩国政府表示未来三年将拨款 26.5 亿美元用于促进 FinTech 的发展，并于年底成立区块链协会，开展关于区块链的试点项目和综合研究（Luke Parker，2016）。

➤ 传统金融机构是推动韩国 FinTech 发展的主力

在政府的支持下，韩国的一些私人银行和金融机构正在积极主动地发展 FinTech。2016 年年初，韩国国民银行便宣布与韩国第二大比特币交易所 Coinplug 合作，发展汇款和数据存储服务，后者在韩国拥有 7000 台支持比特币交易的 ATM 机（Maria Santos，2015）。2016 年年底，韩国 21 家金融投资公司和 5 家以区块链为技术核心的 FinTech 公司合作建立了韩国第一个区块链联盟，约定共同开发分布式账本解决方案。

总的来看，韩国 FinTech 规模比较小。比特币、区块链领域的发展较为成熟，整体发展速度较慢，但政府与金融机构都在积极推动韩国 FinTech 的发展。

3.3.4　印度

➤ 全球 FinTech 投融资热点地区，金融科技发展速度领先

据联合国统计，2017 年印度总人口数超 13 亿，排名世界第二，仅次于中国，这使印度的 FinTech 行业拥有极具竞争力的用户基础。2017 年上半年印度共有 59 家 FinTech 初创企业获得投资，总金额高达 18 亿美元。资本的大量涌入帮助印度的 FinTech 企业快速地成长起来，截至 2016 年 9 月，印度总融资额超过 500 万美元的 FinTech 公司有 36 家（竺道，2016），包括 Paytm（移动支付）、Policybazzar（在线保险）、Fundsindia（在线投资）等。

➤ 高 FinTech 渗透率为印度金融科技发展带来强大的用户基础

印度金融科技目前的发展态势主要有两方面的原因：印度较高的 FinTech 渗透率和政府对 FinTech 的大力支持。印度 FinTech 采纳率位于全球第 2 位，Fin-Tech 使用者占数字活跃人口的百分比为 52%（Ernst & Young，2017）。FinTech 应用已经渗透到了印度民众的生活中，其中移动支付与结算应用的影响最为广泛。印度全国近一半的人口没有银行账户，智能手机的进一步普及促使支付结算类 FinTech 初创企业在印度的市场份额不断扩大。

➤ 政府大力支持 FinTech 的发展

印度政府在印度 FinTech 发展的过程中扮演着重要的角色。一方面，印度政府采取了一些措施极大地推动国内非现金社会的发展。2016 年 11 月，印度总理突然宣布废除 500 卢比和 1000 卢比的纸币，原本出发点是打击国内猖獗的腐败和伪造货币行为，但同时使一大批印度的 FinTech 公司受益（祁月，2016）。另一方面，政府早期的付出为印度未来 FinTech 的发展奠定了坚实的基础。目前印度已经建立了全世界最大的生物识别库。该项目由印度前任总理辛格提出，目前已几乎收集了所有公民的数字识别记录，包括对指纹和眼球的扫描（Pankaj Mishra，2013），如果将该信息接入统一支付接口，印度将可能建设成全世界最先进的支付系统。

3.3.5　澳大利亚

➤ FinTech 后起之秀

澳大利亚的 FinTech 行业正在快速发展，是金融科技的后起之秀。2016 年，

澳大利亚 FinTech 企业融资总额为 9100 万美元（陈生强，2017），代表性企业包括 Prospa（在线借贷）、Blue Chip Vision（区块链）、Avoka（银行业软件开发）等。目前，财富投资、消费者和信贷两大领域内的 FinTech 公司已经广泛地渗透了澳大利亚市场，拥有了众多澳大利亚本地用户。

➤ 政府金融监管与对外交流齐头并进

澳大利亚证券与投资委员会（ASIC）正在以多种方式积极发展澳大利亚的 FinTech。2016 年 5 月，ASIC 推出"监管沙盒"，提出创造时间有限的"安全或轻监管环境"，FinTech 初创企业可以在该环境下测试其产品或服务。此外，ASIC 目前已与英国、新加坡、加拿大等国建立金融科技监管方面的合作协议，以及时获取 FinTech 发展前沿知识，并基于政府之间的合作关系帮助澳大利亚的 Fin-Tech 企业扩大市场。

澳大利亚的 FinTech 行业正在快速进步。基于澳大利亚 FinTech 良好的政策环境背景，未来澳大利亚 FinTech 应该能够保持目前的增势，继续蓬勃发展。

3.3.6 中国香港

作为亚洲金融中心的中国香港，凭借着其高度发达的信息及通信科技产业优势，正在努力追赶 FinTech 发展的浪潮。目前已经出现了一些优秀的 FinTech 企业，比如 Bitspark（比特币汇款平台）、Compare Asia Group（金融产品比价）、PolicyPal（数字保险移动应用）等。与其他国家或地区相比，香港是 FinTech 企业进入中国内地的通道，占据着亚洲市场的重要战略地位。

近年来，香港特别行政区政府在 FinTech 发展方面做出了许多努力。香港特别行政区政府首先为银行业的 FinTech 创新建立"监管沙盒"，帮助银行在不需要满足香港金融管理局监管要求的环境下测试技术创新产品或服务。此外，香港特别行政区政府还设立了规模高达 20 亿港元的创新和科技投资基金投资于香港的科技初创企业，香港数码港也在积极地为信息产业的初创企业提供办公空间（Hongkong Government，2016）。

总之，香港 FinTech 发展的政策环境较为友好，商业基础设施完善，高素质专业人才众多，FinTech 整体的发展速度逐渐提升。

3.4 FinTech 发展概况：中国

3.4.1 概述

中国是世界上 FinTech 市场最大的国家，第三方支付、网络资管、智能投顾、网络信贷发展势头迅猛。FinTech 在中国所涵盖的业务持续增加，金融和技术结合衍生创新模式的速度飞快，其所涉及的底层技术如区块链、大数据、云计算等也接连取得技术突破，应用的领域越来越广。

在这种背景下，诸多已有的互联网金融公司开始谋求转型，在形式上将自己定位为 FinTech 公司，以避开监管的条条框框和互联网金融行业不良的声誉影响。另外，科技和金融业务创新成果越来越丰富，传统的互联网金融已经无法涵盖日益增多的新业务。所以，FinTech 成为众多公司定位自身的最佳"头衔"，至此，FinTech 正式作为一个新的领域在我国蓬勃发展。

总体而言，FinTech 在我国的发展尚处于起步阶段，金融业务模式以及与此相关联的监管框架、信用体系、风险管理，都落后于美国、英国等国。不过，在一些方面也呈现出了独特性。就业务类型来说，目前中国的 FinTech 活动，主要集中在五类机构六大业态，五类机构包括传统金融业、互联网机构、新兴互联网金融、通信机构和基础设施；六大业态包括互联网支付、网络借贷、众筹融资、互联网基金销售、互联网保险、互联网消费金融（巴曙松，2017）。艾瑞研究院也总结了 FinTech 在中国落地生根发展到今天形成的五种内涵和相应的商业逻辑，分别是系统构建、电子支付、网络信贷、大金融、生活科技，它们构成了现阶段中国 FinTech 的大生态圈。从创新主体看，与欧美国家初创企业大爆发、大繁荣的局面不同，中国 FinTech 领域的先行者、主导者，是国内的传统互联网巨头。百度、阿里巴巴、腾讯等公司在技术、人才、数据、资金、信息上拥有得天独厚的优势，又因为在早期开展互联网金融业务中积累了丰富的经验，信誉好、规模大，取得相应的牌照、资质也较为容易，因此，它们占据了中国 FinTech 市场的半壁江山。中国金融科技同其他国家相比，突出优势是规模化，由于中国人口众多，IT 基础设施已经较为完善，FinTech 应用的普及可以使企业在开发和推广阶段充分发挥规模效应。

FinTech 当前面临着宽松的政治环境，国家层面相继出台了一系列推动金融与技术创新的管理办法、发展纲要等，政策红利能够在一段时期内显现。虽然金融监管尚未跟上产品、服务更新速度，出现缺位的现象，但一定程度上为 FinTech 在中国土壤的落地生根以及大繁荣局面创造了有利条件。中国与世界发达国家的技术水平差距逐渐在缩小，在互联网时代下，人工智能、云计算、区块链技术在中国被广泛地研究，软硬件设施以及算法模型处于世界领先地位，科技和思维的转变助推 FinTech 从概念向应用转化。所以，从整个市场和国内条件来看，FinTech 在中国的发展潜力巨大，传统金融行业在技术引领下必然会经历伟大的变革，新的产品服务与模式将重整金融领域的格局。

接下来，我们将分别从政治、经济、社会、技术四个维度进行宏观环境的分析，深入了解 FinTech 在中国的发展现状。

3.4.2　政策环境

中国 FinTech 的发展所面临的政策环境是相对开放且有利的。随着中国大众创业、万众创新时代的来临，FinTech 公司作为商业创新的一股重要力量，能够通过其众多新业务、新模式，推动中国普惠金融体系的搭建。另外，初创公司可以凭借先进的技术和灵活的模式转换，寻找现行金融领域中的利基市场，满足客户投融资等需求。总的来说，当前政府对 FinTech 给予了较为充分的重视和鼓励，如图 3.2 所示。

> √　国务院　　　　　　　　　2016 年 8 月
> 《"十三五"国家科技创新规划》：
> 要加强科技金融产品和服务创新，促进金融与科技的结合。
> √　中国人民银行
> 2014 年成立数字货币研究团队，研究数字货币涉及的技术。
> 2016 年公开招募数字货币相关的研发人员，用以研究和开发数字货币及相关的底层软硬件平台。
> 周小川：未来将会与金融界、科技界加强合作。

图 3.2　金融科技政策大事记

近年来，行业规范的建立以及监管工作的创新也对 FinTech 在中国的发展产生巨大的影响。一方面，金融管理当局需要在监管一致性与特殊适应性间追求平衡，既要保证传统业务和 FinTech 新模式公平地在同一个金融框架内并行发展，又要考虑到 FinTech 的特殊性以及原有规则对其的适用性；另一方面，监管者还应该意识到，未来成熟完善的监管体系应兼顾风险性和创新性。金融业是市场经济的动脉，本身也是最具风险性的行业，金融机构、金融产品、金融市场都可能成为风险的来源。FinTech 的创新速度和涵盖的业务类型在现阶段呈指数型增长，由此带来的风险绝不亚于传统金融产品，如何防范是监管者面临的一大挑战。但是，FinTech 又是当前金融创新与发展的推动力量，对于弥补传统业务模式的短板、完善服务，甚至改变全球今后金融行为具有革命性意义，所以，要给FinTech 企业营造一个相对宽松、开放和支持的发展氛围，杜绝"死水养鱼"，只有氧气足、空间大、饵料丰富，鱼才能长得又大又肥美。

目前，中国在 FinTech 的监管层面尚未形成一套科学、有效的规则体系，法律层面也缺少对口的规范条文，对 FinTech 的监督和约束有时出现真空，而有时则强行把其中一些创新产品、业务放入传统金融行业或者互联网金融的准则条例中。这是 FinTech 发展的动态性与既有监管工作滞后性相矛盾的结果。监管者在这个瞬息万变的世界里很难迅速掌握充分的信息，也无法做到即时理解和掌握金融领域中的新事物，配备相应资源能力，识别存在的风险。大数据、区块链等基础技术的运用使得去中心化、去中介化、金融脱媒已成为 FinTech 发展的趋势，越来越多的 FinTech 公司遍地开花，通过在技术上和业务模式上的"创新"刻意避开既有框架的约束，宣称自己"超出三界之外，不在五行之中"，形成监管套利，这些都给风险管控和监测工作带来了挑战。随着 FinTech 的快速发展，业务风险外溢、大数据风险加剧、网络安全威胁、技术依赖过度将成为巨大的挑战，所以，加强金融监管，多吸纳国外成熟的经验，建立一套科学的监管防治体系，对于 FinTech 在我国的健康、长远发展就显得尤为必要（2017，李伟）。2017 年5 月，中国人民银行成立金融科技委员会，旨在研究科学的监管手段，加强 FinTech 的研究规划和统筹协调。 2017 年 7 月，上海新金融研究院主办的第四届金融科技外滩峰会发布了年度报告《金融科技发展的国际经验和中国政策取向》，其中强调了在 FinTech 发展的过程中，要建立健全具有包容性的创新管理机制，并且通过审慎监管和行为监管的并行互补，行政监管和自律管理的有机结合，建立金融科技风险全覆盖的长效监管机制，让监管部门对金融科技创新看得到、穿得透、管得住。中国互联网金融协会会长、原央行副行长李东荣提出，力主以科技创新为驱动、以消费者保护为前提，以发展普惠金融为重点，以风险防范为核心，以标准规范为基础，鼓励多元化的主体良性竞合。

3.4.3 市场环境

在整个宏观经济环境下，来自个人和机构的金融服务需求是拉力，而资本市场的热情和竞逐是推力，两大力量合力促使中国 FinTech 飞速发展。

目前，中国拥有全球最大的 FinTech 客户市场，单就第三方移动支付这一业务就可见一斑，据花旗研究团队在 2016 年发布的报告中称，微信支付每个月的活跃用户达到 8 亿人，支付宝则超过 4 亿人。由于 FinTech 公司往往会对客户发放一定的无门槛信用额度，所以，电子支付的用户数量也反映了网络资管、互联网信贷、智能投顾等业务已有或潜在的市场需求。另据艾瑞咨询的统计，2016 年，中国网络资管规模超过 2.7 万亿人，网络信贷余额超过 1 万亿元。由于互联网业务固定投资较少、周期短、效益高的特点，在交易规模上实际可将存量市场放大数倍，因此，可以开发的潜在业务尚存在巨大空间，FinTech 的长尾价值也将得到凸显。预计 2020 年，中国互联网金融核心业务市场规模将超过 12 万亿元。

另一个增强需求侧拉力的原因是中国金融市场尚不发达，传统金融机构具有"嫌贫爱富"的本质属性，提供的个人投资渠道单一，所以资产贬值的压力大。与欧美等国家不同，中国金融市场的牌照资质审批严格，行业集中度达到了垄断的程度，以工、农、中、建、交、邮及平安、人寿等银行或保险公司主导的大型金融机构凭借市场地位获得高额利润，缺乏创新和拓宽业务服务的意识。在此背景下，金融技术革命所衍生的智能投顾、网络信贷和电子支付等普惠式金融的准入门槛更低，给了每个人投资和进行财富管理的机会，也能满足不同客户差异化的需求。我们还要知道，银行、保险公司、证券公司等传统金融机构实际上也是 FinTech 公司的重要客户。由于金融服务的高风险性，以及监管形势的趋紧，如今相当一部分 FinTech 公司以提供金融基础设施和清算、IT 云托管等外包服务为主营业务，自身并不参与到核心的金融业务，老牌金融机构与 FinTech 公司的合作形式可以检验 FinTech 底层技术的可行性、效益性，并进一步推动其完善创新。

近年来，资本市场对 FinTech 行业的投资热情高涨，风口上的 FinTech 在风险投资的助推下快速成长。2015 年，单中国 FinTech 领域内的投资就占据全球该领域私募基金、风险投资基金投资额的 20%以上。毕马威和 CBInsights 共同发表的《金融科技行业脉动》数据显示，2016 年前四个月内，中国 FinTech 公司吸引了 24 亿美元投资，涉及 9 宗交易，蚂蚁金服、京东金融、众安保险等互联网巨头均取得了 FinTech 领域内超过 10 亿美元的融资，就投资规模来看，中国占到全球投资规模（49 亿美元）的近一半。除了融资额和资产规模逐渐增大外，还有一个更重要的趋势是 FinTech 投资的专业化程度越来越强，随着初期资本的大量涌入，以及行业内经历了一轮大清洗，投资者也对 FinTech 的内涵、走向有了清晰的判断，具备鉴别优劣的洞察力。公司蹭 FinTech 概念风口的红利时代已经过去，短期效益越来越成为投资者的考量依据。换言之，资本将更加功利化，伴随而来的，很可能是新兴的 FinTech 领域将会出现垄断竞争的局面，不断地兼并、重组使得最终由几家公司主导整个市场。当然，这也只是一种推测。总而言之，在当前我国经济增速放缓、内需不足经济形势下，房地产、基础设施等行业趋于饱和，FinTech 无疑成为资本市场的新宠，有了强大的资本支持，再加上市场需求潜力巨大，这个新兴领域必将在很长一段时间内得到长足发展。

3.4.4 技术环境

技术是 FinTech 的动力之源，同世界的大潮流一样，中国的大数据、人工智能、区块链、云计算等基础技术仍在完善和成熟中，市场化应用也处在初期探索阶段，在技术的作用下，FinTech 业务呈现出"脱媒""去中心化"和"定制化"的特征。

➢ 大数据

大数据是目前世界公认的最有价值和潜力的领域之一，中国紧跟潮流，无论是商业运作还是学术研究，都为大数据这一新兴学科的发展做出了贡献。大数据的核心在于广泛和庞大的数据，基于统计、计量原理，再利用计算机和其他信息化手段对数据所包含的潜在信息进行分析，我们便可以做出长远的预测。中国的信息技术水平处于全世界领先地位，"天河"系列超级计算机达到每秒千万亿次级的浮点运算速度，能够执行高难度的数据处理任务。

➢ 云计算

大数据的发展和应用离不开云计算，云处理为大数据提供了基础的设备平台。国内云计算厂商的技术手段越来越先进，拥有的数据中心和处理器从数量上和运行效率上逐渐飞升，彼此之间激烈的竞争打破了技术壁垒和行业垄断，促使底层技术在金融领域得到普遍性应用。2016 年 11 月 30 日举办的首届百度云智大会上，百度正式宣布进入云计算市场；作为全球云计算基础设施最完善的中国互联网云服务商，腾讯云一家就拥有 19 个数据中心节点，覆盖了亚洲、北美洲、南美洲、欧洲和大洋洲。除此之外，中国三大电信运营商也开始涉足该领域，他们拥有云网一体的资源优势，可以依托已有的强大网络基础设施提供云服务。另外，传统运营商在保护用户的数据安全和隐私方面做得更出色，这些都无疑给中国 FinTech 的发展打了强心剂。

云计算的三大服务交付方式 IaaS、PaaS、SaaS 在中国市场上都有所体现，用户可以根据对基础架构和整体运行环境自主性需求选择不同模式，不过，就平台技术而言，公有云是中国最常见也是最成熟的服务种类，阿里、盛大、腾讯等公司都发展公有云技术，提供包括云主机、云存储、数字分发、云监控在内的全产品线服务。但使用公有云也并非没有隐患，目前政府并没有制定关于云服务的政策法规，也缺少对云服务提供商的安全监管，那么一旦使用者的数据、隐私遭到泄露或威胁，就难以界定主体责任。此外，根据 36 氪研究院的报告，在算法模型方面，中国与欧美等国仍存在差距，不少公司是在整个投资链条的局部环节上使用算法实现。比如，在用户风险偏好收集方面，不少公司设计出了易于收集普通投资者信息的电子问卷；但在投资模型方面，更多仍处于"黑匣子"状态，是否真正运用先进算法不得而知。所以，云计算技术在中国虽然已经趋于成熟，且在互联网领域得到了广泛的应用，但在金融创新和技术结合方面，还有很大的空间尚待提升。

➤ 区块链

区块链作为新型的底层信息技术，具有数据公开透明、去中心化、可追溯性强的特点，区块链以及数字货币可以颠覆传统交易逻辑和信用体系，引发金融领域的革命。在中国，大型银行是区块链技术开发和应用的领跑者，如中信银行在 2017 年推出基于区块链的国内信用证信息传输系统，该系统将银行和信用证买卖双方连接成一个网络，这样一来，签开、交单、承兑、付款的过程变得透明、可溯源，各个节点都能看到整个信用证业务的办理流程和主要信息，比传统信用证业务更透明和高效，避免了错误和欺诈的发生。中国区块链技术尚处于一个发展和应用探索期，且核心技术架构中的底层技术如密码技术、共识机制的设计相对落后于欧美等国家，很容易被大批僵尸机以及工会集群的模式篡改数据。工信部信软司司长谢少锋曾指出，中国区块链现阶段的试验探索暴露了计算和电力资源的浪费、本身性能和效率不高、隐私保护和安全性风险大的问题；区块链与各行业监管体系的融合问题也不容忽视。同时，还要积极参与到国际标准的制定，并逐步完善应用标准体系。中国工程院院士沈昌祥认为，必须从逻辑正确验证、计算体系结构和计算模式等科学技术创新去解决逻辑缺陷不被攻击者所利用的问题，通过重建主动免疫可信体系，有效抵御攻击。

➤ 人工智能

人工智能也可以促使金融服务体系进一步优化完善，利用智能技术，可以同时做到在前端服务客户、决策中枢支持授信、交易和分析，在后台进行风险防控和监督，加强金融服务的个性化、多元化和安全性。全球人工智能的发展已有60年的历史，在中国发展到今天只有30年左右的时间，而在2012年，中国人工智能方面的专利申请数量首次超过美国，成为全球人工智能专利最多的国家。但是，当前中国人工智能技术仍稍逊于国际巨头，比如智能芯片的表现跟不上产业发展的需求。根据前瞻产业研究院发布的资料显示，中国企业尚需要加强人工意识、情绪感知等环节的技术研发，以满足用户多元化、高质量的需求；而智能硬件平台、服务机器人的智能水平以及人工智能的感知系统也处在初期发展水平，智能化程度不高。不可否认的是，在利用 AI 技术识别客户、匹配产品上，中国企业做得更出色。2016年，百度深度语音识别系统以高达97%的识别准确率入选了麻省理工学院评选的当年"十大突破技术"，百度已经将百度研究院、百度大数据、百度语音、百度图像等技术归入了人工智能技术体系，完成了人工智能技术体系的整合；腾讯优图作为国内顶级的人工智能团队，其人脸识别、图片识别、音频识别等技术指标均在国际人工智能比赛中创造了世界纪录，在人脸识别技术方面更是以99.65%的准确率名列世界前茅（前瞻产业研究院，2017）。

随着中国人才队伍建设的推进以及科技创新能力提升，信息网络、大容量存储、高性能计算设备、数据挖掘技术等软硬件设施都已经较为完善，支撑着大数据、云计算、人工智能、区块链四大核心领域的发展和应用。总体来说，中国 FinTech 当前所面临的技术环境虽然同国际领先水平有一定的差距，但依然基于现有条件实现了应用端和业务模式的创新。大数据、云计算等技术经过前两年的深入研究，现在已经在支付清算、保险市场、投融资管理等诸多金融领域开展应用。一大批互联网企业积极开展数据采集、信息整合、技术研发和平台建设，科研院所和高校也紧跟市场风口，从 FinTech 的底层技术向更深处挖掘，延伸根系，提供更稳定、更先进的技术支撑。

以上我们分析了 FinTech 在中国所处的四个环境，可以发现，整体的外部环境对中国 FinTech 的发展是积极的、开放的、促进的，中国作为该领域的后起之秀，无论在模式上还是技术上，都逐渐缩小了与英美等国的差距。当然，FinTech 在中国还有很长一段路要走，在技术的推动下，风险管控、业务边界、交易方式会成为变革的主战场，人们的金融行为和行业逻辑将会因此改变，一个真正多元化、个性化的金融时代正在来临。

参考文献

［1］21 世纪经济报道. 巴曙松：中国金融科技的发展现状与趋势［R/OL］. http：//tech.163.com/15/1015/16/B5VUKS3S000915BF.html，2017-01-20.

［2］21 世纪经济报道. 数字货币、区块链是否新趋势？［N/OL］. http：//bank.hexun.com/2016-11-15/186896047，2016-11-15.

［3］Analysys 易观. 中国第三方支付——移动支付市场季度监测报告［EB/OL］. http：//www.askci.com/news/hlw/20170401/17460794930.shtml，2017-04-01.

［4］Deloitte. Connecting Global FinTech：Hub review 2016［R/OL］. http：//thegfhf.org/wp-content/uploads/2016/10/Connecting-Global-FinTech-Hub-Review-2016-.pdf，2016-09-05.

［5］Ernst & Young. FinTech adoption index 2017：The rapid emergence of FinTech［R/OL］. http：//www.ey.com/Publication/vwLUAs sets/ey-FinTech-adoption-index-2017/$FILE/ey-FinTech-adoption-index-2017.pdf，2017-08-13.

［6］Foreign & Commonwealth Office，Ernst & Young. 中英金融科技：释放的机遇［R/OL］. http：//www.ey.com/Publication/vwLUAssets/ey-china-and-uk-FinTech-unlocking-opportunity-cn/$FILE/ey-china-and-uk-FinTech-unlocking-opportunity-cn.pdf，2017-02-15.

［7］HM Treasury，Ernst & Young. UK FinTech on the cutting edge：An evaluation of the international FinTech sector［R/OL］. https：//www. gov.uk/government/uploads/system/uploads/attachment_data/file/502995/UK_FinTech_-_On_the_cutting_edge_-_Full_Report.pdf，2016-02-29.

［8］Hong Kong Government. 2016 Policy address［S/OL］. https：//www.policyaddress. gov.hk/2016/eng/pdf/PA2016.pdf，2016-04-06.

［9］Innovate Finance. The 2016 VC FinTech investment landscape［R/OL］. http：//new.innovatefinance.com/wp-content/uploads/2017/06/innovate-finance_final_the-2016-FinTech-investment-landscape-0702-final.pdf，2017-06-13.

［10］KPMG & H2 Ventures. FinTech 100：Leading global FinTech innovators report 2016［R/OL］. https：//assets.kpmg.com/content/dam/ kpmg/xx/pdf/2016/10/FinTech 100-2016.pdf，2017-09-26.

［11］Maria Santos. Over 7000 regular ATMS in South Korea can now be used to buy Bitcoin［EB/OL］. https：//99bitcoins.com/over-7000-regular-atm-south-korea-buy-bitcoin/，2015-03-03.

［12］National Economic Council. A framework for FinTech［S/OL］. https：//obamawhitehouse-archives.gov/sites/obamawhitehouse.archives.gov/files/documents/A% 20Framework% 20for% 20Fin - Tech%20_FINAL.pdf，2017-02-13.

［13］Pankaj Mishra. Inside India's aadhar，The world's biggest biometrics database［EB/OL］. https：//techcrunch.com/2013/12/06/inside-indias-aadhar-the-worlds-biggest-biometrics-database/，

2013-12-06.

[14] Stan Higgins. France's Central Bank details its first blockchain test〔EB/OL〕. http：//www.coindesk.com/frances-central-bank-first-block chain-test/，2016-12-19.

[15] 埃森哲. 埃森哲研究：中国领跑全球金融科技投资〔R/OL〕. https：//www.accenture.com/cn-zh/company-leader-global-FinTech-investments，2017-03-06.

[16] 艾瑞咨询. 夜明前——2017年中国金融科技发展报告〔R/OL〕. http：//www.iresearch.com.cn/report/2966.html，2017-03-28.

[17] 陈生强. 金融科技的全球视野与实践〔J〕. 中国银行业，2017（5）：46-49.

[18] 李伟. 金融科技发展与监管〔J〕. 中国金融，2017（8）：14-16.

[19] 祁月. 一夜之间，印度意外宣布"废弃"大面值纸币〔EB/OL〕. https：//walls treetcn.com/articles/272495，2016-11-09.

[20] 前瞻产业研究院. 我国人工智能行业投资现状及趋势分析〔R/OL〕. http：//bg.qianzhan.com/report/detail/458/170207-8fdc4ab7.html，2017-02-07.

[21] 四川在线. 中信银行领跑金融科技创新 上线国内首个区块链信用证信息传输系统〔N/OL〕. http：//sichuan.scol.com.cn/tfcj/201707/55959148.html，2017-07-25.

[22] 新浪财经. 李东荣：金融科技增加了央行操作难度和成本〔EB/OL〕. http：//finance.sina.com.cn/meeting/2017-07-08/doc-ifyhwehx5369421.shtml，2017-07-08.

[23] 新浪科技. 工信部信软司司长谢少锋：区块链还处于探索和研究阶段〔N/OL〕. http：//tech.sina.com.cn/i/2016-10-18/doc-ifxwvpar8408703.shtml，2016-10-18.

[24] 中华人民共和国国务院. 国务院关于印发"十三五"国家科技创新规划的通知〔EB/OL〕. http：//www.gov.cn/zhengce/content/2016-08-08/content_5098072.htm，2016-07-28.

[25] 竺道. 印度50大互联网金融初创企业盘点〔EB/OL〕. http：//www. jiemian.com/article/864917.html，2016-09-22.

第2部分

赋能与颠覆：金融行业的 FinTech 解决方案

金融行业追求的终极目标是提升资金融通在各个环节的效率。目前 FinTech 的技术条件和应用环境都已具备，FinTech 对金融行业的创新和变革发生了井喷式的增长。从金融底层设施建设、业务流程改造到加强金融风险控制，从最早的硬件设施改进到如今各式各样金融平台的涌现，FinTech 的创新不局限于单一的技术节点突破，更体现在对泛在、普惠及跨界的金融生态的构建。

正如本书第一部分介绍，现代金融创新的目标就是不断地降低交易成本与金融各参与方的信息不对称性。由于我国金融体系的整体信用水平不高，信息不对称造成的金融成本尤为严重。而这一金融的薄弱环节，恰恰给 FinTech 提供了广阔的施展空间。FinTech 与以往的金融创新包括"互联网金融"的一个重要不同，在于其强大的信息能力，包括对各方面数据的广泛扫描与收集的能力，大数据清洗与运算的能力，以及运用机器智能对运算结果进行决策与执行的能力。利用其强大的信息能力，FinTech 给各个金融流程乃至整个金融系统都赋予了新的能量，甚至产生了对传统金融的颠覆性创新。

在本书的第二部分，我们将重点讨论 FinTech 在金融领域中的创新。美国哈佛大学著名金融学教授罗伯特·莫顿[1]认为，金融体系应具备支付与清算、资金融通、提供资源转移渠道、风险管理和信息提供等基本功能。通过对各金融功能在中国的现状分析，我们找出我国现有金融业务的痛点，以此为基础提出 FinTech 解决方案，并介绍目前先进的应用案例。

首先，本书从金融功能的角度，梳理了 FinTech 对金融底层建设（包括征信体系与支付结算体系的建设）、资金配置、保险和风险管理几大金融职能的赋能过程。FinTech 的信息能力，一方面提升了金融机构的效率，比如利用用户画像，金融机构可以更加了解顾客的金融需求和风险属性，从而实现差别定价和精准营销；另一方面降低了金融服务的成本，使金融服务可以覆盖到以前被传统金融企业忽视的普通居民和小微企业等"长尾客户"的金融需求。

---

[1] 罗伯特·C. 莫顿，1944 年生于美国纽约，1997 年诺贝尔经济学奖获得者，现为哈佛大学商学院教授。

其次，本书将介绍 FinTech 给传统金融带来的巨大颠覆——可编程数字货币的发行和流通。与传统货币依靠国家信用取得价值不同，在区块链技术基础上出现的可编程数字货币是通过使用者对技术的信赖获得其信用的，其价值不依赖于某一国家或者是机构的背书。在这套体系中，货币的发行和流通实现了"去中心化"，货币的价值、交易的真实性都依靠缜密的算法来保证，这对资金实现真正意义上的"自由流通"是质的飞跃。

图 1 描绘了 FinTech 的各项技术，应用到传统金融领域，对金融职能产生赋能和颠覆的过程。详细内容请看本书的第 4~10 章。

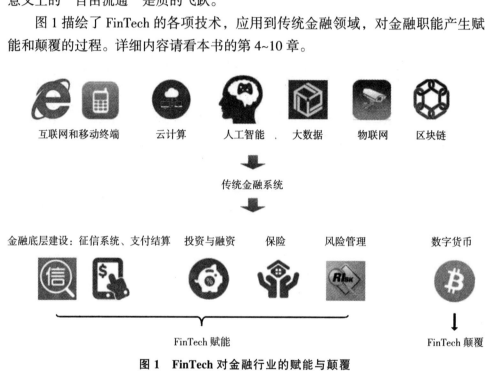

图 1　FinTech 对金融行业的赋能与颠覆

第 4 章

FinTech 赋能：征信业务

4.1 中国金融信用体系现状

孔子在《论语》中说过，"民无信不立"。对于金融行业而言，信用的意义尤为重大。一方面，信用是必要的，金融的本质是价值的融通，其中金融交易的基础就是信用，只有交易各方彼此认可各自的信用水平，金融市场中的交易才会发生；另一方面，信用是有价值的，完备的信用体系增加了信息的透明度，同时有效地提高金融交易对方的"失信"成本，最大限度地降低了信息不对称带来的信用风险，从而为企业节约交易成本，并保证金融活动的顺利进行（洪玫，2010）。

征信是指收集、整理、保存、加工自然人、法人及其他组织的有用信息，并对外提供信用报告、信用评估、信用信息咨询等服务，帮助使用者判断、控制信用风险，进行信用管理的活动（万存知，2009）。中国的信用体系围绕着央行征信系统建立，由政府主导推动建设。央行企业和个人征信系统自 2006 年实现全国联网以来，已经运行了 11 年。截至 2016 年年底，国家金融信用信息基础数据库已收录自然人信息 9.1 亿条、企业及其他组织信息 2210 万户，采集非金融信用信息 50.6 亿条，日均信息查询次数超过 100 万次（中国人民银行，2017）。

在官方征信机构组建的过程中，社会征信机构也开始发展，其中主要是针对企业的征信业务发展较快。《征信业管理条例》中规定，央行对企业征信机构采取备案制，而对个人征信机构采取的是审批制（中国人民银行，2014），这使得企业征信牌照的获取相对容易。截至 2015 年 6 月，央行备案审批通过的企业征信机构为 78 家（中国人民银行，2015），如国富泰信用、致诚信用等。相对地，央行严格控制着个人征信机构牌照的发放。2015 年中国人民银行印发《关于做好个人征信业务准备工作的通知》，首次允许 8 家机构开展个人征信试点业务（8 家机构分别是芝麻信用、腾讯征信、前海征信、鹏元征信、中诚信、中智诚、考拉征信和华道征信）。但截至目前尚未有一家试点机构取得正式的个人征信业务牌照。

4.2　现有征信体系的痛点

➤ **痛点一：数据来源较为单一**

我国现有信用体系的核心是央行征信系统，其中企业征信系统收集的信息来源主要有两个：一是企业自己主动提交的基本信息资料，经适当审核后录入到企业征信系统；二是商业银行在与企业发生信贷业务时，采集的企业基本信息及借贷信息。而个人征信系统的信息来源也是两个：一是社会保险机构或住房公积金管理中心采集到的个人身份和职业信息；二是商业银行与个人发生信贷业务时，所采集个人基本信息及借贷信息（中国人民银行征信中心，2015）。可以看到，除被征信对象自己提供的信息外，央行征信系统的信息来源主要是银行和政府相关机构。较单一的数据来源降低了对被征信对象信用画像的完整性，也限制了征信系统的覆盖范围。

➤ **痛点二：个人信用覆盖程度低**

截至 2014 年，我国记录在央行个人征信中心的 8.6 亿人中，仅有 3.5 亿多人拥有信贷记录。这意味着还有近 2/3 的人信用状态未被现有征信系统覆盖。我国个人信用系统覆盖率仅为 35%，这与美国个人征信市场超过 90% 的覆盖率相比有较大差距（波士顿咨询，2015）。个人信用系统覆盖率低阻碍了我国整体信用体系的发展。从根源上看，一方面由于征信系统信用数据来源单一，另一方面也与我国大量居民没有信用消费的习惯密切相关。

➤ **痛点三：信用信息的应用范围窄、程度低**

对于我国这样一个经济活力正加速释放的经济体，信用的应用程度直接影响着信用的实际价值。但我国目前信用的应用程度较低，应用范围也局限于银行信贷审批和政府部门的任职资格审查、员工录用（中国人民银行征信中心，2015），没有在更加广阔的市场交易中实现。个人信用和企业信用的价值都没有被充分利用。

4.3 征信的 FinTech 解决方案：大数据征信

近年来，大数据、云计算、人工智能等 FinTech 技术日趋成熟，为征信活动注入了新的活力。大数据征信是指运用大数据技术重新设计征信评价模型和算法，运用多维度的信用信息，形成对个人或企业的信用评价（冯文芳、李春梅，2015）。大数据征信能够有效地扩宽数据来源渠道，提高信用的覆盖程度；更为重要的是，大数据征信与高速发展的移动互联网相结合，为信用应用提供了更广阔的想象空间。

4.3.1 大数据征信的优势

一般来说，征信包括数据收集、数据处理、信用输出和信用应用四个环节。由征信的流程可以看出，征信业务都是围绕着数据展开，征信与大数据存在着天然的联系。大数据征信克服了传统数据收集对于数据来源规范的要求，数据来源渠道被大幅度扩宽，包括网络上的公开数据、用户授权数据和第三方合作伙伴提供的数据（植凤寅，2014）。同时，大数据征信运用了云计算和机器学习技术帮助处理与分析海量数据，并得出更加准确和完整的信用评估结果。

在数据收集环节，大数据征信对于数据形式的包容性使越来越多复杂的数据成为新数据源。征信机构充分利用互联网，收集社交网络、电商网站、搜索引擎、网贷平台中产生的碎片化数据，从而获得不同维度、不同层次的原始数据。在数据处理环节，计算能力和计算技术的进步使得更多复杂的模型能够被应用，缩短了数据处理的时间，降低成本；而且，大数据征信可以实现数据实时处理并输出，使征信不再是一次性的输入输出，而转变为在线实时的动态数据。在信用输出环节，由于数据来源更全面、计算方式也更加先进，大数据征信使信用评价结果更加准确可靠。在信用应用环节，大数据技术与移动互联网技术相结合，可以实现取自于用户的数据服务用户的目标，并且由于再服务，征信机构可以获得更多的数据，从而形成一种数据积累与信用应用的良性循环。以个人征信为例，表 4.1 对比了传统征信和大数据征信在数据来源、覆盖人群等方面的差异。

表 4.1   传统征信与大数据征信对比

	传统征信	大数据征信
评价目标	保证精确性	挖掘相关性
数据来源	银行提交信贷数据，公共事业部门，机构实地调查采集	电商平台，社交网络，搜索引擎，网贷平台
覆盖人群	有信贷记录的人群	互联网用户
模型构建	从数据项中提取变量，通过一个综合模型评估信用	从数据项中发展出大量新变量，构建多个模型评估信用，如欺诈模型、还款能力模型、还款意愿模型等

4.3.2   大数据征信的影响

➤ 提升信用价值，改善社会信用环境

信用的价值体现出来了，人们会更有动力提升自己的信用评分。大数据征信能够帮助信用发挥其"经济身份证"的价值，使每一位有互联网活动的用户都能够得到相应的信用评价，并使信用评价高的人能够享受到信用带来的溢价。以芝麻信用分为例，目前芝麻信用达到 600 分可以免押金使用永安公共自行车，达到 650 分可以免押金骑 OFO 共享单车，达到 750 分可以免押金使用小蓝单车，还可以免押金租借物品（如充电宝、雨伞、智能手机等）。原本享受这些租借服务要支付一定押金，但在这个过程中良好的信用作为个人的无形资产代替了押金。图 4.1 展示了目前使用芝麻信用可享受到的部分服务。

图 4.1   芝麻信用支持的信用服务

更进一步来看，大数据征信能够改善整体的社会信用环境。大数据征信数据可以来源于生活的方方面面，小到骑共享单车，大到网上贷款，都可以被录入到信用评估模型中，履约情况如何会直接影响到个人信用，而个人信用的高低又会对是否能享受其他服务产生影响，因此大数据征信实际上在无形之中提高了人们的"失信"成本，从而有效地引导了人们守信。随着人们对个人信用的重视，整体的社会信用环境也会逐渐改善。

> **降低商业活动成本，提升服务质量**

大数据征信能够很好地解决信任问题，降低信用信息获取的难度与成本。对于商户而言，如果能准确地刻画用户的信用，就能更好地提供服务，为用户带来更好的用户体验，增加用户的黏性。企业可以借助信用评分过滤掉信用风险较高的用户，实现精准的差异化收费。对金融机构而言，大数据征信主要改变了信贷业务的三个环节：①身份信息核实，大数据征信免去了传统的面对面核查过程，转变为通过社交网络、微信、QQ 等进行数据分析，简化了核实过程；②偿债能力估计，大数据征信可以将传统征信过程中考察一个人的工作性质、收入水平以及借贷情况，转变为分析其消费水平、每月消费金额等；③还款意愿评估，大数据征信可以通过从分析还款记录到交易的好评度、社交平台内容等对人物进行刻画分类。丰富的数据使得金融机构对用户的信用画像更加全面、准确。

支付宝旗下的蚂蚁小贷（原名阿里小贷）所提供的贷款服务就是基于淘宝网及支付宝底层数据，分析用户交易行为的，进而评估信用水平，并以此为依据为用户提供贷款额度。2013 年，阿里小贷业务的坏账率小于 1%（新华社，2013），低于当年全国商业银行不良贷款率 1%（中国银行业监督管理委员会，2014），侧面体现出大数据征信为金融机构降低坏账风险和交易成本带来的机会。

4.3.3 中国大数据征信发展现状

> **机遇与挑战并存**

总的来看，目前我国大数据征信的发展机遇与挑战并存。发展机遇主要体现在两方面：一方面，伴随着大数据、移动互联、云计算等信息技术的应用推广，我国信息技术服务业逐渐向服务化、网络化及平台化模式发展，互联网发展规模持续扩大，集聚效应日益明显，出现了许多互联网行业的优秀企业，如百度、阿里、腾讯等。在领先企业的带领下，现有的互联网和大数据技术已经能够满足海量信用数据扩展和实时处理的需求，搜索能力和数据挖掘能力也进步了许多，这些进步给中国大数据征信业带来了机会。例如，利用大数据技术解决征信数据的采集和存储问题，利用机器学对征信数据进行深入的数据挖掘和风险分析，借助云计算和移动互联提高信用服务的便捷性等（刘新海，2016）。

另一方面，共享经济新模式的出现为大数据征信提供了适宜的发展环境。在共享经济的背景下，从出行、住宿、餐饮到物流、家政，越来越多的企业围绕着日常生活推出了基于共享的创新服务模式，人们开始积极地将社会闲置资源与他人共享，不仅提高资源的使用效率还可以从中获得回报。共享经济的核心基础是人与人之间的信任，单纯地依靠平台规则难以约束用户的行为，而大数据征信能够很好地解决共享服务模式中双方存在的信任问题，缓解陌生人之间的信息不对称，让人们愿意将自己拥有的资源共享给更多的人。共享经济使征信机构有机会多元化自己的产品与服务，帮助大数据征信在金融领域核心应用之外拓展业务。

然而，快速发展的大数据征信所存在的问题也逐渐出现，数据收集问题是其当下发展面临的最大挑战。现有大数据征信机构主要的数据来源是各自平台的用户数据，这些数据实际上属于个人隐私，那么数据的收集与使用就应该征得用户许可，否则就是侵犯用户隐私。什么样的数据可以收集，收集到什么程度，如何使用，数据分析结果的开放程度如何……这些问题在大数据征信业务开展的过程中都没有明确，这个"漏洞"促成了如今个人征信行业的快速发展，每一家征信机构都在充分地挖掘自己用户的行为数据，然而却都没有对用户隐私的问题给出合理的解释，这也是目前个人征信牌照迟迟不发的部分原因（伊莉，2017）。

在大数据征信快速发展的过程中，如何规范化采集、加工、报告企业和个人的信用信息，不触及个人隐私、商业秘密，不影响国家信息安全，把握好收集信息的度，是当下以及未来大数据征信需要重点解决的问题（吴晶妹，2015），监管部门和广大用户也都在密切关注着。

➤ 大数据个人征信机构发展迅速

自2015年中国人民银行发布《关于做好个人征信业务准备工作的通知》后，个人征信牌照发放的问题一直悬而未决，直至今日个人征信牌照也仍未发放。在这种发展前景仍不明确的情况下，首批8家个人征信机构却已都开始借助合作机构信息或平台内的数据，适应时代对个人信用体系建设的要求，积极地开展个人征信业务。表4.2对比了8家个人征信机构的背景、数据来源、产品及主要客户（波士顿咨询，2015）。其中鹏元征信、中智诚征信与中诚信征信开展个人征信的业务时间较长，属于老牌的传统征信机构，而后5家基本都在2015年以后才进入个人征信市场，属于新兴的个人征信机构。

表 4.2 个人征信机构概况

征信机构	背景	数据来源	产品	主要客户
传统征信机构				
中诚信征信	中国诚信信用管理集团	银行，保险公司，合作的中小金融机构及企业	万象分，信用报告，信用信息验证等	银行，电商，P2P平台，小贷公司
鹏元征信	天下宝资产管理，南京圭图等	合作金融机构，各级政府和公共事业单位	个人信用报告，身份认证，信用评分，信息核查等	银行，P2P，电商，小贷公司，第三方支付，消费分期等
中智诚征信	阿米巴资产管理，盛希泰（曾任华泰证券董事长）	合作的 P2P 平台，其他第三方机构	个人信用评分，反欺诈服务，全国公民身份信息认证服务等	P2P，消费金融，银行，汽车金融
新兴征信机构				
芝麻信用	蚂蚁金服，阿里巴巴集团	阿里电商，蚂蚁金服，用户上传数据，合作的互联网平台、金融机构和公共机构	芝麻信用分，信用报告，反欺诈，行业关注名单等	金融机构，生活类商户等
腾讯征信	腾讯	微信和 QQ 用户，财付通，用户上传数据，京东等第三方合作平台	腾讯七颗星，信用分（待上线），信用报告，反欺诈，人脸识别	金融机构，非金融机构，普通用户
前海征信	平安集团	平安集团综合金融数据，其他合作机构	风险度提示，信贷云，反欺诈云，好信认证，生物特征识别	金融机构，互联网金融公司，非金融机构等
考拉征信	拉卡拉，蓝色光标，拓尔思、旋极信息，梅泰诺，51job	拉卡拉集团金融服务体系，背景机构数据，银联等合作机构和公共机构	考拉分	P2P，电商平台，小贷公司
华道征信	银之杰，北京创恒鼎盛，清联三控，新奥资本	银之杰金融服务体系，亿美软通移动商务平台等第三方合作机构	华道猪猪分，反欺诈	租房房东等

4.3.4 大数据征信企业案例

➤ 典型案例：ZestFinance（美国）

ZestFinance（以下简称 Zest）成立于 2009 年，由谷歌前首席信息官 Douglas Merril 创建，是一家通过机器学习和大数据技术对个人进行信用评分的 FinTech 公司。其主要面向的客户是两类人：一类是传统信用评估体系下无信用评分的人群，另一类则是传统信用评分低、借贷成本高的人群。Zest 通过大数据技术为这两类人提供新的信用评分，满足这些用户的信贷需求。

数据来源方面，Zest 主要依靠外部数据。首先，Zest 会从第三方机构获取数据，如传统信贷记录、法律记录、搬家次数等；其次，Zest 会要求平台内的用户自己提交一部分数据，如电话账本、水电煤气账单，以及填写的一些调查问卷；最后，Zest 会收集用户在互联网上的数据，如用户的 IP 地址、网络行为以及社交数据。Zest 以这些数据为基础，对用户信用进行数据挖掘与分析。

数据处理方面，数据挖掘与模型开发是 Zest 的核心能力。Zest 的数据处理过程一般为：首先，在单人一万条数据项的基础上，对这些数据项进行不断的重组、加工，生成 7 万多个可以对用户行为进行测量的指标；其次，运用 Zest 构建的多个预测分析模型，如欺诈模型、身份验证模型、预付能力模型、还款能力模型、还款意愿模型以及稳定性模型，进行集成学习或者多角度学习；最后，得出用户的信用评分（刘新海、丁伟，2014）。评分的过程在 Zest 最新开发的 ZAML（Zest Automated Machine Learning）平台上进行。机器学习和大数据技术的结合使 Zest 能够更准确地辨别用户的信用水平，在为银行降低信贷风险的同时可以帮助用户获得更低成本的贷款。

信用产品方面，Zest 主要的产品是信贷领域的信用评分，围绕着信贷审批模型，Zest 分别建立了基于助学贷款、汽车贷款、房屋贷款、医学贷款等不同目的贷款的信用评价模型（刘新海、丁伟，2015），使对借款人信用的评估更有针对性、更准确。

2013 年 7 月，Paypal 的创始人 Peter Thiel 领投了对 Zest 的 2000 万美元资金，引起了国内征信行业对 Zest 的关注（Derrick Harris，2013）。2015 年，京东宣布投资 Zest，双方还宣布成立名为 JD-Zest Finance Gaia 的合资公司，京东将协助 Zest 扩展其在中国的业务，而 Zest 的信用模型也将率先应用于京东的消费金融体系（雷建平，2015）。

➢ **典型案例：考拉征信（中国）**

秉承"信用创造价值"的理念，考拉征信成立于 2015 年，由拉卡拉集团领头，联合蓝色光标、拓尔思、梅泰诺、旋极信息、前程无忧等公司共同成立。考拉征信是一家获得央行许可开展企业征信的征信机构，也是 2015 年被授权进行个人征信业务准备工作的 8 家独立第三方征信机构之一。依托多元的海量数据、领先的大数据处理技术，考拉征信已经建立了面向政务、商务、社会、法务、个人全方位的信用服务体系，并推出个人信用分、商户信用分、个人职业诚信分及企业诚信分等评分类系列产品，为商业银行、科技金融、小微金融、招聘、个人信用等多元场景提供征信服务。

数据来源方面，考拉征信的股东们提供了丰富的共享数据源。拉卡拉集团发展十多年来，积累了大量的电商金融数据及 1 亿多用户和 400 多万线下商户的日常经营数据（波士顿咨询，2015）；旋极信息拥有企业税务信息；梅泰诺掌握通信数据；51job 拥有大量招聘信息和简历信息。这些共享的数据极大地充实了考拉征信的基础数据库，使其输出信用产品更加完整、准确和多样。除此之外，考拉征信还会以一些政府对外公开发布的公共机构数据及合作伙伴提供的个人及商户数据作为数据来源。

数据处理方面，考拉征信不仅拥有股东方拓尔思提供的技术支持，还与中科院大学成立征信模型联合实验室，共同研发具有国际领先水平的信用评分模型（姜琳，2015），通过整合不同类型的数据，融合建模、Web 挖掘、神经网络分析等技术，构造出层次型模型，从而对用户进行更准确的信用评估。

信用产品方面，考拉征信推出了考拉信用分（个人信用分）、考拉商户分和考拉征信综合服务平台。考拉信用分是基于用户信用记录、履约能力、身份属性、社交关系、交易行为 5 个维度对海量信息进行处理从而得出的用户信用评估结果。从形式上来看，考拉征信分与美国的 FICO 信用评分类似，采用了国际上通行的信用分直观表现信用水平高低，分数范围在 300~850 分，分数越高代表个人信用水平越高。好的信用分数可以被应用于拉卡拉旗下的各类生活服务商户或金融机构，例如，用户的考拉信用分达到某个分值后，在合作商户及金融机构办理租车、住宿、旅游、租房、餐饮、中介服务、保险、信贷理财等产品时，可享受到简化流程、促销折扣等商业政策。

考拉商户分则主要面对的是小微商户，是对商户企业属性、信用记录、成长能力、经营稳定和履约能力 5 个维度进行信用评价后的结果，商户可以通过登录拉卡拉商户平台查询自己的商户信用分。该分数主要被用于申请信用贷款，商户可以直接根据自己的信用分向拉卡拉小额贷款公司或其他合作伙伴申请信用贷款，而无须任何抵押。

考拉征信综合服务平台由职业雇佣征信服务平台、商户画像与价值挖掘云平台、金融信用信息服务平台和企业征信服务平台 4 个平台组成，其中前 2 个平台应用较为成熟。职业雇佣征信服务平台是国内首个职业征信平台，通过丰富的数据排查和专业的人工访谈建立征信 T 模型，对职位候选人进行信用评估，同时帮助企业规避人才管理风险，提高人力资源效率。商户画像与价值挖掘云平台则主要针对商户信贷领域，为信贷资金的提供方提供信用风险评估。图 4.2 总结了该业务流程的各阶段运用的多种信用风险评估模型。

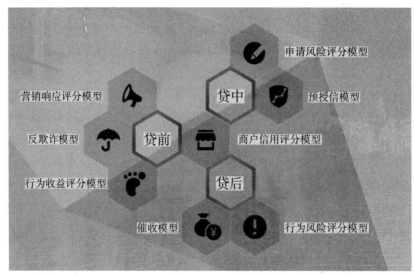

图 4.2　考拉征信商户画像与价值挖掘云平台信用风险模型

➤ **典型案例：芝麻信用（中国）**

"因为信用，所以简单"。这不仅是芝麻信用的宣传语，也正是芝麻信用一直以来努力的目标。芝麻信用是蚂蚁金服旗下独立的第三方个人信用评估以及信用管理机构。依托阿里巴巴电商平台海量的交易数据，芝麻信用运用大数据及云计算技术客观评价个人的信用状况，成功构建起一个完整的用户信用体系，是蚂蚁金服重要的基础设施，目前已被广泛地应用于酒店、租房、租车、消费金融等多个金融与生活类场景。

数据来源方面，芝麻信用主要依靠阿里巴巴集团旗下业务的数据共享。截至2016 年年底，支付宝的实名用户已经达到 4.5 亿人（高小倩，2017），征信数据覆盖上百种场景，日数据量达到 PB 级。芝麻信用的数据来源一般有四个：首先，蚂蚁金服集团采集的互联网金融数据，主要包括支付宝、余额宝以及蚂蚁微贷采集的个人信用信息数据；其次，阿里巴巴集团下属电商的平台交易数据，如淘宝、天猫、聚划算、1688 等平台；再次，用户自主提交的基本信息，如性别、年龄、职业等；最后，芝麻信用还拥有一些公共机构和合作伙伴提供的信息。

数据处理方面，芝麻信用大力发展大数据处理和云计算能力，建立了更加准确、完善的信用评估模型。传统评估模型如评分卡、逻辑回归算法等都比较依赖强相关数据的可获得性。在中国，大量人群缺少信贷数据，导致沿用传统模型方法时，征信机构难以克服数据源的局限性，或难以以较低的成本进行海量数据的关联性分析。芝麻信用在充分研究和吸收传统征信评分模型算法优势的基础上，积极尝试了较为前沿的随机森林、神经网络等算法，挖掘和信用表现有稳定关联的特征，从而更加高效和科学地发现大数据中蕴含的信用评估价值。目前，芝麻信用应用了一种改进的决策树模型，可以深入挖掘特征之间的关联性，衍生出具备较强信用预测能力的组合特征，并将该组合特征与原始特征一起使用逻辑回归线性算法进行训练，从而获得一个具备可解释性的准确的线性预测模型（波士顿咨询，2015）。举例来说，一个人在某些特定品类（如日用消费品、家用电器等）上的消费行为，可以在一定程度上反映他对于家庭的责任感，这些行为本身与信用的相关性可能并不高，但如果他还经常在支付宝中参与各类公益活动的捐款，那么这两类特征的组合则会与其个人信用表现出很强的正相关性。芝麻信用就是基于这种弱变量之间的交叉分析来提高模型的信用预测能力。

信用产品方面，芝麻信用最主要的信用产品就是芝麻信用分，它是基于用户的信用历史、行为偏好、履约能力、身份特质和人脉关系 5 个维度对个人用户信息进行加工、整理、计算后得出的信用评分，图 4.3 反映了 5 个维度的具体考察内容。芝麻信用分的分值范围为 350~950 分，分数越高代表信用水平越好。

图 4.3　芝麻信用分评估维度

表 4.3 反映了芝麻信用分目前已有的应用场景。

表 4.3　芝麻信用分应用场景

应用	合作方	服务内容
住宿	相寓，小猪短租，未来酒店	免押金入住，免查房退房
出行	OFO，小蓝单车，永安公共自行车，神州租车，一嗨租车	免押金，免办卡
金融	好期贷，蚂蚁花呗	提高信用额度
通信	中国联通	免预存办手机卡
回收	爱回收，估吗回收	回收先拿钱
社交	珍爱网，百合网，世纪佳缘	实名认证，诚信交友
其他	签证办理机构	极简流程办理签证

参考文献

［1］Derrick Harris. Peter Thiel leads $20M round in big–data–meets–lending startup ZestFinance［EB/OL］. https：//gigaom.com/2013/07/31/peter–thiel–leads–20m–round–for–zestfinance/，2013–07–31.

［2］波士顿咨询. 中国个人征信行业报告（2015）［R/OL］. http：//imagesrc.bcg.com//Images/BCG_China_Personal_Credit_Investigation_Report_2015_Mar_2016_CHN_tcm55-124505.pdf，2016-03-31.

［3］冯文芳，李春梅. 互联网+时代大数据征信体系建设探讨［J］. 征信，2015，33（10）：36–39.

［4］高小倩. 支付宝实名用户达到4.5亿人，80后人均支付超12万元——2016年全民账单［EB/OL］. http：//36kr.com/p/5061045.html，2017–01–04.

［5］洪玫. 试论金融创新的社会信用环境基础［J］. 金融论坛，2010，15（1）：45–49.

［6］姜琳. 考拉征信与中科院合作成立大数据征信实验室［EB/OL］. http：//news.xinhuanet.com/fortune/2015-05/11/c_1115248922.htm，2015–05–11.

［7］雷建平. 京东投资大数据分析公司 Zest Finance［EB/OL］. http：//tech.qq.com/a/20150626/004917.htm，2015–06–26.

［8］刘新海，丁伟. 大数据征信应用与启示——以美国互联网金融公司 Zest Finance 为例［J］. 清华金融评论，2014（10）：93–98.

［9］刘新海，丁伟. 美国 Zest Finance 公司大数据征信实践［J］. 征信，2015，33（8）：27–32.

［10］刘新海. 征信与大数据：互联网时代如何重塑"信用体系"［M］. 北京：中信出版社，2016.

［11］万存知. 何为征信？（上）［J］. 征信，2009，27（4）：1–4.

［12］万存知. 征信体系的共性与个性［J］. 中国金融，2017（1）：40–42.

［13］吴晶妹. 我国社会信用体系建设五大现状［J］. 征信，2015，33（9）：8–11.

[14] 新华社. 户均贷款三万　揭秘阿里"微金融"坏账率为何低于传统银行？[EB/OL].
http：//www.xinhuatone.com/detail.jsp？con_id=57628 &class_id=53，2013-12-23.

[15] 伊莉. 万存知演讲全文：八家个人征信试点机构无一合格，合格机构应该是这样
[EB/OL]. https://www.leiphone.com/news/201704/9OZUYsGKPrV6I4fm.html，2017-04-26.

[16] 植凤寅. 大数据征信与小微金融服务 [J]. 中国金融，2014（24）：90-93.

[17] 中国人民银行. 全国企业征信机构备案数量 [EB/OL]. http：//www.pbc.gov.cn/zhengxin-
guanliju/128332/128352/128411/2875623/inde x.html，2015-07-13.

[18] 中国人民银行. 人民银行印发《关于做好个人征信业务准备工作的通知》[EB/OL].
http：//www.pbc.gov.cn/goutongjiaoliu/113456/113469/2810004/index.htm，2015-01-05.

[19] 中国人民银行. 征信业管理条例 [S/OL].http：//www.pbccrc.org.cn/zxzx/zhengcfg/201401/
6e55556e29774c9cb28c019833ea9bbf.shtml，2014-01-14.

[20] 中国人民银行. 中国金融稳定运行报告 2017 [R/OL]. http：//www.gov.cn/xinwen/2017-
07/05/5208092/files/572fec1a7b41440295c62fe 548ad56fd.pdf，2017-07-05.

[21] 中国人民银行. 中国征信业发展报告（2003-2013）[R/OL]. http：//www.gov.cn/gzdt/att/
att/site1/20131212/1c6f6506c5d5141 39c2f01.pdf，2013-12-12.

[22] 中国人民银行征信中心. 信用报告全攻略 [EB/OL]. 2015-06-12.

[23] 中国人民银行征信中心. 征信系统建设运行报告（2004-2014）[R/OL]. http：//www.
pbccrc.org.cn/zxzx/zxzs/201508/f4e2403544c942cf99d3c71d3b559236/files/0e78bdbd53cf4ed39b25d8
86a16054c9.pdf，2015-08-05.

[24] 中国银行业监督管理委员会. 银监会发布 2013 年度监管统计数据 [EB/OL]. http：//
www.cbrc.gov.cn/chinese/home/docView/4E1669B109BD46A1BD4FB5A5215F3477.html，2014-02-14.

| 第 5 章 |

FinTech 赋能：支付与结算业务

5.1 中国支付结算市场现状

支付结算是经济活动中不可或缺的重要组成部分，几乎所有的交易都伴随着支付结算行为，完善的支付结算过程是社会正常运转的必要基础。狭义的支付结算指个人或单位在社会经济活动中使用现金、票据、信用卡和结算凭证进行货币给付以及资金清算的过程（中国人民银行，1997），这个过程实现了资金从一方到另一方的转移。随着支付结算工具的发展，支付结算的内涵不断丰富。从广义上理解，支付结算就是资金转移的过程，这一过程不仅可以通过传统的现金、票据、银行转账等支付结算方式实现，还可以通过第三方支付中的网络支付、预付卡支付等方式实现。

总的来看，现有的支付结算方式可以分为现金支付、银行支付和第三方支付，其中银行支付包括票据支付和银行卡支付，第三方支付包括网络支付、银行卡收单、预付卡发行与受理三种主要的支付结算方式（中国人民银行，2010）。表 5.1 是支付结算方式的分类、中介机构及举例。

5.1.1 中国支付结算业务的市场特点

➤ 特点一：支付结算以银行为主要渠道

2016 年，中国银行业金融机构共处理电子支付业务 2494.5 万亿元，同比增长 3.31%，而支付机构累计发生网络支付业务 99.3 万亿元，同比增长 100.53%（中国人民银行，2017）。凭借安全性和完善的支付网络，银行发挥了支付结算市场主渠道的作用，在大额资金支付、企事业单位资金结算以及跨境支付等方面占

表 5.1　常见支付结算方式类型

分类		中介机构	举例
现金支付		无中介	现金消费
银行支付	票据支付	银行	支票支付
	银行账户支付	银行	转账支付
第三方支付	银行卡收单	特约合作商户，收单机构，银行	POS 机消费
	互联网支付	第三方支付机构，银行	微信支付
	预付卡支付	发卡机构	公交卡消费

据主导地位。

从银行支付结算业务来看，一方面，银行的票据业务在企业结算领域依然发挥重要作用。2016 年，全国共发生票据业务 2.93 亿笔，金额 187.79 万亿元（中国支付清算行业协会，2017）。2016 年 12 月，上海票据交易所正式挂牌成立，提供了统一的全国性票据交易平台，该平台的成立与票据电子化趋势给银行票据业带来新的发展机会。

另一方面，银行卡依然是主流的大额非现金支付工具，人们在购车、买房、投资等大额消费中仍然会将银行卡作为第一选择。2016 年末，国内银行卡发卡量达到 61.25 亿张，同比增长 12.54%，银行卡业务金额超过 740 万亿元（中国人民银行，2017），侧面反映了银行卡支付结算方式的进步。

> ➤ **特点二：第三方支付快速崛起**

近年来，中国第三方移动支付结算业务快速崛起，2016 年第三方支付结算规模达到 58.8 万亿元，较 2015 年增长了 381.9%。与此同时，网络支付的用户规模也实现了持续性的增长。截至 2017 年 6 月，我国使用网络支付的用户规模达 5.11 亿，较 2016 年 12 月增加了 3654 万人。图 5.1 显示了 2011~2016 年中国第三方支付交易规模增长的过程（艾瑞咨询，2017）。

5.1.2　中国支付结算业务的政策特点

> ➤ **特点一：严控准入。央行控制移动支付牌照发放数量**

随着中国支付结算市场的快速发展，近年来监管部门相继出台了多项政策法规以规范行业发展，其中针对第三方支付的行业门槛方面的政策正在逐渐收紧。2010 年，中国人民银行颁布了《非金融机构支付管理办法》，其中规定：非金融

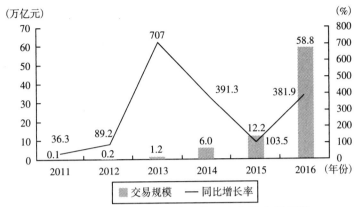

图 5.1　2011~2016 年中国第三方支付交易规模

机构开展支付业务应取得《支付业务许可证》，并且只能从事《支付业务许可证》规定的具体支付业务。2011 年至今，中国人民银行共发放了 8 批 270 张支付牌照，截至 2017 年 8 月，因注销、主动申请注销、不予续展和续展合并等因素，只有 247 家非银行支付机构拥有支付牌照（中国人民银行，2017）。图 5.2 反映了 2011~2017 年支付牌照发放、注销和不予续展的情况（网贷之家研究中心，2017）。

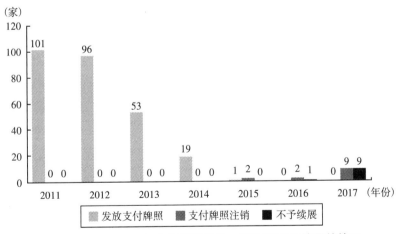

图 5.2　2011~2016 年支付牌照发放、注销和不予续展的情况

从图 5.2 可以看出，支付牌照的发放数正在逐渐减少，而已有支付牌照的续展审核也越来越严格。目前央行已明确表示短期内不再发放新的支付牌照（中国人民银行，2016），因此许多试图进军移动支付行业的企业选择收购拥有支付牌

照的企业，如小米收购捷付睿通（2016 年）、国美收购银盈通（2017 年）等。

> **➤ 特点二：安全优先。备付金存管规定，保护第三方支付机构客户资金安全**

2017 年 1 月，央行对支付机构的备付金存管发布新规定，要求支付机构将备付金按照一定比例交存至指定机构专用存款账户，并对不同支付机构需要存管的金额比例进行了具体划分，以规范第三方支付机构备付金的存管（中国人民银行，2017）。中国人民银行数据显示，截至 2016 年年末，第三方支付机构客户备付金余额累计超过 6200 亿元，同比增长 107.13%（中国人民银行，2017）。保障客户资金安全是备付金管理问题的重中之重。央行发布备付金存管新规定，既是出于保护第三方支付机构客户资金安全的需要，也是基于金融监管的基本原则，从资金源头限制支付机构行为，敦促支付机构专心于支付结算业务的创新而做出的重要选择。

> **➤ 特点三：全面监管。网联上线，第三方支付利润空间被进一步压缩**

2017 年 8 月，央行下发《中国人民银行支付结算司关于将非银行支付机构网络支付业务由直连模式迁移至网联平台处理的通知》，正式推出线上支付统一清算平台，简称网联。类似于银联充当银行卡收单业务的清算机构，网联将成为线上支付业务的清算机构，线上的业务都将由网联直接进行资金的清算，实现对第三方支付结算业务的有效监管（中国人民银行支付结算司，2017）。

5.2　传统支付结算市场的痛点

> **➤ 痛点一：交易成本高**

随着第三方支付机构的介入，资金在交易双方之间转移的流程被进一步拉长。在这一流程中有收款银行、付款银行、银联、网联、第三方支付机构、银行特约商户等，资金每经过一个节点，该节点的支付机构都会收取一定费率作为服务费，提高了支付结算用户所需要承担的交易成本。一般第三方支付公司与银行对接均需缴纳综合的服务费用，再加上人力成本的上涨和支付规模的上升，第三方支付机构的运营成本也在逐渐增长。

从 2016 年开始，这种交易成本的压力已经开始被渐渐转移到用户：微信钱包从 2016 年 3 月 1 日开始对个人用户提现收费，每位用户最多只有 1000 元免费提现额度，超出免费额度的用户提现手续费标准为提现金额的 0.1%，每笔至少收取 0.1 元。微信提现收费以后，2016 年 9 月，支付宝也对外发布公告称"提现即将收费"，对个人用户只提供 2 万元基础免费提现额度，超出免费额度的提现收取 0.1% 的服务费。

> 痛点二：交易时间长

支付结算交易时间也是影响交易效率的重要因素，这一痛点主要体现在跨境支付结算业务中。与境内支付结算相比，跨境支付增加了购付汇与收结汇的过程，每一笔汇款所需的中间环节不但费时，而且需要支付大量的手续费，成为跨境支付结算的瓶颈。由于每个国家的清算程序不同，可能导致一笔汇款需要 2~3 个工作日才能到账，不仅耽误时间，并且占用了大量的在途资金（麦肯锡，2016）。目前大额跨境支付与结算一般采用 SWIFT 通道进行支付，资金到账速度较慢，并且要按金额比例向银行支付手续费和电汇费（黄峰、陈学彬，2016）。

> 痛点三：资金与信息的安全性存在风险

对于票据支付而言，一般传统的票据风险主要源于假票，包括伪造、克隆票据进行诈骗。对于网络支付而言，主要面临两个方面的风险：用户隐私泄露问题和用户资金损失问题。随着移动支付应用场景越来越多样、用户使用规模越来越大，移动支付行业所暴露出的安全问题也越来越明显。

现有的支付机构掌握着大量用户信息，在支付系统被病毒入侵或支付软件本身存在问题的情况下，用户的隐私信息容易被盗取和篡改，带来骚扰电话、垃圾短信等信息安全问题。进一步地，信息泄露还会给用户带来资金损失。如今使用范围很广泛的扫码支付，其验证方法就是打开移动 APP 付款码界面，不需要输入支付密码就可以完成结算；那么在手机丢失或被盗时，犯罪分子就可以利用这一"便捷性"盗刷用户资金。2015 年，中国电信翼支付所绑定的银行卡就曾遭遇盗刷，盗刷金额从几百元到几万元不等（网易财经，2015）。

5.3　支付结算的 FinTech 解决方案

FinTech 为支付结算方式提供了更优质的解决方案。人工智能、区块链、大数据技术等技术能够提高支付结算效率，降低结算的交易成本，缩短交易时间，提升支付结算的安全性。FinTech 应用于票据支付，促进了数字票据的出现；应用于网络支付，扩大了网络支付通道（聚合支付），丰富了网络支付方式（移动支付）；应用于银行卡收单支付，催生了智能 POS 机；除此之外，FinTech 还可应用于跨境支付结算。我们将基于这些具体应用解释 FinTech 对支付结算业务的赋能。

5.3.1　票据支付解决方案：可编程数字票据

传统的纸质票据包括支票、汇票、本票，其中汇票包括商业承兑汇票、银行承兑汇票和银行汇票（中华人民共和国政府，2005）。纸质票据上通常会包含付款方、收款方、银行、金额等信息。可编程数字票据是利用区块链技术，将纸质票据中包含的信息全部数字化之后的一种票据形式（任安军，2016），并且可以对数字票据进行编程，使之适应不同的智能交易场景。可编程的数字货币可以被理解为电子票据的技术升级版。可编程数字票据具有传统票据和电子票据所拥有的全部功能，区块链应用使数字票据成为一种更安全、更高效、更智能的票据形式。与纸质票据相比，可编程数字票据具有以下优势：

首先，数字票据流通和管理的成本低。数字票据将票据包含的全部信息电子化，直接在票据系统内进行流通，降低了企业之间票据传递的成本。此外，数字票据还降低了银行之间对账的成本。区块链分布式记账的特点使数字票据天然具有去中介化和免对账的优势，各个银行共用一套账本，提高了资金清算的效率。

其次，数字票据安全性高。可编程数字票据从出票起信息的每一次变动都会在区块链上及时更新，交易节点达成共识后即确认交易并发布信息，此过程不可篡改也不可撤销，因此保证了票据信息的准确性、完整性和安全性，杜绝票据造假的问题，使收票方更愿意接受票据支付。数字票据的安全性还为企业节省了传统纸质票据鉴定的成本。

最后，对于中国人民银行而言，数字票据的应用极大地方便了对全国票据市场的监控与管理。推广数据票据有利于规避票据市场中存在的不规范行为、减少票据纠纷，从而促进整个票据市场良好的发展。表 5.2 简单对比了纸质票据、电子票据和可编程数字票据之间的区别与联系。

表 5.2　票据形式与对比

	纸质票据	电子票据	可编程数字票据
存在形式	实物票据	电子化票据	基于区块链技术的数字化票据
流通形式	依托票据本身，必须加盖印章后才能流通	依托央行电子票据系统，在系统内流通	基于点对点的分布式网络，通过联盟链进行流通；可编程，支持智能化交易结算
优缺点	容易毁损、丢失，存在假票风险	节省流通成本；不易丢失	去中介化，公开透明，不可篡改、造假，安全性强

从目前来看，中国数字票据的应用还处于初级的探索实验阶段。2017 年 2 月，中国人民银行推动的基于区块链的数字票据交易平台测试成功，实现了数字票据全生命周期的登记流转（张宇哲，2017）。这意味着央行在数字票据这一领域的探索逐渐落地，并且在官方层面验证了区块链技术在票据领域应用的可行性。与此同时，企业界也在积极地探索区块链技术在票据领域的应用。2017 年 1 月，浙商银行与趣链科技合作推出了基于区块链的移动数字汇票平台，客户可通过移动客户端扫描二维码，实现票据的签收发、转让和兑付等功能（杨望、曹锋、肖子琛，2017）。

> **典型案例：浙商银行移动汇票平台**

趣链科技成立于 2016 年，目前主要提供数字票据、数据交易系统、供应链金融系统和证券资产系统等多种基于区块链技术的解决方案。2017 年 3 月，趣链科技正式加入全球区块链技术和交易验证的开源项目 Hyperledger（超级账本），成为其普通会员（趣链科技，2017）。趣链科技的数字票据产品，以为金融系统健康稳定提供根本保障为目标，主要用于强化防伪和杜绝欺诈，并支持多种票据创新业务模式。

2017 年 1 月，浙商银行基于趣链科技提供的区块链底层平台，推出了国内首个实现核心银行业务的移动数字汇票平台，能够为企业或个人提供数字票据在移动客户端签收发、转让和兑付等功能，提高客户的资金管理效率（趣链科技，2017）。个人用户和企业用户可通过浙商银行数字移动汇票平台购买产品，并以数字汇票形式支付给收款方，收款方未来可以选择到期兑付或者在系统后端签名转让。由于此过程是去中心化的，不需要银行参与，因此简化了票据交易的流程。

浙商银行的移动数字汇票系统以区块链技术为基础，实现了票据的数字资产化。数字票据的分布式存储与交易，使得交易信息具有不可篡改、不可伪造和可追溯的特点，提高了数字票据交易的安全性。

> **典型案例：Ripple Labs——用区块链方便银行间的跨境支付**

Ripple 网络致力于让各种形态的价值（比如法定货币、虚拟货币等）像信息一样在全球范围内实现无障碍流通和转换。Ripple 基于区块链开发的全球性分布式即时到账的支付网络，与传统费时、手续费高的跨境转账业务相比，货币跨境支付成本低且节省时间，商家和客户乃至开发者之间的支付几乎免费、即时地完成，没有传统的跨行、异地及跨国支付费用，而且支持任何货币——包括通用货币乃至数字货币。Ripple 目前主要通过其开发的"Interledger"协议项目，在保持银行等金融机构各自记账系统的不同的基础上，打造一个全球统一的网络金融传输协议，建立不同记账系统的沟通桥梁。在 Interledger 协议系统中，两个不同的记账系统可以通过第三方"验证端"来互相自由地传输货币。在 Ripple 网络中，统一的分布式记账系统通过许多节点以共识机制来验证交易并记账，不需要任何信任中心，Ripple 的分布式记账系统能够提供去中心化支付。通过这样分布式的网络，可以实现 7×24 小时的全天候支付，支付更加快捷，几秒钟就可完成，且 Ripple 仅需一个准备金账户，减少了支付准备金，从而减少资金占用。

5.3.2　网络支付解决方案：聚合支付与移动支付

5.3.2.1　支付通道的扩大：聚合支付

随着网络支付方式的普及，在日常交易中可以选择的支付结算方式越来越多，比如微信支付、支付宝支付、百度钱包支付、京东钱包支付等。商户要分别与众多的支付机构对接，分别搭建支付平台，耗时长、成本高。支付方式越多，需要适应的不同平台的标准和规则越多，支付场景的碎片化也不利于商户对销售数据进行管理。

聚合支付平台在这种条件下应运而生。聚合支付作为第四方公司，通过技术开发把市场上主流支付通道的接口都聚合在同一个平台。通过聚合支付平台提供统一的二维码，用户可以自由选择各种支付方式，系统的自动识别技术能够轻松实现对接付款。

使用聚合支付，商户只需要和平台供应商进行沟通，下载开发工具包、测试支付环境之后稍作调整就可以上线，平台搭建效率大大提升。聚合支付还为商户提供了商铺对账、客户管理和营销等衍生服务，帮助商户识别消费者类型，积累消费数据，方便为消费者提供个性化的产品推荐方案。

聚合支付也使消费者的支付过程变得简单。以二维码扫码支付为例，原来多个平台多个二维码的方式需要消费者自己选择对应的支付应用的二维码进行扫描，才能完成支付。这种支付方式下还可能出现用户想用微信支付，但商家只提供了支付宝二维码的问题。聚合支付可以消除消费者的这种困扰，所有支付方式对应平台统一的二维码。

目前中国聚合支付市场发展迅速，涌现了大量的聚合支付机构，如钱方好近、Ping++、哆啦宝、BeeCloud、Paymax、收钱吧等，反映了中国聚合支付市场巨大的发展潜力。与此同时，聚合支付市场也暗藏了一些风险。聚合支付平台作为第四方公司，没有支付业务许可，不能进行资金清算，只能给商户提供通道服务。但一些聚合支付企业借机做清算，经手了原本应该直接支付给银行或第三方支付机构的资金，给资金的安全性带来风险。中国人民银行已经采取措施解决这些问题。2017 年 1 月，央行下发《关于开展违规"聚合支付"服务清理整治工作的通知》（张宇哲，2017），整顿那些打着聚合支付旗号从事清算业务的公司。

> **典型案例：Stripe**

Stripe 是一家美国的聚合支付服务公司，由 Patrick Collison 及 John Collison 于 2010 年创立，致力于为中小客户提供在线支付解决方案。目前 Stripe 获得了来自 Visa、American Express、Peter Thiel（Paypal 创始人之一）、Elon Musk（Paypal 创始人之一，Tesla 创始人）等共计 4.5 亿美元的投资，这些资金帮助 Stripe 将其业务扩展到全球 25 个国家，从而为遍布于各行各业的全球 10 万多家企业提供服务。

Stripe 为需要在产品中添加支付功能的企业提供代码并包办所有的支付交易过程，因此企业不需要与银行或第三方支付机构打交道，从而节省了开发成本，有助于企业产品的快速上线。为此，Stripe 的客户需要付出的成本是交易金额的 2.9% 加 0.3 美元的手续费。凭借收费低、设置简单灵活、客服反馈及时等优势，Stripe 对于中小客户有着绝对的吸引力。值得一提的是，Stripe 是全球第一家支持比特币支付的主流支付服务公司。在积极接纳数字货币的同时，Stripe 还应用了人工智能技术辨识虚假交易。

凭借着为企业用户提供的优良服务、更好用的跨平台支付和全球网络支付市场规模不断扩大等因素，Stripe 迅速发展壮大。目前 Stripe 支持支付结算的方式有 ACH、Android Pay、Apple Pay、Bancontact、银行卡（Visa, Mastercard, American Express 等）、Giropay、SEPA、SOFORT 等全球多种热门支付方式。在福布斯 2017 年全球云计算企业评选中，Stripe 以 92 亿美元的估值居于首位，成百上千家优秀的企业正在使用 Stripe 的服务，包括 Facebook，Lyft（打车软件）和 Target（零售服务）(Konrad，2017)。2017 年 7 月，Stripe 宣布与微信、支付宝合作，从此全球各地使用 Stripe 的用户都能够通过 Stripe 提供的平台使用微信或支付宝进行支付结算（Piruze Sabuncu，2017）。

> ➢ **典型案例：钱方好近**

钱方好近成立于 2011 年，是中国最大的中小商户服务平台。其使命是提供使用成本低、以科技为核心的产品与服务，让商户更赚钱。好近生意王是钱方好近旗下的聚合支付产品，能够为商户提供聚合支付、会员营销、大数据支持等多项服务，图 5.3 是好近生意王产品界面以及聚合支付的二维码。目前，该产品已经覆盖了全国 300 多个城市的 100 多万商户，为超过 5000 万的消费者提供聚合支付服务，交易数量超过 2 亿笔，交易金额近 1000 亿元。

图 5.3 "好近生意王"产品界面及聚合支付二维码

在聚合支付方面，好近生意王支持微信、支付宝、京东钱包、百度钱包、QQ 钱包、银联支付等多种支付方式，使商户收款更便捷、更省时、更安全。在会员营销方面，好近生意王使每笔微信支付的用户自动关注店铺公众号，公众号的运营由平台的专业人员负责，可以提供每月 4 次的图文推送，帮助商户锁定消费者。好近生意王还为商户提供大数据支持。好近的专业数据分析师会基于行业大数据对商户进行全面分析，提供更专业的店铺运营报告、更详尽的月度分析报告，帮助商户更清楚地了解与掌握消费情况。

好近生意王不仅为商户提供了聚合支付的平台，还超越了支付本身，对消费者的支付结算行为运用大数据技术进行分析，从而帮助商户更精准地销售产品，创造更多的收益。目前，许多品牌都成为了钱方好近的客户，如 Nike、Subway、哈根达斯、DKNY 等。

5.3.2.2 支付终端的创新：移动支付

移动支付是指借助智能便携设备（比如手机）通过移动通信网络实现资金由支付方转移到付款方的支付结算方式。随着移动支付领域的快速发展，移动支付需求不断上升，市场上众多的移动支付方式应运而生。移动支付为用户日常支付结算带来了很多好处。一方面，移动支付方式简化了支付结算流程，使支付结算过程变得快捷。传统支付结算方式下，我们一般会使用现金或银行卡进行支付结算，店员找零以及刷卡签字的过程十分烦琐。移动支付将这些流程全部后台化，用户需要做的只是拿出手机，使用 NFC 支付或基于生物识别技术的支付方式就能够在几秒钟之内完成支付。资金的实际流转已经在移动支付应用后台几乎同步完成了，整个支付结算过程被大大简化，既提高了商户的支付结算效率，也带来了极佳的用户体验。另一方面，移动支付丰富了支付结算的应用场景，方便人们随时随地进行支付结算。移动支付逐渐普及后，人们出行只需要携带手机，而基本不需要携带现金或银行卡，就可以满足大部分场景的支付需求。

目前，市场上主流的移动支付方式主要为扫码支付和 NFC 支付，同时指纹支付、语音支付和虹膜支付等借助人工智能的新兴支付方式也在兴起。表 5.3 对比了以上 5 种移动支付方式的技术基础以及优缺点。

表 5.3　移动支付方式

移动支付方式	目前主流的移动支付方式		新兴移动支付方式		
	扫码支付	NFC 支付	指纹支付	语音支付	虹膜支付
技术基础	RFID 射频技术	近场通信技术	生物识别	生物识别	生物识别
密码	小额免密	小额免密	不需要	不需要	不需要
优、缺点	硬件要求低，有手机即可；安全性相对低	硬件要求高，需要支持 NFC 的移动设备安全性较高；	方便快捷，安全性高；硬件要求高	方便快捷安全性略低；硬件要求高	方便快捷，安全性高；硬件要求高

尽管美国是移动支付领域的先行者，但由于其强大的信用卡体系及用户长期以来养成的刷卡消费习惯，移动支付产业的发展反而较为缓慢（普华永道，2016）。与美国正相反，在中国信用卡的普及率并不高，人们日常消费的主要支付方式是现金，这给中国移动支付行业带来了发展机会。中国移动支付的渗透率越来越高，2017 年线下购物场景中移动支付的比例达到 61.6%（中国互联网信息中心，2017）。2017 年第一季度，中国移动支付的交易规模达到了 18.8 万亿元，相比 2016 年第四季度增长了 46.87%（王蓬博，2017）。此外，政府也为移动支付出台了许多支持性政策。2016 年 8 月，支付清算协会向支付机构下发《条码支付业务规范》的征求意见稿。这是央行在 2014 年叫停二维码支付以后首次官方承认二维码支付的地位，明确了二维码支付作为"银行卡支付有效补充"的支付定位，赋予二维码支付合法性。该征求意见发出后不久，各大商业银行也开始推出二维码支付产品。

> **➤ 典型案例：支付宝的指纹支付和"刷脸支付"**

2014 年 9 月，支付宝推出国内首个指纹支付的标准方案，并宣布与华为合作，率先将这一方案搭载在华为新推出的 Mate 7 手机上，使新手机用户可以提前使用支付宝指纹支付的功能（云踪，2014）。该功能应用后可取代传统的密码支付，只要在支付时按一下手指就可以完成支付，方便快捷。使用指纹支付后，用户再也不需要担心支付宝密码不安全，也不需要烦恼密码太过复杂而记不住，指纹支付使用户在短短的几秒钟内便能完成支付。

与指纹支付类似但是技术难度更高的移动支付方式还有"刷脸支付"。早在 2015 年德国汉诺威消费电子、信息及通信博览会上，马云就曾展示过支付宝的刷脸支付功能（当时还被称作"Smile to Pay"扫脸技术），通过淘宝网为嘉宾们购买了纪念邮票。2017 年 9 月 1 日，支付宝宣布"刷脸支付"正式落地，首先上线地点选择了肯德基的 KPro 餐厅。消费者在肯德基餐厅的自助点餐机上选好产品之后，选择"刷脸支付"，点餐机上的摄像头将用 1~2 秒的时间自动识别人脸，识别成功再输入与支付宝账号绑定的手机号，确认后即可完成支付。每个人的生物特征如指纹、面貌、虹膜等，都具有唯一性，并在一段时期内保持不变，因此基于生物识别的支付方式具有较高的安全性。支付宝此次推出的"刷脸支付"在人脸识别算法的基础上还加入了验活算法，用照片或视频冒充将无法通过验证，安全性的保障程度大大提升。

5.3.3　银行卡收单支付方案：智能 POS 终端

智能 POS（Smart Point of Sale）终端是相对于传统 POS 终端而言的机器设备，除了支持银行卡收单支付外，还支持其他多种支付方式，如微信、支付宝、NFC、储值卡支付等。以支付结算功能为基础，智能 POS 还可以提供会员管理的功能，使消费者完成支付即为会员，并可以即时领优惠券。基于消费数据，智能 POS 可以为商户提供有针对性的营销管理活动，并个性化地推荐给消费者。

智能 POS 机的工作原理与聚合支付方式类似，基于云平台和大数据分析，两者都为商户节约了支付平台管理成本，同时挖掘了用户消费行为数据的价值。表 5.4 总结了聚合支付与智能 POS 的区别与联系。

表 5.4　聚合支付与智能 POS 之间的区别与联系

支付方式	聚合支付	智能 POS
支付操作者	消费者	商户
支付结算方式	扫码支付（银联、微信、支付宝、京东钱包）以及网上银行支付	银行卡支付，扫码支付，NFC 支付，储值卡支付
特点	设备成本低，硬件要求低	硬件要求高，支持更多支付方式
主要技术	RFID 射频技术，云计算，大数据，人工智能	近场通信技术，RFID 射频技术，云计算，大数据，人工智能

中国移动互联网发展迅速，移动支付业务需要相应的硬件支撑，传统 POS 升级换代为智能 POS 的需求凸显，智能 POS 行业的技术也在逐渐完善。中国智能 POS 相关专利的申请数量已经从 2012 年的 5 项发展到 2015 的 33 项。2016 年与聚合支付相关的专利申请也达到了 24 项，包含智能系统开发、交易信息提取、硬件设计等多个方面（王蓬博，2017）。但目前智能 POS 仍存在固定的支付风险。从智能 POS 支付结算流程可以看出，智能 POS 一般是商户进行操作，在使用扫码支付时，消费者只需要打开二维码界面给商户即可，而不需要输入密码，因此可能会给用户资金安全性带来风险。比如手机被盗或丢失时对方就可以直接打开扫码支付进行消费、盗取用户资金。不需要输入密码这一特征使支付结算过程速度加快，而资金安全性遭受威胁则是用户为此付出的代价。

> **典型案例：Square（美国）**

Square 成立于 2009 年，是一家美国的移动支付公司。在美国，直接向银行或者清算机构申请 POS，不仅集成度低、支持银行有限，而且手续烦琐。对于数量庞大的小商户而言，无法支持银行卡支付成为它们的痛点（徐佳杰，2016）。基于此，Square 开发了系列产品，包括面向商户的 Square Register 收账应用、面向用户的 Square Wallet 消费应用、代替收银机的 Square Stand 组合产品和可插入耳机孔的刷卡器。这些产品的目标很清晰，就是实现智能 POS 去代替高成本的传统 POS。安装了 Square 收账应用后，商户既可以选择购买可插入耳机孔的刷卡器，当信用卡在读卡器上划过时，它会读取信用卡中的数据并转换成声音信号，再由手机的话筒来识别声音并发送给在手机上的 Square App，最终完成支付。刷卡器主要满足消费者使用银行卡支付（Visa，Mastercard，American Express 等）的需求，而 Square stand 组合还支持移动手机支付。

支付成本方面，Square 不收注册费，但商户需要将交易金额的 2.75%作为支付手续费。2017 年第二季度，Square 平台交易总额超过 160 亿美元，相比上年同期增长了 32%（Square，2017）。目前，Square 支持信用卡、借记卡、Google Wallet、Apple Pay 等多种支付手段。在使商户收款更为便捷的基础上，Square 还可以用更智能的交易分析工具帮助商户快速应对消费者的需求变化，为商户提供收入统计、客户管理以及销售数据分析服务等。

➢ **典型案例：掌贝（中国）**

掌贝成立于 2012 年，是智慧店铺的开创者，致力于为中国线下 6000 万商户提供智慧经营平台。2013 年掌贝推出了首款智能 POS，到今天，掌贝智能 POS 已经历了三次迭代升级，应用场景丰富。除了最基础的收款场景，掌贝智能 POS 还可以在团购核销、外卖接单、卡券派发与核销、点单等场景中应用。针对收款场景，掌贝智能 POS 不仅可以支持银联刷卡（刷卡、插卡、NFC、Apple Pay）支付、微信支付、支付宝支付、储值卡支付等，还支持从其他平台如大众点评闪惠、美团买单等入口进行支付结算，极大地方便了消费者，同时提高了商户收款效率。

在客户管理方面，掌贝智能 POS 能够在支付环节引导消费者关注商户公众号，自动成为商铺会员，从而及时建立起商户与顾客之间的关系。与此同时，通过收集顾客在线下商户的活动足迹、偏好习惯、支付结算方式等，用人工智能算法对这些信息进行整合分析，对顾客进行画像，包括确定顾客偏好、支付方式偏好、消费习惯等，基于画像结果建立相应的顾客模型，从而帮助商户进行更好的精准营销。

此外，掌贝智能 POS 还具有一键生成电子发票的功能。线下消费过程中，人工开票流程烦琐，信息核对困难且低效、易出错。掌贝智能 POS 可以帮助商户一键生成电子发票二维码，消费者自主扫码即可在线上完成开票，商户无须任何操作，从而降低商户在开具发票上的成本。

目前掌贝的业务已经覆盖了全国 200 多个城市，为味千拉面、望湘园、庆丰包子铺等商户提供智能 POS 产品。基于大数据和智能营销技术，掌贝在聚合支付方式的基础上为商户营销提供了多种解决方案，使支付结算的意义远大于支付本身，最大化地发挥出了商户沉淀数据的优势，受到了众多商户的欢迎。

参考文献

［1］Alex Konrad. Forbes cloud 100：Meet the hottest companies in cloud computing for 2017 ［EB/OL］. https：//www.forbes.com/sites/alexkonrad/2017/07/11/cloud -100 -hottest -companies -of -2017/#34b71ce33028，2017-07-11.

［2］Piruze Sabuncu. Stripe in Hong Kong + Alipay and we chat pay globally ［EB/OL］. https：//stripe.com/blog/hong-kong，2017-07-10.

［3］Square. Investor relations ［R/OL］. https：//s21.q4cdn.com/114365585/files/doc_financials/2017/2Q17/Square-2017-Q2-Shareholder-Letter.pdf，2017-08-02.

［4］艾瑞咨询. 2017 年中国第三方移动支付报告 ［R/OL］. http：//wreport.iresearch.cn/upload-files/reports/636328680295632025.pdf，2017-06-21.

［5］黄峰，陈学彬. 中美本币跨境支付系统模式比较研究 ［J］. 国际金融，2016（8）：33-37.

［6］麦肯锡. 区块链：银行业游戏规则的颠覆者 ［R/OL］. http：//www.mckinsey.com.cn/wp-content/uploads/2016/05/%E5%8C%BA%E5%9D% 97%E9%93%BE.pdf，2016-05-27.

［7］普华永道. 技术制胜、场景为王——拥抱移动支付新浪潮 ［R/OL］. https：//www. pwccn.com/en/financial-services/fs-mobile-payment-may2016.pdf，2016-09-04.

［8］任安军. 运用区块链改造我国票据市场的思考 ［J］. 南方金融，2016（3）：39-42.

［9］王蓬博. 中国第三方支付行业专题分析 2017 ［EB/OL］. https：//www.analysys.cn/analysis/8/detail/1000825/，2017-03-20.

［10］王蓬博. 中国第三方支付移动支付市场季度监测报告（2017 年第一季度）［R/OL］. https：//www.analysys.cn/analysis/22/detail/1000762/，2017-05-17.

［11］王蓬博. 中国智能 POS 行业专题分析 2017 ［EB/OL］. https：//www.analysys.cn/analysis/8/detail/1000645/，2017-03-20.

［12］王晓韡. 二维码支付的前世、今生与未来 ［EB/OL］. http：//www.mpaypass.com.cn/news/201705/12111219.html，2017-05-12.

［13］网易财经. 上百"翼支付"用户称银行卡被盗刷　建 QQ 群维权 ［EB/OL］. http：//digi.163.com/15/0417/19/ANE648OU00162OUT. html，2015-04-17.

［14］徐佳杰. 美股简介：图解 Square 的商业模式（SQ 路演文件）［EB/OL］. https：//xueqiu. com/7813497513/63025528，2016–01–05.

［15］杨望，曹锋，肖子琛. 区块链：票据数字化新动能［EB/OL］. http：//www.modern- bankers.com/html/2017/financiercon_0316 /465.html，2017–03–16.

［16］云踪. 国内首个指纹支付标准面世［N］. 人民邮电，2014–09–05（008）.

［17］张宇哲. 央行摸底聚合支付，是否碰钱和客户信息是核心［EB/OL］. http：//finance. caixin.com/2017–02–07/101050780.html，2017–02–07.

［18］张宇哲. 央行数字票据交易平台原型系统测试成功［EB/OL］. http：//finance.caixin. com/2017–01–25/101048999.html，2017–01–25.

［19］中国互联网信息中心. 第 40 次中国互联网络发展状况统计报告［R/OL］. https：//cn- nic.cn/hlwfzyj/hlwxzbg/hlwtjbg/201708/P02017 0803598956435591.pdf，2017–08–04.

［20］中国人民银行.《支付结算办法》银发［1997］393 号［S/OL］. http：//www.pkulaw.cn/ fulltext_form.aspx？Gid=19282，1997–09–19.

［21］中国人民银行. 非金融机构支付管理办法（中国人民银行令［2010］2号）［S/OL］. http：//www.gov.cn/flfg/2010–06/21/content_1632796.htm，2010–06–21.

［22］中国人民银行. 非银行支付机构网络支付业务管理办法［S/OL］. http：//www.pbc.gov. cn/zhifujiesuansi/128525/128535/128629/3301 282/2017050409343017983.pdf，2015–12–28.

［23］中国人民银行. 中国人民银行 2016 年年报［EB/OL］. http：//www.pbc.gov.cn/chubanwu/ 114566/115296/3282629/3339385/2017070515 522328590.pdf，2017–07–05.

［24］中国人民银行. 中国人民银行办公厅关于实施支付机构客户备付金集中存管有关事项 的通知［EB/OL］. http：//www.pbc.gov.cn/goutongjiaoliu/113456/113469/3234922/index.html，2017– 01–13.

［25］中国人民银行. 中国人民银行有关负责人就《支付业务许可证》续展工作答记者问 ［EB/OL］. http：//www.pbc.gov.cn/goutongjiaoliu/113456/113469/3119043/index.html，2016–08–12.

［26］中国人民银行. 中国支付结算体系发展报告（2016）［R/OL］. http：//www.pbc.gov.cn/ zhifujiesuansi/128525/128545/128646/334 3451/2017071210180882674.pdf，2017–07–01.

［27］中国人民银行.《支付业务许可证》核发信息公告［EB/OL］. http：//www.pbc.gov.cn/ zhengwugongkai/127924/128041/2951606/1923625/ 1923629/index.html，2017–06–27.

［28］中国人民银行支付结算司. 中国人民银行支付结算司关于将非银支付机构网络支付业 务由直连模式迁移至网联平台处理的通知（银支付［2017］209号）［EB/OL］. http：//finance. sina.com.cn/roll/2017–08–04/doc–ifyiswpt5399935.shtml，2017–08–04.

［29］中国支付清算行业协会.中国支付清算行业运行报告（2017）［M］.北京：中国金融出 版社，2017.

［30］中华人民共和国政府. 中华人民共和国票据法［S/OL］. http：//www.gov.cn/banshi/ 2005–07/11/content_13699.htm，2005–07–11.

第6章

FinTech 赋能：保险业务

6.1 中国保险行业现状

自古以来，人类社会就充满了各种风险。保险是一种集合同类危险聚资建立基金，对特定危险的后果提供经济保障的危险财务转移机制（张洪涛，2014）。保险界对保险的作用和功能达成较为一致的共识，总结出了保险的三大功能：经济补偿、资金融通和社会管理（郭金龙、周小燕，2014）。1995 年，《保险法》的通过标志着中国保险行业法制化时代开启。随后十多年里，行业监管机构、自律机构以及各种保险公司如雨后春笋般出现。随着政策的支持、行业规范健全，以及我国民众避险保障意识增强，保险业的资金和客户规模呈现爆发式增长，如今已然成为我国金融三大支柱之一。下面我们从政策监管、市场需求和行业发展三个方面，总结中国保险行业的特点。

> **监管特点：严格保障经济补偿功能，鼓励创新发展资金融通和社会管理功能**

中国保险市场的监管工作一直以来基于《保险法》，以政府的政策文件和指令为主导，行业自律组织的约束规范为辅助。我国保险公司的准入条件相对严格，在产权形式和资本金要求上远远高于其他国家。偿付能力是保险公司最为重要的一项标准，也是监管工作的难点。2015 年，保监会正式推出第二代偿付能力监管规则和运行方案，监管更为细化，在保费结构、保险资金投资结构等方面都有兼顾，在技术标准上以及数据的利用、风险测算等方面提高了精确度与专业性，加强信息化手段和远程控制的实时监管力度，在防御、识别和控制环节上更为高效。

在保险资金的运用上，从要求以银行储蓄为主发展到现在允许在合理限度内开展自由的投资活动，体现了监管机构对保险公司资金融通职能的重视。2002年起，保监会下发了有关费率改革的一系列文件，逐步放松保险费率管制，开启车险、航意险费率的市场化试点改革，其后又推行事后备案制度，扩大了保险费率市场化的范围，市场经济下我国保险行业的效率势必提升。2006年，国务院颁布了《国务院关于保险业改革发展的若干意见》（简称"国十条"），强调了保险经济补偿、资本融通和社会管理的重要功能，要加快保险业的改革和创新，发挥保险对国计民生的重要作用。2014年，新"国十条"完善了我国保险业的税收政策、财政政策、监管政策、用地保障政策，要求对商业保险的发展减少政府干预，发挥市场的主导作用；明确了保险行业在我国现代经济中的地位和作用。特别是最近几年来，收费结构持续优化，保险业监管费从下调标准到如今暂免征收，为保险中介机构减轻了负担。国家层面对于保险行业的支持使得我国保险市场迎来发展的春天。

> **需求特点：风险规避意识提高，需求多元化发展**

我国的保险需求势头强劲，市场潜力巨大。自从进入21世纪，中国保险业迎来了发展的黄金期，保险险种和公司数量持续攀升，提供的服务类型逐渐增多，传统保险的细分市场被打开，填补了业务空缺。21世纪爆发的SARS事件和后来的各种流感疫情以及汶川地震、玉树地震等灾祸，让居民意识到了风险规避的重要性。随着我国人口结构步入老龄化阶段，而且独生子女一代生活成本压力较高，潜在的赡养义务重，许多老年人以及子女都发现了保险的价值，寿险、疾病险、意外事故险可以减轻家庭在遭遇变故时的经济压力，受到广大家庭的欢迎。

中国产业信息网发布的文章显示，2016年第一季度，健康险保费收入已经突破千亿元大关达到1168.74亿元，同比增长79.23%；而养老保险企业年金缴费在2016年第一季度达到585.54亿元，同比激增129.06%，同样大幅领先其他传统险种。由此可见，人身保险在我国已成为居民分散风险的刚性需求。

我国是一个人口大国，伴随着国民经济和社会发展水平持续提升，人们可支配收入、生活质量也大幅提高。曾经缺乏保险意识的农民在城镇化进程和教育普及的大环境下，释放出改善生活环境并规避潜在疾病、财产风险的信号，3亿农民的广阔市场必将带动人身、财险的新一轮增长。近年来，我国居民的消费水平提高，消费结构从传统的"民以食为天"转变到如今衣食住行兼具科教文卫多样化发展，娱乐方式多种多样，出现的"赏月险""熊孩子险""延误险"更是反映了个性化的避险需求是目前保险公司亟待探索的蓝海市场。

➤ 行业特点：保费总额稳增，产品缺乏创新

受宏观经济增长和社会各界对保险认知度提升的影响，我国保险行业的保费收入近十几年来总体平稳增长，总资产持续扩张。根据保监会的统计数据（见图6.1），2013~2016 年，我国原保险保费收入从 17222.24 亿元增长到 30959.10 亿元，整个行业保险公司总资产由 82886.95 亿元增长到 151169.16 亿元，增速迅猛。据前保监会主席项俊波称，中国保险市场规模目前已经超过英国、法国、德国，从全球第 6 位跃居第 3 位，仅次于美国和日本，并且有望在近两年内再超过日本成为全球第二大保险市场。

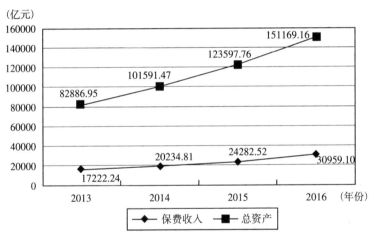

图 6.1　中国保险行业保费、资产年值

资料来源：中国保监会 2013~2016 年统计数据。

尽管我国保险业务从传统的人身险、财产损失险发展到如今的信用保险、责任保险齐头并进，险种类别较多，但实质的产品创新不足，同质化严重。目前，中国保险业呈现寡头垄断的竞争格局（见图6.2），规模最大的前三大保险公司的市场集中度（CR3）为 34.3%，前五大保险公司的市场集中度（CR5）为 46.4%，前十大保险公司的市场集中度（CR10）为 64.6%，表明行业整体竞争度不足。由于大型保险公司主营人身险和财险，保持稳健、传统的态度，对于投资理财以及近年来符合社会变化趋势特点的保险品种开发较少，缺乏进取心，所以个性化的保险供给仍显不足，服务质量有待提高。保险市场的深度挖掘工作不得力，一定

程度上制约了我国保险行业的整体渠道扩展、客户资源获取业务的增长。

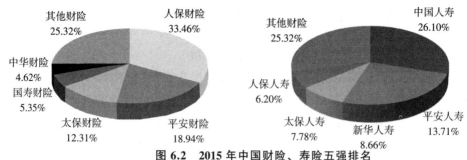

图 6.2　2015 年中国财险、寿险五强排名

资料来源：中国产业信息网。

6.2　传统保险市场的痛点

➤ 痛点一：保险合同条款繁杂，透明度差

我国保险合同主要以格式条款为主，格式条款是指当事人为了重复使用而预先拟定，并在订立合同时未与对方协商的条款。采用格式条款可以提高交易效率，但保险合同签订双方的地位是不平等的，客户只能选择接受或者拒绝，无权对其进行协商修改。同时，保险合同是一种专业性很强的文本，且内容冗长。大部分投保人并不具有专业的保险、法律知识，无法对合同条款中涉及的保险名词以及条款表意深入理解。在信息不对称的背景下，保险人作为合同的出具方，掌握格式条款所反映的权利与义务。为了快速获取业绩，抢占市场份额，保险人往往将有利于被保险人的条款着重强调，而有意淡化、忽视不利条款，对其产品优势夸夸其谈，诱导被保险人在不真实了解保险权责的情况下投保。

➤ 痛点二：产品同质化严重，针对性风险评级难

一方面，保险的供给端尚未跟上需求的增长步伐，由于产品缺乏创新所造成的有效供给不足使得广大潜在投保人找不到适合自己的保险服务。现阶段创新产品的成本较高，每一款产品的费率和赔付率也都是经过数理模型反复测算才得以确定，精准、高效的靶式产品的开发与设计难度巨大。保险行业倾向于推出以格式条款为特征的传统门类保险产品，费率与赔付条件大同小异，无法为客户提供有针对性、需求导向型的保险产品。

另一方面，保险公司当前的精算技术和风险测评手段在庞大而又异质化的客户人群面前显得力不从心。为了防止逆向选择，各大保险公司的核保政策都谨小慎微，对一些高龄人群和高危行业不加风险测评直接拒保。不能准确判断参保人的风险水平，使得有效的差异化定价难以形成，以及潜在的市场需求被忽视。

➤ 痛点三：营销模式低效，从业人员素质不高

个人营销是目前保险产品最主要的营销方式，其利用个人代理者针对分散的保险客户进行一对一电话、面访式推介。客户对保险产品的了解需要借助中介人介绍和解读，甚至有一个普遍的现象是中介人的推荐带有很强的主观性，如果客户不广泛收集信息，可能会错过一些更适合自己的保险产品。相比于银行业、证券业，保险行业的从业准入门槛相对较低，特别是奋战在一线的保险营销人员，其学历和专业通常不受严格限制，在经过短时间的入职培训后，就独当一面开始从事保险推介业务。现实情况是大多数保险推销人员自身对保险合同以及相关法律知识理解肤浅，所以在营销过程中常有误导性陈述，以至于在后期理赔过程中使保险人与被保险人发生诸多争端，损害了保险行业的整体形象。在这种情况下，受推销员个人能力、时间等因素的影响，再加上销售渠道单一、信息不对称，投保的效果大打折扣。

➤ 痛点四：理赔程序烦琐，验保过程存在分歧

保险的理赔难是行业从产生至今一直存在的问题。一方面，理赔过程烦琐，现代保险销售中，中介机构、代理人等环节众多，在进行赔付时，需要经过一系列的流程，提交各种材料、证明，如若被保险人疏忽丢失了某项材料，那么这张保单就有可能成为废纸，遭到保险公司拒绝理赔；另一方面，验保分歧较多，由于保险合同条款设计得非常复杂，投保人很可能在投保时未完全理解条文含义，而且受制于技术，保险公司无法对参保人的逆向选择和道德风险一一识别，导致保险机构的验保要求苛刻。这些原因都增加了参保人的理赔难度。

6.3　保险的 FinTech 解决方案

随着大数据、云计算、人工智能以及区块链等技术的应用布局，互联网保险

科技（InsurTech）成为保险行业未来发展的新动力。保险科技（InsurTech）是理念与技术结合于保险的产物。关于保险科技的准确定义，尚未形成权威说法。不过，从本质上说，互联网保险科技是指综合运用人工智能、区块链、大数据、物联网等创新科技，通过对产品创新、保险营销、信息咨询等渠道改良保险生态，克服行业痛点，提升主体价值的一套新型保险行业模式（许闲，2017）。互联网保险科技作为 FinTech 的一大分支，突出运用了现代技术手段，创新理念思维，致力于破解传统保险行业存在的产品同质化、渠道单一、信息不对称、逆向选择以及合同复杂理赔困难等问题，重塑行业的生态。表 6.1 总结了保险科技的主体特征、渠道特征和技术特征。

表 6.1　互联网保险科技的三大特征

主体特征	以保险业务本身为生态主体，重点开发创新产品，提升用户体验，切实发挥保险的经济补偿和保障功能，让客户主动了解和使用保险产品
渠道特征	以互联网为主要渠道，实行网络平台化的售前精准推介、售中咨询与签约、售后理赔办理。对客户信息和数据集中管理，建立一体化云共享中心
技术特征	以大数据、云计算、区块链、人工智能、物联网为技术手段，提供差别定价、风险评级的解决方案，破解瓶颈，将场景化、定制化付诸实践

6.3.1　保险科技的优势

具体而言，保险科技的优势体现在四个维度的创新，以创新构建保险行业的新生态模式，如图 6.3 所示。

（1）产品创新。保险科技带来的第一大优势，就是使保险产品开发与更新的能力增强。"精准保险"将成为行业新的增长点。利用大数据、云计算以及物联网技术，保险公司可以深挖客户的潜在需求，并大大增强对客户的风险识别能力，做出差异化定价（IBM 商业价值研究院，2016）。另外，"互联网+"场景化的产品创新，能从供给端带动需求端，激发广大客户的投保意识，如伴随着网购而产生的退货险、生鲜损失险、信用卡网银盗失险，随航空运输业繁荣发展而兴起的航空延误险，以及近两年共享经济催生出的各种新型保险，都嵌入了消费场景。借助保险科技，保险产品及时准确地抓住了客户的心，将一改传统保险产品大面积推销、客户"被动接受"的局面，变为客户主动了解，积极投保。

（2）营销创新。"FinTech+保险"的营销渠道充分依托互联网和在线社交网络，在时效性、精准性、成本上具有传统销售方式无可比拟的优势（王静，2017）。保险公司借助大数据和互联网技术，对客户的网络信息以及习惯进行分析，利用

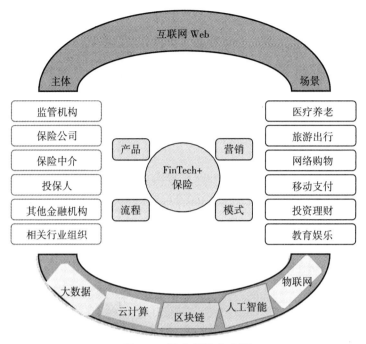

图 6.3 保险科技生态圈

搜索引擎、常用网站进行一对一的广告投放和推介，吸引潜在客户。智能在线机器人和人工客服的布局，提供实时咨询服务，为客户解答关于产品内容、风险测评以及费率等各项问题。

（3）流程创新。用互联网的思维和技术开展保险业务是保险科技的核心目标。"FinTech+保险"充分利用大数据、物联网、云计算、人工智能的技术优势，将所有的流程都云端化、智能化。在投保环节，保险科技企业依靠在线网络及其强大的信息传输能力，使合同更为透明，投保人无须具备专业保险知识、法律知识，就能第一时间获取所需要的数据和信息；投保人也可以全天候求助保险客服助手，了解保险的费率、核保要求以及后期理赔条件，得到保险合同的权威解释。在理赔环节，随着感知网络在生活各个方面延展，传感器和云平台的推广，保险公司也能够实时掌控客户的相关信息，利用互联网和智能处理器可对投保人的理赔请求迅速加以核验，甄别索赔情形的有效性，并且在短时间内完成以往烦琐的赔付过程。国内已有互联网保险公司试点为其车险产品的投保人安装特殊的行车记录仪，在汽车行驶过程中，记录仪可以将车速、路况以及驾驶人行为等信息保存上传到云端，在发生事故后，投保人就可以凭借云端信息作为索赔依据。

（4）生态模式创新。保险科技是一个大的生态圈，以保险业务为核心的价值链可以凭借着其他产业的发展以及技术的创新而不断延伸，触及商业生活的方方面面。智能出行、电子支付、医疗养老、投顾理财这些时下热门的领域也为保险的引入创造了空间，引导着保险产业向纵深发展。未来，不仅我们的衣食住行有保险的介入，个人的教育、娱乐、社交以及社会发展稳定都会体现保险行业的价值。

6.3.2 中外保险科技发展

保险科技在国外主要发达国家的发展势头迅猛，行业规模和应用领域快速扩张，但技术应用尚未成熟。根据 CB Insights 的数据，自 2011 年以来，全球资本市场对保险科技格外青睐，2011 年其投资交易 28 宗，1.4 亿美元流入该领域，2015 年共计 122 宗交易，投资额就已达到 26.7 亿美元。最近，CB Insights 又发布了"Trends in FinTech：2017Q2"报告，其中明确指出 2017 年第二季度，保险科技的 VC 投资总额达 6.22 亿美元，环比增长 205%，交易笔数为 49 起，环比增长 81%（见图 6.4）。并且美国、德国、英国市场在保险科技的投资上占据绝对优势，资本规模远超其他国家。

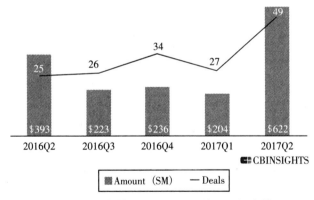

图 6.4　2017 年第二季度保险科技 VC 投资情况

资料来源：CB Insights。

在业务开拓和技术创新上，欧美国家也处于领先水平。国外的保险科技商业化运营较早，传统保险业在面对保险科技的冲击时积极转型，许多保险科技模式的创新与研究着手进行，在医疗健康、智能出行以及各种新型场景中，都出现大数据、云计算、区块链技术结合保险的应用。定制化产品、交易理赔流程的简化、高效精准的营销，逐渐在完善和推进。另外，由于在风险识别、信用评级和安全监管上美国、英国、德国具有一定的优势，市场秩序相对透明规范，交易的安全性高，因此无论是供给方保险公司还是需求方，投保人的规模都甚为庞大。

中国保险科技的发展尚处于"互联网＋保险"到保险科技大生态的过渡期，投资额虽然逐年攀升，但底层技术上的创新缓较为缓慢，部分新业务的市场化运营在试水阶段。目前，国内保险科技领域的主导者仍然是传统的大型保险公司。最初以互联网平台化运营为转型特征，这些大型机构纷纷成立专业互联网保险公司，或采用代理兼业的形式推广产品，如易安保险、慧择网、平安保险等，营销方式也呈现多元化趋势。在产品创新上，组合模式和差别定价是目前最主要的进步，而基于物联网的车险，借助区块链分布式记账技术的航意险、延误险等内容创新型保险产品还在试验与测试，没有大面积应用。

在监管方面，我国针对保险科技的政策和法律是空白的，目前仅对互联网保险的范畴进行规制。受到整个金融领域行政性指令和宏观政策趋严的影响，国家先后发布的《互联网保险业务监管规定（征求意见）》《互联网保险业务监管暂行办法》对互联网保险的经营资质和基本规则作出较为严格的规定，在信息披露、交易流程以及资金管理等方面也有明确要求。但随着保险业革新的深化，保险科技生态圈外延，许多业务已经无法纳入现有的监管体系，技术的落后也给监管带来了难度，我国保险科技发展所面对的不确定性风险因素仍在。

整体而言，全球保险科技目前正处在技术推广应用、模式创新的阶段，大数据、物联网、人工智能在保险业务上的布局潜力无穷，相比于 FinTech 的其他分支，保险业的发展是相对落后的。技术在改变业态的同时，保险公司经营的难度也会上升，初创企业增加带来的价格竞争、智能化时代人性思维的缺失以及客户可能面临的信息泄露等问题尚待解决。

6.3.3 保险科技企业案例

➤ 典型案例：PolicyGenius（美国）

PolicyGenius 于 2014 年在美国成立，是一家提供专业经纪推荐、保险比价、保单管理等服务的保险科技公司。自成立以来，共获得了 5000 多万美元的融资，现在已经成为全美最具潜力的保险科技公司之一。PolicyGenius 能够在保险科技行业拔得头筹，主要依靠两大优势：

（1）大数据技术。公司充分依托互联网短平快的特点，集中了全美境内各大信誉良好保险公司的资源，客户可以凭借任何在线终端访问并检索到经过优化的产品。另外，利用数据挖掘和海量资源分析技术，公司对在售产品可以适当地拆分、重整、打包，或依照科学的检索管理手段将分散的产品有序分类、排序，节省客户的筛选成本。在线平台可以提供售前建议、产品比价和售后电子保单集中管理的一站式服务，大大便利了客户。

（2）平台模式。PolicyGenius以独立保险经纪人的角色开展业务。公司依托于互联网的信息优势，推出集保险产品销售、价格对比、保单管理、智能推介于一身的互联网平台。平台的主营业务是保险销售，并提供特色的保险比价、保险检查和咨询建议服务。在产品销售上，公司作为保险经纪人，与全美众多保险公司合作，引入各类险种产品，既在平台上集中投放展示，又通过管理信息系统、智能处理程序将非结构化的保险产品进行种类、费率分析，整合成可与客户特定需求精准匹配的单一或组合标的。不同于其他的保险经纪人，PolicyGenius的盈利收入来自于全行业政策规定的佣金，已经包含在保单的价格中，平台所提供的增值服务都是免费的。

> **典型案例：众安保险（中国）**

众安保险是2013年由蚂蚁金服、腾讯、中国平安等发起设立的中国首家互联网保险公司，也是国内保险科技商业应用的先驱。众安保险运用互联网技术和大数据科技带来的优势，通过在线一体化的运营平台，为传统的人身健康、财产保障以及互联网时代的新兴商业生态提供保险服务。根据2016年的财务会计报告，公司当年已经实现了34亿元的保险业务收入，总资产累计93.3亿元（众安在线，2017），是目前国内最大的保险科技公司之一。

众安保险集产品设计、销售、理赔于一身，业务流程全程在线，全国均不设任何分支机构，完全通过互联网进行承保和理赔服务。公司旗下经营数十种保险类别，不仅覆盖了传统的人身健康险、财产损失险、车险，还推出了手机意外保、银行卡盗刷险、无人机险、飞机延误险、网购退货险、电信诈骗损失险等特色险种。

众安保险的科技优势主要体现在产品设计、营销方式、服务特色三个方面：

（1）持续的产品开发。个性化、定制化、智能化的产品设计是众安保险的主打特色。众安保险以嵌入式场景设计著称，在客户有保障需求的地方，就有众安保险的介入。公司会从用户的需求出发，与各种场景的公司合作，在相关业务中嵌入保险产品。起初平台与淘宝、天猫电商平台合作，在用户购物付款的同时推荐退货险，解决了退货时运费没有保障的问题。后来，公司又与医疗健康、网游公司、杀毒软件公司等主体合作，采用相同的营销模式，嵌入相关业务，提高用户保险意识，并拓宽了保险应用场景。凭借着持续改进和创新的理念，众安保险的服务领域已涉及生活消费、消费金融、健康、旅游及汽车等，每一个领域又细分为更琐碎的场景，例如生活消费领域可分割为出行场景、运动场景、网购场景、手机使用场景、3C 数码场景等。

（2）基于大数据的精准营销。众安保险在大数据的应用上十分成熟，尤其是基于人工智能和数据挖掘的营销推介。众安保险把握住互联网时代的特点，摒弃了传统保险大面积投放广告、无目标电话推销的做法，采用嵌入式场景营销和大数据精准营销。平台与搜索引擎进行合作，通过用户的搜索记录和 Cookie 发掘潜在保险用户，再由平台专业人员依托自建的数据中心，根据目标客户的年龄、职业、收入状况、偏好等因素分析其保障需求，形成个性化的保险方案再推介给潜在客户。这种方式节约了营销成本，也避免因"轰炸式"推销让客户对公司产生不良印象。

（3）互联网一站式服务。众安保险采取全线上的模式，营销、核保、签购保险、后期理赔都通过在线网络完成。在投保阶段，众安利用合作伙伴庞大的在线数据和大数据、云计算等技术手段，进行在线自动报价。比如公司在设计退运险的时候，就通过阿里巴巴数据中心里淘宝、天猫平台交易和退货的实时数据或历史数据，计算退货率，分析不同时点、不同用户的差异化行为，以此建立定价模型。在理赔环节，众安引入智能处理机制和互联网技术，要求所有场景的销售数据通过互联网实时传送给众安的服务器，在客户的账户中形成电子保单记录，缩短了系统响应的时间。由于公司与第三方系统进行了对接，所以在客户申请赔付时，举证工作和相关手续的办理无须客户亲力亲为，全部依托互联网在线办理。在线网络减少了投保、赔付的各个环节，以智能系统取代了人工操作，一站式的自动化服务是众安保险重要的竞争优势。

参考文献

［1］IBM 商业价值研究院. 认知时代下的数字化保险［R/OL］. http：//www.imxdata.com/archives/11669，2016-08-14.

［2］郭金龙，周小燕. 保险功能再认识［J］. 中国金融，2014（17）：31-32.

［3］许闲. 保险科技的框架与趋势［J］. 中国金融，2017（10）：88-90.

［4］王静. 我国互联网保险发展现状及存在问题［J］. 中国流通经济，2017，31（2）：86-92.

［5］张洪涛. 保险学（第四版）［M］. 北京：中国人民大学出版社，2014.

［6］中国产业信息网. 2016 年中国保险行业市场现状及发展前景分析［EB/OL］. http：//www.chyxx.com/industry/20160504/12609.html，2016-05-04.

［7］众安在线. 众安在线财产保险股份有限公司 2016 年度信息披露报告［R/OL］. https：//static.zhongan.com/upload/online/material/1495017473776.pdf，2017-05-15.

| 第 7 章 |

FinTech 赋能：融资活动

7.1　中国融资市场现状

融资，即货币资金的融通，指企业根据自身的实际资金状况、生产经营状况，通过一定的方式在金融市场上筹措资金，组织资金的供应，以满足未来的发展或投资需求的行为（中国法律网，2012）。中国的融资市场有以下的变化：

7.1.1　融资渠道特点：资本蓄水池扩大，水源头增多

目前，我国的资本供给市场逐步朝着多主体、低门槛的方向发展。政府的财政盈余，上市公司、银行、基金公司、信托机构等获取的高利润，都是整个市场资金蓄水池的重要来源。伴随着国内经济的平稳发展，实体产业的复苏带动了财富的积累，这些活跃的主体在自身体量上逐年增大，内部可供使用的闲置资金面临巨大的机会成本。在此背景下，越来越多的企业将资本投向市场，以供其他机构组织有偿使用，实现资本的价值增长。腾讯集团和阿里巴巴在最近几年频繁地投资于初创公司，在金融市场上十分活跃，就是一个很典型的例子。这些传统巨头的参与和贡献，对资金池的构建和增长具有决定性作用。

个人投资者是新时期资本市场发展的增长点。我国居民收入不断增长，各大商业银行的储蓄水平相对稳定。在通货膨胀的情况下，越来越多的个人摒弃了"一鸟在手"的做法，寻求资本保持增值的渠道。公开发行股票、债券以及银行贷款等融资方式最根本的资金来源是个人投资者。

资本市场多主体的发展格局使资本蓄水池在当前表现出井喷式增长，为企业的融资需求创造好的大环境。

7.1.2　融资需求特点：中小企业需求持续旺盛，初创科技型领域居多

现阶段我国商业市场的资本需求热情不减，尤其是中小企业迫切需要资金开拓业务。根据商务部数据，2012 年我国有小微企业 1169.87 万户，个体工商户 4436.29 万户，占市场主体的 94.15%，小微企业数目庞大，是典型的长尾市场。2013 年，小微企业占比直逼 99%。安信证券研究中心发布的报告中用两种测算方法描绘了当前我国小微企业资金需求状况（见表 7.1），截至 2015 年，我国小微企业的信贷余额为 23.46 万亿元，占我国企业信贷余额的 34.1%。测算方法一从需求和余额的数据间接指出当前我国小微企业资金缺口达 31.7 万亿元，而测算方法二直接根据数据得出 39.52 万亿元的巨大缺口。庞大的中、小、微企业群体因为处在成长期或者转型的瓶颈期，自身的收益难以形成有效的内源性融资，外部资本市场就成为最理想的摇篮。

表 7.1　中国小微企业融资缺口测算

	小微企业借款需求平均余额	小微企业数量	有融资需求的小微企业比例
测算方法一	120 万亿元	5606 万亿元	82%
	小微企业缺口 = 120 万亿元 × 82% – 23.46 万亿元 = 31.7 万亿元		
测算方法二	根据广发银行发布的《中国小微企业白皮书》，中国有小微企业 5606.16 万户，每户小微企业的资金缺口平均约为 70.5 万元，据此推算，2014 年年底，小微企业融资缺口总额为 39.52 万亿元		

资料来源：安信证券。

新时期，一大批科技型初创企业迅速崛起，基于大数据、云计算、人工智能等新兴技术的企业呈现爆发式增长，从成立到扩张直至上市，它们都需要资金的支持，以不断开发和改进技术服务、测评市场反应，进而在整个行业中存活并发展。在当前房地产市场泡沫、基础建设投资饱和的背景下，这些新兴领域的小微企业承担起了对接资本的重担，容纳了巨大的市场资源。

7.2　现有融资市场的痛点

➢ 痛点一：限制条件多，程序烦琐

尽管目前我国的融资渠道较广，具体的筹资策略也在创新，但烦琐、严格的限制条件仍然是企业必须面对的问题。银行贷款是企业最常用的融资方式，而企业要想取得长期借款，除了符合国家产业政策、信誉良好、信息完全等基本条件外，还要遵守银行的一般性保护条款、特殊性保护条款，这些对企业再融资行为、股利分配、资产交易甚至主要负责人的薪金等作出限制，可能会影响一大批风险性高盈利业务的开展，企业的经营自主性一定程度上受到规制。补充性余额机制更是提高了融资成本，企业有效融资额减少，承担的财务压力和风险加大。同样，发行股票融资也要求企业在财务指标水平、公募比例、资产结构等方面合规，并报经证监会审核批准。

企业的投资机会对时间的敏感性极高，而我国常见的权益性融资、债务性融资程序十分烦琐，众多约束条款大大增加了资本与项目的匹配难度，低效率造成了资源浪费。

➢ 痛点二：中小企业体量小，传统金融机构"嫌贫爱富"

我国的投融资市场长期存在"长尾客户"需求得不到重视与满足的问题。银行等传统金融机构多年来一直坚信着"二八法则"，认为最重要的 20% 的客户为机构创造 80% 的利润，因此将资本池更多地供给大型企业，以获取更多收益。而为其余 80% 的人群提供服务收益较小、关注成本高，所以，这部分人群就成为了所谓的"长尾客户"。

由于证券市场门槛高，公司债券发行存在准入障碍，中小企业难以通过资本市场公开筹集资金。而商业银行目前内部的技术是封闭的，系统成本较高，无法灵活调整，深挖客户的需求，甄别风险差别定价。中小企业往往得不到优惠的利率，相反，与实力雄厚的大型企业相比，还要承担用于弥补非系统性风险的超基准利率，除此之外，还需要支付财务审计、信用评估等繁杂费用；而手续简便、放贷速度快、效率高的非银行金融机构一般只提供小额度的融资服务。所以，从根本上而言，传统金融的受惠人群较少，中小企业只能处于一种附庸地位。

➢ **痛点三：信用体系不完善，市场秩序混乱**

中小企业贷款和担保难一定程度上与我国信用体系尚未建立完善有关。中小企业本身因为体量较小，自有资金缺乏，从弱到强、从无到有的发展很多依靠自身内源性融资的积累，成长速度缓慢，信用账户不全。由于企业缺少抵押资产，没有权威的机构愿意为其进行信用背书，导致一些中小企业之间互相担保，申请贷款。而中小企业自身经营状况不稳定，企业管理者的素质水平良莠不齐，不一定具有社会责任意识。近些年来，民营企业违法圈钱、套取政策性资金和补贴、盲目借款扩张，最终跑路的事件层出不穷。据中国企业联合会数据显示，我国每年因为诚信缺失造成的经济损失为 5000 多亿元，不难想象，其中有多少是因为企业不理性融资造成的。

当市场信用普遍缺失、借贷双方信息不对称，以至于使得信誉良好、提供低风险性报酬的企业退出市场，而承诺高收益回报、现金流状况不佳的企业跃居主流时，就出现了柠檬市场。柠檬市场效应使不同信誉的企业难以被差别对待，都面临严格的审核条件和相对较高的融资成本。我国商业银行的内部风险控制和管理机制普遍按照保守的原则，如制定不良资产率、资本金充足率等考核指标，实施信贷管理权限上收、贷款评审责任制，形成对大企业的青睐和对中小企业回避的倾向，很不利于中小企业融资。有的企业无奈冒险选择互保方式，一旦一家公司因经营不善而蒙受损失，则会引发一系列的连锁反应。

融资市场混乱，供给需求匹配难的问题反映了我国征信行业尚未成熟，存在数据采集场景割裂化、强相关数据稀缺、数据质量不高、不同机构差异化定位不明确等问题。数据采集难度较大，各个平台尚未建立共识，数据隔离、缺乏共享阻碍了聚集效应的形成，使征信工作的数据源成本投入加大；原始数据质量不高、准确性差，碎片化现象明显。信用体系不健全以及数据信息缺少进一步提升了资本的风险规避意识，中小企业融资需求只能成为烫手山芋。

7.3 融资的 FinTech 解决方案

大数据、云计算技术结合移动互联网平台应用朝向金融领域发展，融资市场迎来一个转型期，基于网络平台的信息金融、碎片化金融业态等打破了传统金融格局，创新服务形式。科技与金融的深度融合，打造出了一大批产品，在资金的融通、支付、投资等业务上覆盖了传统模式的空缺，金融的服务对象也向着纵深式发展。尤其是市场和技术双重驱动下的新型网络融资平台，迎合了长尾市场的需求，对于促进融资向多层次、宽领域发展发挥了传统金融机构无法替代的作用。P2P 网络贷款平台和众筹平台，是目前 FinTech 在融资领域较为成熟的两大应用。

7.3.1 P2P 网贷平台介绍

Peer-to-Peer（简称 P2P），是指个人与个人进行面对面的一种模式，P2P 网贷平台是在互联网时代的大背景下，借助大数据、云计算等辅助技术构建的一个融信用评价、资金募集、融资放贷等业务为一体的网络借贷平台。

P2P 网贷最重要的特点就是脱媒。P2P 公司搭建一个第三方借贷平台进行资金的匹配，这个平台本身并不具有吸储和放贷的功能，仅作为信息中介，提供金融信息服务。传统金融中介，可以吸收居民的大量资金，将多源头的小额资金汇聚成一个庞大的资金池，在一定的准备金率保障下，规模稳定的资金池能够为企业、个人随时随地提供筹资服务。在这一过程中，金融中介完成了投融资的对接，将资金的供求集中起来以解决规模、时间、方向上的不对称问题。而互联网信息技术的发展，使传统融资服务的运营流程被重构，电子化、云端化趋势覆盖了金融的方方面面。更科学的管理信息系统和智能化处理核心拥有应对海量客户业务、甄别风险、差异化方案设计的能力，资金匹配的核心过程不再单纯依靠经验与传统评定体系，边际成本大大降低。"长尾客户"成为 P2P 网贷模式下的支柱力量，分散的资金在更高效的信息网络上运作，发挥出巨大的价值，覆盖更广泛的客户群体。

P2P 网贷的运作模式多种多样，最本质的模式，与三个节点有关：借款方、平台与出借方，如图 7.1 所示。

借款方出现融资需求时，会通过平台发布自己的筹资额、使用期限和承诺回报水平等信息。平台作为监管和审核中介，会利用自己的数据源、数据分析手段，对筹资方的信誉、资质、个人基本信息进行评价和划分，筛选出符合资信状况要求的客户，必要时还会要求融资方提供资金使用方向说明和还款保障说明。

出借方作为资金的供应端，希望通过 P2P 平台达到投资理财的目的。当出借方提出了出借需求，并给出了期望的期限和收益水平时，P2P 平台就会根据前期对筹资方的风险评定、项目标的情况，为出借方推荐个性化的投资方案，并配备一定的风险保障金以降低出借人的风险。

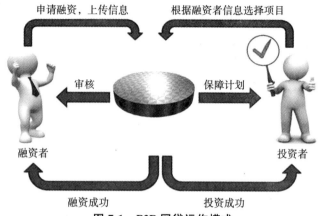

图 7.1　P2P 网贷运作模式

　　当投融资需求得到对接后，P2P 平台会继续对融资方的资金使用情况以及现金流跟踪监测，并定时催收，向出借方反馈信息。在一定的风控条件下，投资方能够拓宽投资渠道，实现无门槛、个性化的财富管理方案；资金需求方能够大大简化融资流程，节约时间成本，特别是对于中小企业来说，P2P 网贷很好地解决了长期以来贷款和担保难的问题；P2P 网贷平台，则收取少量的交易费用，通过大批次的流量获取收益。

7.3.2　P2P 网贷平台的优势

　　P2P 网贷作为互联网科技与金融结合的产物，弥补了传统金融机构固有的缺陷，覆盖了长尾市场。总体而言，P2P 网贷平台虽然也存在风险性的问题，但普遍受到中小企业和个人客户的青睐，对我国的金融市场改革和发展起到了一定的作用，同银行等金融中介相比，P2P 网贷主要具有以下优势：

　　准入门槛低，融资渠道便利通畅。传统的投融资市场倾向于为大企业、大客户服务，单笔交易额大的业务能够为金融机构节约成本，获取大量利润。正是基于此，中小企业在信贷市场很难获得融资，散户投资者也无法进行针对性的投资理财。P2P 网贷是一种近乎零门槛的投融资平台，依托数据挖掘和专业的资信调查手段，平台可以做到一对一的风险评估、项目筛选审核，这是传统金融机构难以也没精力做的，所以 P2P 网贷这种新型模式吸引了大批的长尾客户，以流量取胜。另外，人工智能、云计算技术的应用能够部分替代传统金融机构人工流程，提高了融资审查、办理和资金精准匹配的效率。

利率水平放归市场，资本效率提高。我国的金融市场监管状况较严，受政策性影响大，传统金融机构的利率水平自主性差，根本上是处于央行的控制之下，在金融秩序和经济形势相对稳定的情况下，过度的利率管控会造成资本市场的低效率，不利于投融资的合理匹配。P2P 网贷平台利率上具有很大的自主调整空间，一定程度上将利率放归供求市场，在"高风险、高收益"的大规律下，客户可以根据承受情况自愿选择不同收益水平的标的，从而使潜力不同、发展情况各异的企业都有机会筹得资金。

规范民间借贷市场。长期以来，中小企业自身发展需要资金支持和融资难这一矛盾，以及民间资金"散小活"的特点，滋生出了许多不规范的民间借贷渠道。非法担保、过桥融资等黑色交易风险极大，且双方的权益都不受法律保护，违约事件层出不穷，给企业以及小额投资人都带来威胁。P2P 网贷平台的出现，是普惠式金融的重要体现，形成人人可参与的市场，满足了供给和需求双方的利益诉求，为中小企业打造了一个阳光健康的融资渠道。

促进信用体系的建设。P2P 网贷的发展和成熟，必须依托互联网文本挖掘，云计算下的数据分析等技术，核心是以传统征信行业为基础，建立更为完善、详尽的全民信用体系。目前，我国征信行业尚不成熟，数据来源不稳定，且涉及隐私问题，数据的采集工作无法大面积展开，所以在进行信用评估时做不到全面、精确。P2P 模式在脱媒的条件下，本身存在一定的风险，平台发展初期也经常出现企业跑路的现象，所以，当前 P2P 网贷的发展需求，倒逼平台加大客户信息数据库的建设力度，将医疗、就业、出行、购物等一系列相关数据纳入信用档案，便于 P2P 平台对融资方的资信状况进行全面审核。更为透明的信用档案能够使投资者和融资方的风险相对匹配，信息更加对称，提高投融资市场的信心。

7.3.3 中外网贷平台发展

P2P 网贷平台最先诞生于英国，2005 年 3 月，世界上最早的 P2P 网贷平台 Zopa 在伦敦投入线上运营，随后业务拓展到全球多地，交易额也呈现攀升，但由于互联网信息化程度不够深入，技术水平有限，信用状况评估不全面始终成为借贷业务一个瓶颈。随后，P2P 运营模式被传入美国、德国等地，Lending Club、Prosper、Kiva、Sofi 等一大批网贷平台相继落地，这些平台在信用审核方式、资金对接流程、风险控制以及利率设定上各具特点，适应了不同投融资人群的经济状况和资金需求。

总体来看，目前国际 P2P 网贷市场规模庞大。中小企业贷款和个人消费贷款是 P2P 网贷的核心市场，也是全球金融市场的长尾客户需求，传统金融机构往往难以覆盖这部分市场，所以，对于 P2P 网贷来说，面临着巨大的发展潜力和机会。据不完全统计，单就 2015 年的水平来看，正在经营的 P2P 平台数量超过2800 家，仅中国就将近 2300 家，占全球总数的 90%以上。此外，英国和美国在经营的平台数也均超过 70 家。另外，2016 年全球的 P2P 网贷平台年累计交易额已经突破了 4000 亿美元。

2007 年，拍拍贷的成立，标志着 P2P 网贷正式进入中国市场。恰逢金融危机之后，P2P 投融资迎来了一个爆发式增长期，各种各样的 P2P 网贷平台出现，且各具特色。据数据显示，2012 年末，我国 P2P 网贷平台累计数量超过 200 家，能够统计的线上借贷交易额已经超过 100 亿元，客户超过 5 万（见图 7.2）。而截至 2015 年年底，全国正常运营的 P2P 网贷平台数量有 2595 家，P2P 网络贷款余额已达 4394.61 亿元。2016 年，P2P 网贷行业体量迅速扩大，年成交量或达 3 万亿元，贷款余额达 1.5 万亿元（网贷之家，2017）。

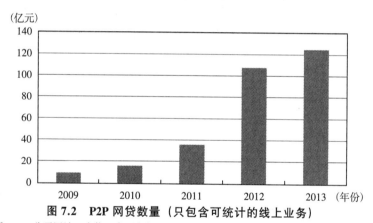

图 7.2　P2P 网贷数量（只包含可统计的线上业务）

资料来源：P2P 公司网站；中信证券研究部。

P2P 当前面临着一个行业重整和洗牌的阶段，由于传入时间较晚，我国一直以来尚未形成针对 P2P 网贷行业的监管体系和法律法规，导致前期跑路、圈钱的行业乱象频频发生。信用评价体系的不完善也是 P2P 网贷在我国发展遇到的重要制约因素，法律空白、道德风险大，事后的惩戒措施不具有震慑力且执行成本高，事前的信用评估和风险控制难实现，所以资金的安全保障性尤为不足。

自 2016 年以来，相关法律的出台以及互联网、大数据、云计算技术的成熟使得我国的 P2P 网贷行业进入一个理性发展的阶段。如图 7.3 所示，2016 年以来，P2P 网贷平台的数量呈下降趋势，成交额呈现增长趋势，平均成交额从 2016

年 1 月的 0.51 亿元/家增长至 7 月的 0.80 亿元/家，P2P 网贷行业向精品化稳健发展（TalkingData，2016）。随着征信行业的完善以及技术的发展，风险控制和项目审核的手段将越来越先进，P2P 网贷行业秩序也会重整，差异化的商业模式仍然会并行不辍，满足不同群体的投融资需求，但从长远来看，P2P 网贷最终必将重归纯中介模式的本质，提供更系统更全面的信息服务，利用智能化手段和精确算法评价风险等级，合理地匹配资金，细分市场领域也将进一步被填补。另外，优质资产逐渐向大型平台聚集，中小平台被大型平台吞并挤压也正在上演，行业集中度越来越高，P2P 网贷多主导核心的趋势已经显现。

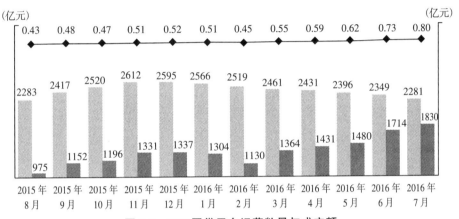

图 7.3　P2P 网贷平台运营数量与成交额

资料来源：网贷之家。

自 2007 年 P2P 网贷在中国落地生根以来，整个行业的发展与美国、英国总体方向相似。另外，由于中国金融市场的政策监管环境以及信用评价体系的现实情况与国外相比存在特殊性，所以，中外 P2P 平台的运营模式各有侧重。

信用评估和风险防控是关乎 P2P 网贷平台以及投资人切身利益的核心流程。

基于信用调查的风险量化是美国等海外 P2P 网贷平台对投资人权益保障的主要手段。以美国为例，信息数据交易已经进入合法的商业运营，其国内的征信行业尤为发达，居民的消费、住房、医疗、工作收入、亲属关系等个人信息十分全面，系统性的结构、非结构化数据能够充分反映客户的资信水平和经济状况。

美国的 FICO 信用评分系统已经十分完善，广受欢迎，它建立在大数据分析和信息挖掘底层技术之上，能够通过关联网构建每个客户的信息数据库，再考量信用偿还历史、账户数、信用使用年限、信用类型和新开立的账户 5 个因素对客户综合评分，度量信用风险，缩短授信过程。正是因为数据收集和分析技术的支持，Lending Club 和 Prosper 等平台自身也开发内部信用评估模型，用于衡量违约损失率。

相比之下，我国 P2P 网贷平台的信用评级尚不完善，一部分依靠后期平台运营过程中积累的数据，另一部分需要借助第三方评级机构进行信用审核和反馈。由于目前数据的交易和公开收集在法律上尚存在未定域，国家相关部门、传统金融机构出于安全和竞争性考虑，往往不愿意将所掌握的客户数据与 P2P 网贷平台对接共享，所以我国信贷行业整体的风险评级、监测、防范效果甚微。受制于此，我国 P2P 网贷市场上平台和出借人所面临的资金风险相对较大。

而在法律、行业监管方面，国外市场显得比较成熟。英国实行两级监管制度，国家金融行为管理局（FCA）将 P2P 网贷平台也纳入传统金融监管体系中，而行业自律组织 P2P Association 具体实施监督和指导，规范行业秩序。美国的 P2P 网贷平台统一处于联邦证券与交易委员会（SEC）的监管之下，SEC 要求各个平台对借款信息做好持续披露的工作，通过透明化借贷信息来加强市场监管。

我国在对 P2P 网贷，甚至是在整个 FinTech 商业领域内都尚未形成针对性的监管体系。国内法律层面未对 P2P 网贷的业务范畴、准入条件和相关信息披露等作出明确的要求，因而民间借贷、金融机构信贷的政策法律、条例规定都无法覆盖 P2P 网贷业务，目前只有工商管理部门根据《公司登记管理条例》的规定对其进行注册管理，工信部依照《互联网信息服务管理办法》和《互联网站管理工作细则》的规定对其进行备案管理。长期以来，游离于监管之外的 P2P 网贷平台缺乏对口的约束，所以柠檬市场效应明显，这一"三无"行业中平台也多采用风险自控的方式。

信用体系发展状况和监管政策决定了中国和国外的平台模式选择也不同。国外的 P2P 网贷平台几乎采用最初诞生时的纯中介模式，作为借贷信息中介，不参与到吸储、放贷过程，轻资产的运营一方面降低了平台自身的风险，另一方面能够避免网贷平台恶意套取资金、欺诈客户。以美国的 Lending Club 为例，借贷双方都有自己独立的账户，并不存放于平台，并且引入第四方独立核算机构，保障资金的前期安全。相比之下，由于我国在信用审查和后期的风控跟进上难以深入，所以发展初期的纯中介模式目前多演变成担保抵押模式、线上线下结合模式，介入了网贷交易的环节，金融脱媒的本质被抹杀。有些平台还出现自行融资、超额募集、错期配置的业务形式，以快速扩大业务量，提高自身知名度，这些做法无异于传统金融机构的影子模式，离 FinTech 渐行渐远，在目前大数据、云计算应用拓展的趋势下，互联网技术或许能够对风控这个核心的问题予以解决，未来我国 P2P 网贷平台的最终选择仍然是回归本质。

7.3.4 P2P 网贷平台案例

> **典型案例：Lending Club（美国）**

Lending Club 是一家于 2006 年创立的 P2P 网络贷款平台（见图 7.4）。平台建立初期，它主要连接个人的投资和借贷业务，中小企业的贷款被视同个人贷款的一种，流程相同。Lending Club 通过互联网技术以及自己开发的信用审核体系保障借贷的各个环节，避开银行等传统金融机构，使借贷双方都能享受更优惠、快捷的投融资服务。2014 年，平台正式单独设立企业贷款业务，标志着规模化、多样化的全覆盖借贷网络形成。

Lending Club 是第一家在美国证券交易委员会（SEC）注册登记的个人借贷公司。在几年的发展中，不断完善流程与机制，扩大受惠人群范围，目的是使贷款人和投资者都能减少投融资的成本，将资金的流向和管理变得更透明。作为资金的出借人，每个人都能享受近乎零门槛的财务管理服务。P2P 的平台模式能凭借技术优势和成本优势深入长尾市场，将传统金融机构忽视的散户投资者和中小企业纳入目标市场，以庞大的用户数量取胜。

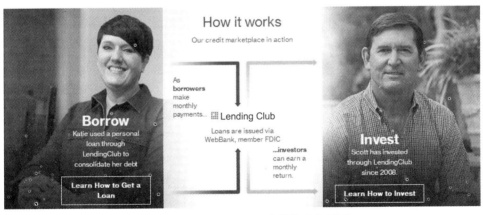

图 7.4 Lending Club 网站借贷业务界面

Lending Club 主要依托于个人信用评分 FICO 来决定是否配备资金。个人借贷者通过在网站上注册会员，填写好个人信息并申报相关资料之后，会获得平台给定的信用评分，具有一定信用评分的会员可以在平台上发布募集资金的需求信息。而 Lending Club 会根据借贷者的 FICO 分数、累计信用记录、贷款申请额度、工作收入等情况综合审核借贷申请，得出每笔贷款的风险等级。风险等级共分为

A~G 七个等级，每种等级连同其他因素决定了发行费率在 1.11%~5%、贷款利率在 6.03%~26.06% 浮动。一般来说，只有 FICO 评分在 640 分以上的借款人才属于优质借款人，能真正快速、高效地在平台上进行融资。

投资者成为平台会员后，可以在网站上浏览实时发布的贷款需求，根据自己的期望风险等级和回报率选择合适的投资标的。每个标的的最低投资金额为 25 美元，投资者可以同时向多个风险、收益不同的项目进行投资，形成投资组合，灵活地配置资产，实现风险和报酬的可控化。

Lending Club 的优势在于以下几个方面：

（1）完善的风险管控体系和信用评审机制。Lending Club 在风险防控上做得十分出色，平台基于互联网、数据挖掘技术，开发了自己的信用评价体系，再根据 FICO 评分，较为客观地审定每笔借贷的风险系数，风险量化为投资者提供可参照的依据。作为第三方中介，Lending Club 不参与到具体的借贷过程，不提供担保服务；第四方独立核算机构 Web Bank 以及收益权证机制的引入可以确保资金管理的相对安全性。

（2）平台自身积极应对监管（刘书婷，2015）。Lending Club 主动向证券交易委员会提交了对借款人发行承兑票据的申请，积极应对监管；在信息披露上，平台需要把最新的"权证发行说明书"放在网站首页，并提交公司的财务报告。100 多页的"权证发行说明书"包含了平台建设的基本情况、贷款人的相关信息、常见的问题解决方法、历史数据等众多信息。较为透明化的运营以及积极应对监管的姿态可以向市场传递利好消息，给投资者、融资者吃下"定心丸"。同时，平台自身的融资和发展也能更加顺利。

（3）流程简化，成本优势让利多。Lending Club 独特的风险管控体系和先进的大数据、云计算技术可以大大简化平台借贷办理流程，同时减少与平台运营相关的人力、财务资源等成本投入；纯中介化的线上模式省去了设置线下网点所需要的场租、人工、营销等费用。以一家总部位于上海的 P2P 网贷公司为例，公司每年的运营成本大约为 5000 万元，而平台每年的交易额在 5 亿元左右，那么，只有利润率定在 10% 以上，平台才有可能盈利。而 Lending Club 的利润主要来自贷款人缴纳的手续费，以及投资者在收取本息时平台按总额 1% 固定比例提取的管理费，其中贷款方费率因每笔贷款综合得分的差异为 1.11%~5% 不等。虽然从近几年的数据来看，Lending Club 大多数处于亏损状态，但由于多年经营过程中让利多、口碑好，其客户人群和收益越来越大，成本优势越来越明显，从侧面反映了平台的市场忠诚度已经逐步建立。

据 Lending Club 公司发布的 2016 年第四季度财报显示，公司第四季度净营业收入为 1.29 亿美元，环比上涨 15 个百分点，同比下降 4 个百分点，全年净营业收入为 4.95 亿美元，但亏损达 1.46 亿美元。Lending Club 的首席执行官 Scott Sanborn 说："上一季度我们完成了业绩增长所依赖的基础性工作。我们拥有多样的、稳定的和可以扩增的投资者，以及可控性更强的运营环境。我们正在以一个更好的姿态走进 2017 年，以更好地满足用户的需求。"

Lending Club 作为一个 P2P 网贷平台，已经为投资者、贷款者提供了快捷、便利的资金对接服务，成功地处于行业前列；而作为一家公司，它在外部融资烧完之后能否持续经营，或许，管理者此时需要切实地回归最传统的财务数据，思考扭亏为盈之道。

➤ 典型案例：人人贷（中国）

人人贷商务顾问（北京）有限公司（下称"人人贷"），成立于 2010 年，是人人友信旗下专业的网络借贷信息中介服务平台，是中国最早一批基于互联网的 P2P 借贷平台之一。平台通过自身的技术，主要为个体商户、小微企业以及个人用户提供借贷融资服务，并以此建立低门槛的、服务于广大投资者的资产管理渠道，匹配散资和小额标的。

人人贷在早期发展过程中，选择了国际网贷行业龙头 Lending Club 的模式，只提供信息发布与交易的渠道，一切借贷业务都通过线上办理，包括信息审查和信用评价，平台不参与到双方的交易中，不作任何形式的担保。由于受国内政策环境以及整个行业秩序混乱的影响，公司改变了传统的纯中介运营方式，采用了线上线下相结合，并由第四方担保公司担保的模式。

在融资流程上，用户需要在人人贷官网上注册账号，提交相关的身份信息、信用认证材料，通过审核后获得一定的信用额度，然后，用户就可以发布借贷申请。平台会利用大数据风控系统对每笔贷款申请综合测评，确定合适的费率区间，再经双方确认后用户即可成功融资。

人人贷的借款条件相对宽松。月收入过 2000 元的人群在经平均 3 日的审核后，即可获得最高 50 万元的借贷融资，信用等级越高，通过的可能性越大，且借贷费率越小。而对于一般的个人信贷用户，只需要年龄在 18 岁以上，用本人实名认证的手机号注册账号并提交中国人民银行征信中心出具的《个人信用报告》，即可在最短 15 分钟内获得最高 10 万元的贷款，月利率 0.78% 起步。低门槛、高效率的借贷服务，在一定程度上解决了中小企业融资的困难。

在信用审核上，人人贷目前采用线上大数据风控测评和线下人工收集借款人相关信息进行分析的方式，综合对用户评分然后划分等级。这种方式与 Lending Club 等由电脑系统替代人工、完全依托互联网的信息采集、数据挖掘以及自行开发的信用评分算法进行审核相比，效率远不如后者。因此，平台的业务扩展和盈利受到制约。

为了进一步保护客户的利益，提高安全保障性，人人贷设立了保障金账户保障和合作机构保障两种机制。保障金用于对平台资金出借人的保护，是实施逾期垫付的专项资金。其来源中初始的 2.1 亿元由母公司友信提供，而后每笔交易中根据借款人信用情况、风险等级再提取 0%~5% 的风险保证金纳入专户管理，使得近年来人人贷的风险保证金数量攀升。合作结构是人人贷生存与发展的重要外部条件，银行、律所等机构可以参与到资金存管、借贷的审核、信用评价、结算交易过程中，协助平台做好风控，还可以在专业知识上获得指导。这样的保障建立机制可以使客户增加信度，获得投资者认可。

据人人贷平台统计的数据，截至 2017 年 7 月 31 日，平台用户利益保障金已超过 5.82 亿元，累计投资人总数逾 49 万人，交易额超过 340 亿元。由于有著名风投资本的支持，以及平台自身模式的不断改进与发展，人人贷始终保持着一种稳中求进的势头，行业信誉和业绩较好，而过多的线下操作和谨慎的倾向一定程度上影响了平台利润与业务量的提升，随着大数据技术的深入布局，以及征信行业的完善，人人贷需要在模式转型上向欧美等国的纯中介平台看齐。

参考文献

［1］21 世纪经济报道. P2P 运营成本真实解析：网贷平台亏损比例高达 90%［N/OL］. http://loans.cardbaobao.com/news/loansnews_5916.shtml，2014-08-22.

［2］TalkingData 移动数据研究中心. 2016 P2P 网贷移动应用报告［R/OL］. http：//www.sohu.com/a/113390678_117965，2016-08.

［3］安心贷. Lending Club 的运营模式［EB/OL］. http：//study.anxin.com/learn/knowledge/wangdai-772.html，2015-03-17.

［4］博迪. 金融学（第二版）［M］. 北京：中国人民大学出版社，2010.

［5］刘书婷. 国外互联网 P2P 模式优势分析——基于 Lending Club 研究［J］. 财经界（学术版），2015（16）：122.

［6］搜狐财经. 全球 P2P 网贷行业发展报告［R/OL］. http://www.sohu.com/a/129014844_653701，2017-03-16.

［7］王云淞. 浅谈企业融资现状及对策［EB/OK］. http：//www.hebgs.gov.cn/yw/yp/ygs_bszn_

content.asp？articleid=68753，2016-01-13.

［8］网贷之家. 网贷行业数据［EB/OL］. http：//shuju.wdzj.com/industry-list.html.

［9］中国法律网. 融资即是一个企业的资金筹集的行为与过程［EB/OL］. http：//www.5law.cn/info/a/minshang/gongsi/2012/0221/169788.html，2012-02-21.

［10］中国证券监督管理委员会. 上市公司证券发行管理办法［EB/OL］. http：//www.csrc.gov.cn/pub/zjhpublic/zjh/200804/t20080418_14487.htm，2006-05-06.

第8章

FinTech 赋能：投资活动

8.1 中国投资市场现状

投资指的是特定经济主体为了在未来可预见的时期内获得收益或是资金增值，在一定时期内向一定领域投放足够数额的资金或实物的货币等价物的经济行为。简单来说，投资是为了在未来获得利益的资源投放。投资活动的最重要的两个要素是投资对象和投资者，分别对应产品端和客户端。中国目前投资的整体趋势，无论是投资工具的种类，还是投资金额都呈不断增长的态势。

> **产品端：投资品种不断丰富，投资服务技术要求提升**

传统的证券投资咨询机构提供的服务内容较为单一，只局限于股票市场。随着中国资本市场投资工具种类的不断丰富，投资者的投资范围不断扩大，投资者可以利用多种投资组合降低投资风险。证券投资咨询服务逐渐融入外汇、期货、债券、期权、融资融券、股指期货等金融产品，开始介入投资顾问服务以及宏观经济信息服务，形成更为专业的金融信息服务体系，为投资者提供数据整理、决策分析和行情交易等全方位的综合服务。

投资咨询服务主要通过互联网、移动终端等传播媒介，进行信息的传递与采集，所以该项金融服务需要掌握多项专业技术，包括网络通信、软件工程、数据处理、信息架构、信息安全等，信息技术的提高需要相关技术人员的长期积累。另外，数据采集与分析同样需要应用大数据、量化分析、网络拓扑等技术。随着信息技术的发展，客户需求的提高、客户规模的扩大以及新型金融产品的推出，行业内企业需要具备越来越强的技术和研发能力。

➤ 客户端：个人可投资资产快速增加

个人可投资资产规模的上升，尤其是高净值人群近年来的大幅增加推动了个人财富管理服务水平的发展。自 2009 年以来，中国高净值人群的规模持续快速增长。2016 年，中国的高净值人群数量达到 158 万人，与 2014 年相比，增加了约 50 万人，年均复合增长率达到 23%，相比 2012 年人群数量实现翻倍。其中，超高净值人群规模约 12 万人，可投资资产 5000 万元以上人士共约 23 万人。从财富规模来看，2016 年中国高净值人群共持有 49 万亿元的可投资资产，人均持有可投资资产已经达到约 3100 万元。图 8.1 展示了 2006~2016 年，我国个人持有可投资资产总体规模的变化。

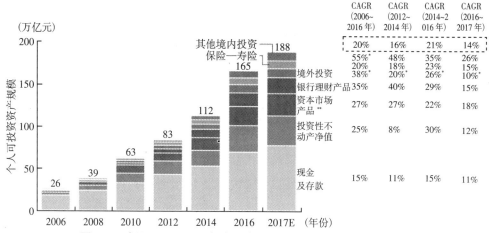

图 8.1　中国 2006~2017 年全国个人持有的可投资资产总体规模

注：* 表示"其他境内投资"和"境外投资"的年复合增长率为 2008~2016 年数据；** 表示"资本市场产品"包含个人持有的股票、公募基金、新三板和债券。

资料来源：贝恩公司高净值人群收入—财富分布模型。

8.2　传统投资理财市场的痛点

➤ 痛点一：资产多元化配置要求提升

高净值人群的快速增加，对金融投资/理财行业提出了更高的要求。在各类银行金融产品收益率大幅下降的情形下，我国以储蓄及购买银行理财产品为主的财富管理模式遭到重创，更多的投资者产生了资产多元化配置需求，而如何合理分配资产成为了不少投资者的难题。为了获取满意的投资回报，投资者不但需要了解各种投资工具和产品，还需要对相关的宏观环境、行业发展、法律法规有所掌握。可投资品种的多元化、金融产品的复杂化，对投资者的财务和投资知识提出了更高的要求。

> ➤ **痛点二：优秀投资顾问缺口大**

投资顾问的入行门槛高，培养一个优秀顾问投入成本也很高，导致优秀投资顾问缺乏，因此只能提供给高净值人群。而现在投资产品复杂，普通投资者也有顾问需求。目前，针对每个客户不同的资产状况、理财目标及风险属性，投资顾问或理财师能提供一对一的咨询服务，但这种服务往往价格昂贵（1%~3%/年），且设有投资门槛（100 万美元），只有高净值客户才能获得。所以，在居民可支配收入增长速度不断加快的背景下，面向大众提供服务、价格低、个性化的普惠独立投资顾问面临巨大的人才缺口。

> ➤ **痛点三：金融机构成本压力大**

资本市场越来越开放，互联网金融快速发展，使得金融机构都在积极进行转型和业务架构的调整。互联网证券兴起，佣金率下行倒逼券商探索新盈利点。数据显示，2015 年券商行业平均佣金率为 0.051%，2016 年证券行业佣金率仍处在下滑通道，2016 年上半年行业整体佣金率已下滑至 0.040%，创历史新低，部分上市券商最低佣金率已跌破"万三"铁底。券商经纪业务收入量价齐跌，行业佣金率下滑无可避免，金融机构的经纪业务转型升级已经势在必行。传统金融机构亟须借助 FinTech 的力量，降低服务成本，以应对越来越激烈的市场竞争。

8.3 投资的 FinTech 解决方案

在投资领域中，不论是个人投资者还是金融中介机构，投资的过程都遵循获取信息—分析与判断—资金投入—资金收回的过程，并根据一定的金融投资理论对资产进行配比。在传统金融领域，数据的收集、分析和判断需要大量人工实现，而 FinTech 的出现使计算机代替了人的工作，大大提高了效率和准确度。

FinTech 的应用和突破使得传统金融服务变得更有效率，但在相对标准化的信息和服务之外，投资者对不同场景下的技术应用也有着进一步的期待（见图

8.2）。私人银行提供高度个性化的服务，如何通过新的技术手段和信息工具来更好地满足客户需求、提高竞争力、以技术为手段解决金融服务的问题是私人银行未来在市场竞争中制胜的重要一环。

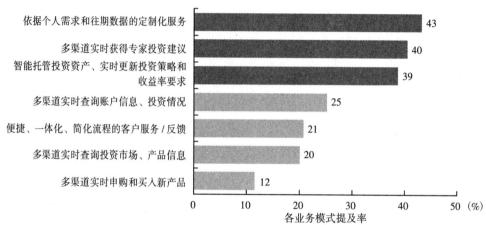

图 8.2　2017 年中国高净值人群对基于 FinTech 创新的各类业务模式的期待
资料来源：招商银行—贝恩公司高净值人群调研分析。

　　无论从资产还是资金来看，中国的投资理财行业都已经进入到一个更加理性的发展阶段，对金融机构风险控制、信息获取效率、服务成本控制提出了更高的要求。面对个人投资者的"智能投顾"和面对投资机构的"智能投研"是 FinTech 目前在投资领域里的主要应用。

8.3.1　智能投资顾问

　　智能投资顾问（Robo-advisor，简称"智能投顾"），是借助于计算机模型和技术为客户提供资产配置服务的一种形式。其与传统投资顾问的区别在于如何确定有效的"资产配置"。

　　一般来讲，智能投顾就是人工智能"技术+投资顾问"。与传统投资顾问一样，智能投顾依然承担着用户和金融产品之前的桥梁作用，那么人工智能又是如何发挥这个桥梁作用的呢？首先，智能投顾基于大数据为顾客进行精准画像。通过自动化、网络化方式，结合大数据或其他数字化手段的客户认知，一方面对客户的主观、客观风险承受能力进行识别，完成风险判断；另一方面对客户的投资目的、资金属性进行定义，或者通过大数据对用户画像、信息进行补完整，以实现高效而精准的客户认知，从而为向客户提供适合的长期财富管理方案奠定了信息基础。

其次，智能投顾通过算法和模型确定资产组合的精确配置。通过模型算法和机器学习等新的数据处理和模型构建方式，结合金融理论形成智能资产配置模型和相关的算法，智能投顾可对数据变化进行持续的监控和应对，从而真正做到全天候顾问。同时，智能投顾的算法还能够针对底层资产进行交易路径优化，确保策略的可实现性。

结合用户画像和模型算法，智能投顾能为用户提供个性化的资产组合建议，并自动执行。图 8.3 介绍了智能投顾的业务流程。

图 8.3　智能投顾的业务流程

➢ **智能投顾的优点**

（1）对客户风险偏好的分析更加精细。智能投顾系统下的客户风险偏好识别可以实时动态计算，因为大部分人的风险偏好会随着市场涨跌、收入水平等因素的变化而波动。如果是传统的理财顾问做客户风险偏好分析，得到的结论可能会有一定的滞后性，另外随之而来的额外的沟通成本也会增加不少（李云，2014），而智能投顾系统可以做到千人千时千面。

（2）资产配置更加精准。智能投顾可以通过资产配置模型由计算机得出最优投资组合，也可以通过多因素风控模型更好、更准确地把握前瞻性风险，还可以通过信号监控、量化手段制定择时策略。计算机的加入让资产配置做得更精准，也让投资决策做得更加理性。同时，智能投顾基于模型自动调整策略和头寸，且有效摒除了情绪波动的影响。

（3）服务费率低。传统投顾只服务于中高净值人群，而且每年收取的咨询费率昂贵，智能投顾大大降低了门槛和费率，让投顾服务触达长尾市场。中国主流的智能投顾平台，目前的服务费率已经可以达到 0.25% 水平。

（4）时效性高。智能投顾由于使用了计算机算法，其投资组合的更新往往更及时，其服务承载体系则完全基于互联网和移动端，服务提供不受时间和空间的限制，也因而可以给客户提供更具时效性的服务。

➤ 智能投顾的商业模式

从参与主体来看，智能投顾公司可以分为独立创新公司和传统金融机构两类（证通财富，2017）。以美国智能投顾领域的主要参与者为例，Betterment 和 Wealthfront 作为行业创新标杆，分别成立于 2010 年和 2008 年，这两家公司通过快速产品迭代，不断开发新的理财产品以保持领先地位，到 2016 年年中，这两家公司管理的资产分别达到了 50 亿美元和 35 亿美元。而 Vanguard 和 Charles Schwab 是布局智能投顾较早的传统金融机构，截至 2016 年 6 月，Vanguard 个人咨询服务和 Schwab 智慧资产组合业务管理的资产分别达到了 310 亿美元和 66 亿美元，成为市场最大的两家平台。

创新的智能投顾公司虽然对市场反应更加敏锐，成立时间更早，但传统金融机构依托其庞大的客户群体、强大的产品线、优质的品牌形象以及多元化而全面的服务，一方面吸收了公司原有平台客户以及新增客户，另一方面还为依托平台的传统投资顾问提供智能投顾产品以便于其更好地服务客户。所以在资金管理规模上，传统金融机构还是更有优势的。

从服务对象来看，智能投顾的商业模式又可以分为 To Customer（2C）和 To Business（2B），第一类直接为个人用户提供服务，第二类为金融机构提供智能投顾解决方案以使其更好服务其客户。2C 模式的智能投顾平台可以自动化完成客户风险偏好的评价并智能为其匹配个性化的资产组合。因为 2C 智能投顾平台面向个人用户，而目前的个人资产管理用户人群的代际差异较大，对计算机及互联网金融服务的接受度不同，2C 智能投顾平台也存在着不同的细分模式。一种模式是面向年轻用户、科技爱好者的纯智能平台，通过完全自动化操作帮助客户完成用户风险评价、资产组合建议、组合交易、动态调整和分析报告，全过程无人工干预，典型代表是 Wealthfront 和 Betterment。另一种模式是将智能投顾与人工投顾相结合，为所有用户免费提供财务状况分析、投资风险评估、投资组合建立与优化等服务，具有强大的工具属性，能很好地随时跟踪用户理财以及费用支出等方面的行为，可以帮助用户更好地实现理财目标，同时也向有需要的客户提供收费的私人投资顾问服务，这一类平台的典型代表是 Personal Capital。

2B 的智能投顾平台面向金融机构，提供智能投顾解决方案，并不直接面对个人客户。其特点是满足第三方机构研发能力不足的需求，极大降低了金融机构的获客成本，代表企业包括 Myvest 和 Nextcapital。

➢ 中外智能投顾发展

智能投顾最早兴起于美国。2005 年，美国证券商学会颁布文件，允许证券经纪人使用投资分析工具帮客户理财，建立了智能投顾的法律依据。2008 年金融危机过后，美国传统金融机构还在忙于应对公众巨大的信任危机和严苛的监管政策之际，以 Betterment 和 Wealthfront 为代表的智能投顾创业公司成长起来，它们通过互联网信息技术手段，降低投资门槛，为用户提供个性化、低费率、透明化、便捷化的财富管理服务，成为了行业的黑马（21 世纪经济报道，2017）。

受益于人口结构变化、人工智能技术发展和监管法规等因素，全球智能投顾管理的资产规模从 2010 年以来复合增长率超过 80%，到 2017 年末达到千亿美元。根据 My Private Banking 的预测，在未来的五年中，美国智能投顾行业将保持高速增长态势，预计在 2020 年全行业资产管理规模将达到 1.6 万亿美元，如图 8.4 所示。

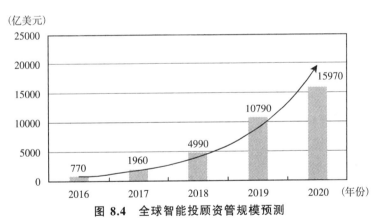

图 8.4　全球智能投顾资管规模预测

资料来源：My Private Banking.

2014 年年底，智能投顾概念开始引入我国，随后大量的科技创业企业开始出现。进入 2016 年，我国众多平台推出智能投顾概念，多数平台投资标的为通过 QDII 投资追踪国内外股票、债券、房地产市场相关指数的 ETF（交易所交易基金），或注册美股账户用来投资美国股票市场，以实现全球化资产配置。据不完全统计，目前国内从事智能投顾的公司超过 20 家，按照研发主体可以大体分成三类：一是以蓝海财富、理财魔方、弥财等为代表的独立第三方智能投顾平台；二是以京东智投、雪球财经为代表的互联网公司研发的智能投顾平台；三是以平安一账通、嘉实基金为代表的传统金融公司研发的智能投顾平台，同花顺、华泰证券、广发证券、申万宏源、中信建投等传统金融公司也正通过收购、自建和合作等方式开始布局智能投顾领域。

但从整体来看，我国智能投顾平台智能化程度参差不齐，部分平台仍处于概念化阶段。表 8.1 对比了中美两国智能投顾发展的差别，从中可以分析我国智能投顾行业发展的优势与不足。

表 8.1　中美智能投顾发展环境比较

		美国	中国
不同点	政策监管	明确受 SFC 监管	监管尚未明确
	投资顾问环境	使用投资顾问牌照 投资顾问专业素养高	投资顾问牌照及账户管理资格不全 投资顾问专业水平参差不齐
	用户习惯	被动投资理念深入人心 资产配置多样 大多交给专业机构打理	风险管理意识薄弱 资产配置以房地产、储蓄为主 股市散户占比大
	资产池	ETF 品种丰富，流动性好，覆盖全球各类资产	被动投资品种少 投资海外资产受到一定限制
相同点	用户需求	传统的投资顾问未覆盖庞大的中低净值用户	居民可支配收入增加，理财需求上升；大量散户未获传统投资顾问覆盖

在政策层面，我国对技术金融的监管仍然处于摸索阶段，尚未出台明确的针对智能投顾的监管条例。在现有法律环境下"智能投顾"只能用于提供投资建议，无法从事资产管理，这就使目前智能投顾的业务局限于投资决策推荐，完整的智能投顾服务所包含的诸如客户实际投资跟踪、调整等环节也就无法有效开展。

在用户习惯方面，中国投资者缺乏稳健、长期的价值投资理念。当前中国证券市场仍然以散户为主，市场情绪波动较大，很容易出现不理性的投资行为。在理财市场上，过往大批刚性兑付的理财产品案例，也让大众投资者更习惯于低风险、高收益的理财环境。在这种情况下，智能投顾所倡导的被动投资、稳健收益、一站式智能服务，对缺乏价值投资意识的国内大众投资者而言，接受度存在疑问。

从投资资产来看，目前我国底层资产品种还很缺乏，ETF 产品数量远远小于国外主要金融市场，且海外投资受限，不能达到很好的分散风险的目的。智能投顾的核心是为投资者提供资产配置建议，这意味着一个数量足够多、种类足够丰富的底层资产池是智投生长最重要的土壤。另外，与美国股票市场在中长期稳步向上的趋势不同，国内股票市场波动性大，投资者进行长期组合投资，实际收益水平甚至可能会低于信托理财、P2P 理财等单一资管产品。

> **典型案例：Wealthfront（美国）**

Wealthfront 的前身是一家名叫 Kaching 的美国投资咨询顾问公司，于 2008 年 12 月成立。2011 年 12 月更名为 Wealthfront，转型为一家专业的在线财富管理公司，同时也是智能投顾平台。Wealthfront 借助于计算机模型和技术，为经过调查问卷评估的客户提供量身定制的资产投资组合建议。Wealthfront 的投资种类包含 11 种 ETF 基金：美股、海外股票、新兴市场股票、股利股票、美国国债、新兴市场债券、美国通胀指数化证券、自然资源、房产、公司债券、市政债券。多种类的 ETF 基金一方面有利于分散化投资，降低风险；另一方面有助于满足不同风险偏好类型投资者的需求。Wealthfront 主要借助 FinTech 实现了以下两方面优势：

（1）降低理财咨询费用。区别于传统理财主要针对高净值人群，Wealthfront 的主要客户为中等收入年轻人，所以要求其咨询费用低于传统个人理财。传统投资顾问人力资源成本高，线下营业网点的房租费用高，通常投资理财机构的整体费率平均达到 1%，甚至还有超过 3% 的情况。而 Wealthfront 平台依靠互联网技术的优势，缩减了人力成本和租金成本，一旦客户规模形成规模效应，边际成本就能大幅降低。表 8.2 介绍了 Wealthfront 的收费标准。

表 8.2　Wealthfront 的服务费用

费用项目	比例
咨询费	低于 10000 美元：不收取咨询费 高于 10000 美元：每年收取 0.25% 的咨询费
咨询费减免	每邀请一位用户，邀请人将获得 500 美元投资额的咨询费减免
转账费用补偿	平台对于用户原油的经纪公司向用户收取的转账费用予以补偿
其他费用	ETF 持有费用，平均约为 0.12%

资料来源：Wealthfront 官方网站。

（2）智能资产配置建议。无论是互联网技术，还是金融市场的理论、技术，美国都引领着世界的潮流。Wealthfront 将这种优势充分结合，利用平台雄厚的技术实力和模型算法，从多种资产中为用户推荐个性化的投资理财服务，提供多样化的资产配置。

> 典型案例：**Motif Investing**（美国）

Motif Investing 是一个以主题作为导向的投资平台，平台上的投资组合被称为 Motif。Motif 包含不超过 30 只具有相似主题的股票或 ETF 基金，例如奥巴马医改法案、无人驾驶智能汽车等。投资者可以根据自己兴趣，直接使用平台上已有的 Motif，也可以修改 Motif 中股票和 ETF 基金的组成和比重后再使用，更可以创建全新 Motif。Motif Investing 提供强大的自助式投资组合设计工具，投资者可非常方便地修改、创建和评估 Motif。图 8.5 展示了 Motif Investing 的投资流程示意图。

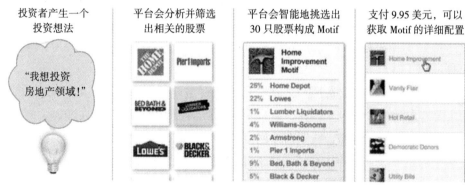

图 8.5　Motif Investing 投资流程

Motif Investing 与其他智能投顾平台不同的地方在于，Motif Investing 是一个社交化的选股投资平台，用户不追随基金也能有主题投资组合，可以选择把自己的 Motif 分享给好友，大家共同对 Motif 进行讨论和优化，就像是"社交平台＋网络券商＋个人金融平台"的组合体。Motif 的社交网络是类似 Facebook[①] 式的双向网络，得发好友申请，这样才能看见朋友对不同股票或投资组合的讨论。但同时 Motif 也有类似 Google Circle 的圈子概念，你可以分享自己创建的投资组合到特定的圈子。

目前，在 Motif Investing 上官方提供的 Motif 有 150 个，平均年收益为 16.3%，投资者建立的 Motif 超过 18 万个。除了提供 Motif 之外，还提供了 9 个不收取佣金和年费的投资组合。这 9 个组合包括了股票和 ETF 基金，有保守型、

---

① Facebook（脸书）是美国的一个社交网络服务网站。

稳健型和激进型三种，为各类投资者提供了短期、中期和长期的投资方案。对于每个在网站上注册的投资者，Motif Investing 提供 Investing DNA 服务。Investing DNA 服务是指网站提供一系列问题，涉及投资者年龄、投资期限和投资兴趣等，根据投资者在网站上填写的资料，评估投资者的风险偏好，为投资者建议合适的 Motif。

Motif Investing 不收取基金管理费，无论投资者在某个 Motif 上的投资额是多少，也无论该 Motif 由平台提供还是投资者建立，只收取每购买或卖出一个 Motif 的交易费 9.95 美元。如果该 Motif 是由投资者建立的，建立者将获得 9.95 美元中的 1 美元。如果投资者交易的只是其中的一只证券，而不是一个组合，则每次收取 4.95 美元。

Motif Investing 的优势还在于其受到美国金融行业监管部门的监管，因此投资者面临的风险更低。如果公司倒闭、消费者账户内股票、现金被盗，美国证券行业保护公司会提供最高 50 万美元的保护。Motif 还有额外的私人保险公司保障。

8.3.2　智能投资研究

智能投资研究简称为智能投研，与智能投顾仅一字之差，两者有何分别呢？智能投顾主要为个人投资者提供建议，包括买入/卖出的明确标的、时间点以及怎样进行资产配置。而智能投研主要从经济学宏观和微观的角度出发，从经济周期、经济规律入手，涵盖行业轮动规律、状况，深入了解公司基本面，发掘各事件对公司价值影响，其主要面向的客户群体为研究员、基金经理、上市公司等一系列机构投资者。

传统投研流程，可简化成四个步骤：

（1）搜索：通过搜索引擎、专业书籍、公告等寻找行业、公司、产品的基本信息。

（2）数据和知识提取：通过金融终端或者直接阅读公告、新闻获得数据和知识。

（3）分析研究：通过 Excel 等工具和逻辑推演完成分析研究。

（4）观点呈现：将分析研究的结果以 PPT、Word 等形式呈现。

传统的投研流程，存在搜索途径不完善、数据获取不完整且不及时、人工分析研究稳定性差、报告呈现时间长等缺陷（盛建波，2003），而人工智能可以帮助每一个步骤提高效率。例如，智能搜索和智能资讯增大有效信息来源，公告或新闻自动化摘要和上下游产业链分析提高数据、知识提取效率，事件因果分析和大数据统计分析完善研究方法等。

智能投研相较于人工投资研究可以提升金融机构的研究效率。一方面智能研究系统可以扩充人脑的宽度和广度，另一方面还提升对于信息做出反应的时效性，并且能够借助一些机器模型的工具，提升金融机构对于投资事件的反应速度与理解深度。

➤ 中外智能投研发展

相较于智能投顾，智能投研技术难度更高，其发展态势初露雏形，还未成规模。国际先进的智能投研机构有 Palantir Metropolis（平台整合多源数据，将不相干的多个信息置于一个统一的定量分析环境中，构建动态知识图谱）、Visible Alpha（通过设立专有的新数据集和工具套件以增强机构投资者对公司未来基本面的量化见解能力）、Trefis（细拆公司产品/业务预测收入）、Alphasense（获取专业且碎片化信息）、Dataminr（收集 Twitter 等公共来源上的实时数据，并转化为可付诸行动的信号）、Kensho（试图回答"当 Netflix 超出盈利预期，Amazon 明天表现将如何？""Apple 发布新产品前后的股票交易如何？"等投资问题）。

国内创业公司、基金公司、数据服务商积极参与智能投研。国内智能投研逐渐兴起，如包括通联数据的萝卜投研、数库科技、文因互联等创业公司。部分基金公司对智能投研的尝试也越来越多，如天弘基金 2015 年建立了业内领先的投研云系统，其中的信鸽和鹰眼两大系统分别为股票和债券投研提供精准支持（张越，2015）；嘉实基金 2016 年成立了人工智能投资研究中心，构建可扩展的智能投研平台，为系统化的科学投资决策提供支持；华夏基金和微软亚洲研究院开展战略合作，双方将就人工智能在金融服务领域的应用展开战略合作研究。

但由于国内金融数据质量较低，数据标准化、关联化的建立显得至关重要，因此国内数据服务商，如 Wind、东方财富、同花顺、恒生聚源等公司是推动智能投研发展过程中的重要组成部分。

➤ 典型案例：Kensho（美国）

Kensho 成立于 2013 年，是一家金融数据分析服务提供商。其提供的一款命名为 Warren 的量化分析工具，通过自然语言搜索、可视化图形等为金融投资者提供数据分析工具（郝彪，2017）。Warren 降低了服务的使用门槛，将量化分析大众化。Warren 的主要优势体现在两方面：

（1）高效的分析能力。Warren 可以利用云技术收集和分析数据，把长达几天的传统投资分析周期缩短到几分钟。当用户提出一个问题以后，Warren 立即将问题转换成机器可以识别的信息，并通过扫描信息库以及互联网中的各类信息（比如药物审批信息、经济报告、货币政策变更、政治事件、自然灾害以及这些事件对所有资产的影响等），迅速为问题找到答案。对于某些突发事件的分析，Warren 能够在很短的时间内综合各类信息，并且做出相对精确的判断。金融市场本身就是瞬息万变的，当某些冲击性事件爆发时，早一分钟做出正确的布局很可能意味着完全不同的风险和收益。

（2）强大的学习能力。Warren 能够根据各类不同的问题积累经验，并逐步获得成长。比如对 Warren 提问：如果 4 级飓风袭击了佛罗里达州，那些住宅建筑公司的股票将会有什么走势？Warren 可能会回答，一只股票将大涨。然后你接着问，如果是里氏 7 级地震呢？这个时候 Warren 可能并不了解地震等级所代表的强度以及它的破坏性，于是它开始扒网页，等扒了无数网页并计算了各类相关性以后，它就成了专家。等下次有人利用系统问到类似的问题时，它就能利用以前计算过的逻辑结合当前数据进行分析，并迅速给出回答。强大的学习能力让Warren 越用越聪明，提出的问题越多，Warren 学会的东西就越多，这也是云计算系统与普通硬件计费系统的差别。2014 年 1 月，Warren 理论上就能回答大约100 万种问题，截至 2014 年年底，能力提升到 1 亿个不同类型的问题。

> **典型案例：天弘基金（中国）**

天弘基金使用"人机配合"的投资研究体系，利用大数据技术为传统投研插上了翅膀。2014 年 6 月，天弘基金成立具备百亿级以上数据处理能力的大数据中心，围绕客户交易行为进行数据挖掘、分析和运用。利用旗下余额宝业务的客户信息，天弘基金开展了针对投资者流动性管理的大数据分析。2015 年，天弘基金又建立了业内领先的投研云系统，其中的信鸽和鹰眼两大系统分别为股票和债券投研提供精准支持。其鹰眼系统通过实时抓取互联网信息，利用智能分词、情感学习等机器学习技术，对债券主体、上市公司、行业动态、存款风险、债券折算率变化、债券等级变化、公司关联关系的互联网舆情变化进行实时监控。该系统可以模拟人脑阅读新闻，对自动抓取的新闻进行准确分析和情感分析。信鸽系统则通过垂直搜索结合网络爬虫技术，实时抓取上市公司新闻和公告，为投资者提供及时准确的股票资讯，辅助投资者决策。天弘基金利用大数据平台，解决了手工时代数据量有限及无法处理等难题，大幅提升了投资的策略性、有效性及投资效率。

参考文献

［1］张越. 天弘基金：互联网金融的不同之路［J］. 中国信息化，2015（1）：63-65.

［2］郝彪. 智能投研 Kensho 研究报告［EB/OL］. https：//xueqiu.com/8102984655/87822797，2017-06-26.

［3］21 世纪经济报道. 中美智能投顾生存土壤调查：拿来主义水土不服［EB/OL］. http：//finance.eastmoney.com/news/1372，20170318721315135.html，2017-03-18.

［4］全球智能投顾平台的标杆：Wealthfront 业务模式全解析［EB/OL］. http：//www.sohu.com/a/67645523_119040，2016-04-05.

［5］证通财富. 智能投顾与智能投研：华尔街之狼来了［EB/OL］. http：//guba.eastmoney.com/news，300059，660565723.html，2017-06-26.

［6］智能投顾——人工智能在资产配置领域的探索［EB/OL］. http：//www.sohu.com/a/191289185_505901，2017-09-11.

［7］李云. 证券公司投资顾问业务发展问题研究［J］. 经营管理者，2014（26）：23-24.

［8］盛建波. 我国券商委托理财业务研究［D］. 四川大学博士学位论文，2003.

|第 9 章|
FinTech 赋能：风险管理

9.1　金融风险管理概述

风险是损失事件发生的可能性。无论人们是否接受和预见，它都客观存在于我们所生活的自然环境和人文环境（经济、政治环境）中，风险损失何时发生、发生在哪里、发生在哪个主体和客体身上以及损失的严重程度如何等，都是不确定的。

风险是金融机构业务的固有特性，与金融机构相伴而生。金融机构就是生产金融产品、提供金融服务、帮助客户分担风险同时能够有效管理自身风险以获利的机构，金融机构盈利的来源是承担风险的风险溢价。对于金融机构而言，最重要的是市场风险和信用风险。市场风险包括利率风险、汇率风险、股票价格风险及商品价格风险，是指由于市场波动而使得投资者不能获得预期收益的风险；信用风险是交易对手不能完全履行合同造成的风险，包括贷款、掉期、期权及在结算过程中交易对手违约带来损失的风险。

决定一家金融机构竞争力高低的关键，是其能否有效地对风险进行全面管理，建立良好的风险控制体系，以良好的风险定价策略获得利润，即金融风险控制。风险控制是指风险管理者采取各种措施和方法，消灭或减少各种风险事件发生的可能性，或者减少因风险事件发生而造成的损失。

早期的金融理论认为，金融风险管理是没有必要的。Miller 和 Modigliani（1958）在文章中指出，在一个完美的市场中，对冲或套期保值等金融操作手段并不能影响公司的价值。这里的完美的市场是指不存在税收和破产成本，以及市场参与者之间不存在信息不对称。因此，公司的管理者是没有必要进行金融风险管理的。类似的理论也认为，即使在短期内会出现小幅度的波动，但从长期讲，经济运行会沿着一个均衡的状态移动，所以那些为了防范短期经济波动损失而开展的风险管理只会是一种对资源的浪费。这种观点认为，从长期来讲，是没有金融风险可言的，因此短期的金融风险管理只会抵消公司的利润，从而削减公司价值。

然而，现实经济生活中，金融风险管理却引起了越来越多的来自学术界和实务界的关注。无论是金融市场的监管者，还是金融市场的参与者，对风险管理理论和方法的需求都空前高涨。现实的经济和金融市场并非完美，因此通过风险管理可以提升公司价值。现实金融市场的不完美性主要体现在以下几个方面：首先，现实市场中存在着各种各样的税收，而这些税收会影响到公司的价值。由此看来，Miller 和 Modigliani 的理论假设在现实经济状况下并不合适。其次，现实市场中存在着交易成本。最后，在现实市场中，金融参与者也是不可能获得完全信息的。因此，对金融风险进行管理是相当可能且有必要的。

9.2 互联网金融时代风险管理的痛点

互联网金融是传统金融与互联网技术和信息通信技术有机融合，其主要业务类型有网络借贷、移动支付、理财、众筹及保险等。随着互联网金融业务的急剧扩张及金融创新产品的不断涌现，互联网金融从多个方面暴露出了大量的风险。主要风险包括信用违约和欺诈风险、消费者权益被侵犯风险、互联网技术风险、资金流动风险、法律风险及政策与监管风险等，主要体现在：传统金融行业风险依然存在，如信用风险、流动性风险、法律合规风险、操作风险等；同时产生了互联网金融特有风险，比如终端安全风险、平台安全风险、网络安全风险等。互联网金融往往小额而分散，且受众人群较为广泛，一旦出现风险，社会影响巨大。

在互联网时代，对金融有诉求的群体呈几何式增长，金融机构面对的客户复杂度远远超过从前，识别并满足不同类型客户的需求，并将风险控制在一定标准之内，变得更加困难。著名管理学教授詹姆斯·马奇①在其著作《决策是如何产生

---

① 詹姆斯·马奇出生于 1916 年，1964 年担任加州大学社会科学院的首任院长，1970 年成为斯坦福大学的管理学教授，同时也担任政治学、社会学、教育学教授。马奇被公认为是过去 50 年来，在组织决策研究领域最有贡献的学者之一。

的》中提出，并不是所有的备选方案都是已知的，并不是所有的结果都需要考虑，并不是所有的偏好都是在同一时间出现。因此，在互联网金融生态下，机构首要的经营目标是先确保生存下去，在不确定性的环境下，逐渐逼近消费者需求甚至创造出消费者需求。

在互联网金融生态下，风险的可识别性和可度量性也遭遇到了挑战。传统风险管理模式是在大量经验和案例基础上，通过事后回顾的方式，将各种风险归纳为信用风险、市场风险、操作风险、流动性风险这些典型的分类。当遇到新情况时，风险管理者将新情境的具体特征与既有的风险定义及机制按图索骥式地比照，然后对症下药。在互联网金融生态下，复杂性带来的新风险特征使得风险的可识别性和可度量性面临着巨大的挑战。

金融生态系统由金融消费者、传统金融机构、新型互金公司、政府监管机构以及各类企业组成，每一个主体都有着自己的生存目的、价值取向和行为方式，与周围其他主体和环境发生互动，通过学习、反馈改进自己的运行模式，不断优化改进金融产品和服务来符合客户的需求。在互联网和 FinTech 时代，金融具有复杂适应系统所具有的多主体性、环境复杂性、主动适应性，不确定性成为互联网金融生态系统最大的特性。遭遇的风险很可能具有"黑天鹅"特征，其发生原因、风险因素之间的相互影响以及因果机制很可能我们之前从未遇到过，从前的经验也不再适用。

很多传统风险控制方法是基于对过去的经验和未来的预测，预测是基于长期稳定的历史带来的经验，它要在相对静止的环境里才能发挥作用。"企业运营和风险管理面对的是相对静止的环境"这一假设是否也遭遇到了互金新生态的挑战呢？互联网的核心精神是开放共享、平等多元，大数据、云计算和移动互联网技术使得每一个主体都能依靠自己独特优势与其他主体快速形成一个组合体，用风险投资人王煜全的话来说就是积木式创新，在短时间内形成对传统金融具有颠覆威胁的力量。互联网金融行业变化日新月异，各种参与主体、商业模式和金融技术层出不穷，从未有行业如同互联网金融一样处在急速变化的环境之中。

所以互联网金融的环境给金融风控带来了新的挑战：

群体欺诈增多。当信贷产品和信贷申请与审核实现互联网化之后，骗贷群体开始蠢蠢欲动，纷纷将互联网技术植入欺诈行为。欺诈团体手段十分高明，他们主要通过猫池养卡[①]、信息数据倒卖以及团伙配合作案等方式进行骗贷，相比于

---

① 猫池养卡，是指通过设备模拟成手机终端，同时放多张电话卡，使运营商系统上显示这些卡为开机状态。

普通个人骗贷而言，团体欺诈分工明确，拥有更为专业的骗贷工具和手法，技术含量更高，传统风控系统对此防不胜防。

数据难驾驭。中国金融行业的数据积淀相对较少，已有数据大部分是结构化的，对于非结构化数据的分析处在"有概念、无工具"的状态，使数据处理存在困难。

客户下沉。金融机构的服务对象正逐渐转向议价能力较强，但规模相对较小的零售、小微业务领域。2014年，商业银行的新增贷款中，个人贷款占比最高，达到28%，远高于传统的批发零售业和制造业。长期与大企业、政府打交道形成的模式和理念，使传统金融机构难以适应小微和零售客户，尽管有些机构在规模上实现突破，但很快暴露出严重的风险问题。

工作量加大。随着客户下沉，金融覆盖率增加，金融机构的审核工作量与之前相比大幅增加，而有一定资质的信审专员短时间内又无法大规模增加，所以现有信审人员与工作量之间配比不平衡。

用户体验与风险控制难以兼得。互联网金融迅速普及的一个主要原因是互联网带来的便利性，小额支付免认证、网上理财、线上支付等由于简化了身份信息认证的流程，虽然使用户有更好的体验，但给风险控制提出了新的要求，账户信息盗取盗用更容易发生，所以同时保证用户体验和风险控制对于互联网金融来说是一个难点。

9.3 风险管理的 FinTech 解决方案

如上面提到的互联网金融下的新挑战所说，传统金融机构的获客成本高，考虑到资金的机会成本，风险管理的投入产出比较低，无法真正控制互联网时代下的金融风险。风险管理的核心功能是为金融服务增加收入、降低成本、提高利润，这是一个企业基本的生存规律。靠单一环节的提升，毕竟是有限的。只有通过审视整个风控贷款的全生命周期，挖掘整个流程上的问题，才能得到更高的效率提升和利润的提升。而大数据与人工智能的加入，使金融风险管理可以从生命周期的高度解决金融风险问题。

9.3.1 大数据风控

大数据风控，是指通过运用大数据构建模型的方法对借款人进行风险控制和风险提示。大数据风控的特点是通过在风控流程中的某一环节提升效率和效果，实现流程严密的信贷工厂，高效率审批，最大限度减少损失。

传统的风控技术，多由各机构自己的风控团队，以人工的方式进行经验控制。但随着互联网技术的不断发展，整个社会大力提速，传统的风控方式已逐渐不能支撑机构的业务扩展。而大数据对多维度、大量数据的智能处理，批量标准化的执行流程，更能贴合信息发展时代风控业务的发展要求。

大数据风控是通过采集并分析大量数据，找出欺诈者留下的蛛丝马迹，从而预防其欺诈行为发生的风控模式。它的实质是提升欺诈者的欺诈成本，在欺诈行为发生之前就将其禁止。企业在运用大数据进行风控时，需建立自身的云数据系统、风险评估模型、信用衡量体系、风险定价模型等核心产品，对自身体系内以及体系外用户的海量数据进行收集分析，直接将数据模型应用到信贷业务中，实现完全以数据驱动产品及业务，从而实现企业风控的流程化、自动化。

大数据风控通过将借款人的消费习惯、违约概率甚至是社交圈和旅游出行的信息结合起来进行用户画像，并由此预测潜在的违约概率和违约的损失率。未来在大数据的应用中，这些过程都将连接成自动化的评级审批，省去了很多人工的判断和分析。

另外，随着用户财务状况的变化，适合他的金融服务也在变化，比如说在一个人初出茅庐的时候，他可能需要出行贷、消费贷，用以满足各种开销，而在他准备结婚时，他可能需要的是房贷、装修贷。例如，易通贷致力于为用户提供全周期的服务，因此正在积极着力于建立适应资产多元化发展战略的风控体系。

➤ 大数据风控的机遇

大数据在美国金融领域的应用已经比较成熟，但在中国则是刚刚起步，很多银行的风控流程和系统都是从国外采购，甚至很多风控高管也直接从国外银行引进。美国人的信用记录开始得比较早，征信体系完善，而我国征信体系并不完善，虽然中国人民银行的征信体系覆盖人群多，但有信贷记录的人却相对较少。没有完善的征信数据，从国外搬来的处理征信数据的方式方法就不能正确发挥效用。

其实正是因为我国征信体系的不完善，大数据风控才有更加广阔的空间，更有市场。利用互联网，可以获取更多的用户信息，通过获取的一切信用数据，为数据分析建模提供足够的样本，而且这种大样本量、多维度、非结构化的数据非常适合各类大数据分析处理和机器学习技术的运用。

➢ 大数据风控的优势

数据覆盖人群广泛。传统金融风控的数据以征信数据为主，但中国征信数据覆盖率不超过 35%，有将近 10 亿人口没有征信记录。大数据风控可以挖掘并利用非征信数据来对用户进行信用评分，使风控数据来源扩大到新的受众群。

数据维度多。传统金融风控与大数据风控的显著区别在于对传统金融数据和非传统金融数据的应用。传统的金融数据包括上文中提及的个人社会特征、收入、借贷情况等。而大数据风控采纳了大量的非传统金融数据，包括身份数据（实名认证信息、行业、家庭住址、单位地址、关系圈）、用户的交易数据/支付数据、网络平台的信用数据和行为数据（例如电商的购买行为、互动行为、实名认证行为）等。

适用范围更广。互联网金融的客群可简单分为无信贷历史记录者和差信贷历史记录者。他们没有征信报告或金融服务记录，对传统金融机构而言，他们的风控审核助力有限，同理，学历、居住地、借贷记录这些传统的强金融风控指标可能在面对无信贷记录者和差信贷记录者时都会面临同样的问题。而互联网金融公司可以通过其他方式补充新的风控数据来源，并且验证这些数据的有效性。

双重变量降低判断误差。与数据来源和维度增加相对应，大数据风控纳入了非征信数据，所以在大数据分析中除了传统变量还包含了非传统变量。大数据风控在分析逻辑上不强调强因果关系，而看重统计学上的相关性。将风控审核的因果关系放宽到相关关系，通过互联网的方式抓取大量数据之后，进行系列数据分析和筛选，并运用到风险审核当中。这样不仅能简化风控流程，提高审批效率，而且能有效避免因为人为主观判断造成的失误。

➢ 大数据风控的要点

大数据风控有两大要点：数据获取与数据分析。

数据获取量是大数据风控的基础，从上文所述的大数据风控优势来看，大数据风控与传统风控相比，最大的优势是获取了海量、多维度的用户数据。所以如何获取到这些用户数据是大数据风控工作的重点。互联网巨头公司是大数据风控最有力的推动者，诸如阿里巴巴、腾讯、百度这样的公司，拥有用户的行为数据、偏好数据多，用户覆盖率高。这样的公司在大数据风控领域的优势可以对新进入者形成进入壁垒。

数据分析是大数据风控发挥作用的关键。对于风险控制而言，数据本身的堆砌并没有实质的作用，只有在合理的逻辑分析下才能发挥作用。例如，用户的消费行为数据，并不能直接验证用户是否存在欺诈风险，但利用机器学习等技术，可以采用逻辑和统计方法得出消费行为数据与欺诈概率之间的关系，使消费行为数据这种非金融数据真正地发挥作用。

➤ 中国大数据风控面临的困难

征信体系不完善。大数据风控的第一步就是获取数据。波士顿咨询报告显示，中国人民银行个人征信记录覆盖率仅为35%。而互联网金融企业的目标用户多为信用卡无法触达的人群，这些用户自身的信用水平和信用意识本来就较差，又缺乏征信记录，而且出于同业竞争原因，不同消费金融公司的数据相互分享可能性很小。目前大多数公司的做法是将自己的数据共享给第三方征信机构，再从征信机构那里获取数据。但这种数据的有效性存疑，获取有用数据或许成为很多公司构建自己的大数据风控模型的重要难题。

群体欺诈现象严重。在中国，这种欺诈套现早已做成了一个产业链，从中介公司到商家甚至是自家公司的销售，沆瀣一气，通过各种方式召集法律意识淡薄的用户进行借贷，再将借到的钱瓜分。而诈骗分子跑路后，还款以及逾期都压到了用户的头上。然而前来申请借款的用户用的都是真实的信息，平台给用户的额度也在合理的范围内，这样的诈骗方式让平台处于很被动的处境。现在的处理方式只能是发现一起抓一起，发生之后处理的速度是关键。所以大数据风控的数据分析模型设计需要应对这些欺诈群体层出不穷的诈骗手法，这对大数据风控算法工程师提出了巨大的挑战。

大数据人才缺口大。传统的征信数据数量小，精确度高，而大数据采集到的信息数据庞大，相关度有限，整合这些多而杂的信息，需要非常专业的机器学习方面的相关人才。人工进行判断、评估一个人借钱后能否偿还的工作量巨大，而通过机器学习，进行海量数据的筛选，可行性更高，但目前这种机器量化评估的水平较低，在金融领域风控建模，数据研发的人才也很匮乏。

金融极端事件的发生缺乏预测方法。如今大数据被吹得神乎其神的一个重要原因是认为它可以有效地推演及预测未来。但立足于统计学基础之上的大数据分析仅能预测大概率事件，而长尾的"黑天鹅"事件却无法通过算法预测。国内大数据风控的发展仅仅经历了几年的时间，在这期间中国还未发生过类似 2008 年美国次贷危机的大规模金融危机。因此，国内大部分公司构建的大数据风控体系没有经历过极端经济环境的压力测试，届时可能完全失灵。

9.3.2　人工智能风控

如果说大数据风控提高了人工风控的效率，那么人工智能风控将使自动化风控成为可能。随着人工智能时代的到来，信息系统安全与业务的同步将得以实现，风控不再局限于维护，而是能为企业创造出新的价值，将企业运维效能提升到一个新的高度。

基于人工智能的精准风控模型，包含了明确模型目标、定义目标变量、确定样本、确定分析技术、构建模型、模型初步验证、数据处理、模型迭代等环节，以及整合态势感知、关系图谱等人工智能手段，能够有效对抗新形势下的智能化的网络欺诈。人工智能风控的主要作用是延伸人工在风控环节的作用，弥补互联网金融时代爆发的"超额"金融需求。

如图 9.1 所示，我们分别从风控的各个节点上来看，人工智能是如何被应用到金融风控中的。

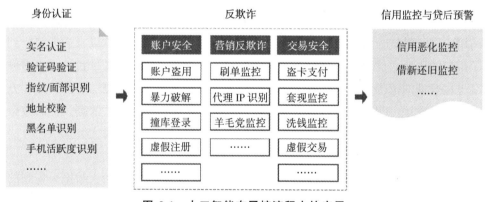

图 9.1　人工智能在风控流程中的应用

身份认证。在传统金融风险控制中，身份认证主要是依靠身份证件和指纹识别等来实现的，但在互联网金融环境中，由于用户无须再像过去一样到银行柜台办理，所以对身份认证技术提出了新的要求。在互联网时代，人工智能应用在身份认证环节主要依靠生物识别技术实现。生物识别技术是通过计算机与光学、声学、生物传感器和生物统计学原理等高科技手段密切结合，利用人体固有的生理特性（如指纹、脸相、虹膜等）和行为特征（如笔迹、声音、步态等）进行个人身份的鉴定。在支付前首先扫描生物特征，并将其设置为某个账户（银行卡、余额宝等）的支付密码，在交易过程中以刷卡或手机支付等形式确认支付账户之后再扫描生物特征，如果交易过程中扫描的生物特征与设置为密码的生物特征一致，则完成支付。

随着支付方式多样化、个性化和便捷化的发展趋势以及生物识别与支付技术的发展，生物特征已不仅仅满足于作为一种"支付密码"，而是逐渐发展成为"支付账户"与银行卡等个人账户进行关联。在支付前首先将生物特征与个人账户进行绑定并设置单笔最高消费限额，消费时无须现金、刷卡或使用手机支付，直接扫描生物特征或辅助输入密码即可完成交易结算。

反欺诈。在反欺诈环节，在互联网的环境里，金融风控面临的传统个体欺诈已迅速演变为有组织、有规模的群体欺诈和关联风险。而传统反欺诈还停留在识别一度风险等这种简单规则方式，如联系人中借贷人个数等，对于二度、三度乃至更广范围的网络全局风险苦无良策。机器学习里面基于图的半监督算法很好地解决了这一诉求，基于申请人、手机号、设备、IP 地址等各类信息节点构建庞大网络图并在此之上可进行基于规则和机器学习的反欺诈模型实时识别。

核心授信决策。在申请审核环节，传统金融风控往往是基于评分卡体系对强征信数据如银行借贷记录等进行建模，而新金融业务下，客群的进一步"下沉"覆盖了更多收入群体，新增群体的强征信数据往往大量缺失，金融机构不得不使用更多弱金融数据，譬如消费数据、运营商数据、互联网行为数据等。这类底层数据的改变，对传统信用评分卡造成了巨大的困难，具体体现在：

（1）诸如互联网行为、运营商数据很多都是非结构化数据，数据繁杂，建模前的特征工程很难用传统人工的方式完成加工。

（2）由于数据类型和范围的大幅扩大，新模型面对的往往是加工出来的上千微弱变量特征，评分卡体系根本无法融合吸收这些特征。

（3）线上新金融业务风险环境频繁演化，传统人工迭代模型无法适应风险变化速度，迭代优化太慢。

人工智能和机器学习对上述问题有独到处理：面对数据繁杂的问题，基于深度学习的特征生成框架已被成熟运用于大型风控场景中，对诸如时序、文本、影像等互联网行为、运营商非结构化数据实现了深层特征加工提取，显现出对模型效果超出想象的提升。

人工智能风控只有对系统运行、维护中可能出现的异常精准化把握，才能做到提前防控、有效规避风险。它就像汽车 4S 店进行车辆维护保养一样，进行一系列检测将系统运行与维护中的隐患梳理明晰，主动采取措施消除，防患于未然，实现维护的针对性、精确性，从而利用有限的资源实现规避事故发生的目标。

人工智能与大数据结合在风控中的应用可以大大提高风控流程的严密性和审核流程的效率，大数据风控着重解决的是信息数量和质量，人工智能风控着重解决风控流程的效率，在互联网金融时代下，二者合一是处理不同用户群、不同金融需求的风险的发展趋势。

9.3.3　FinTech 风险管理案例

> **典型案例：京东"白条"的智能风控系统**

应用技术：

设备指纹——通过用户指纹，为每个用户账户建立唯一的 ID，将用户的网络行为、设备、数据等综合信息建立稳定联系，在登录环节保证用户安全。

生物探针——通过在交互前端收集字符输入频率、鼠标移动速度、点击位置偏移等行为特征，利用机器学习的方法建立多维度的行为模型区分操作者是自然人还是机器。

行为序列——系统按照时间先后顺序，记录用户在京东网站内部活动的每一步行为，并根据行为串的模式，区分和识别用户的风险。

全场景安全防控：

京东"白条"风控系统为用户提供全场景、全流程安全防控，在兼顾用户支付体验的同时全力保护用户账户和交易安全。如果说技术的创新是纵深防御，那么全场景、全流程安全防控就是广度布局。

全场景是涵盖京东金融旗下包括支付、理财、众筹和白条等所有业务场景，全流程则是覆盖了从用户注册、登录、信息修改到交易、信贷等全流程。这就像一张纵横交错的网，实时保护用户的账户、行为安全。

智能风控的运行流程：

事前评估——京东金融根据其建立的大数据风控体系和预筛选的白名单授信模式，剔除高风险用户，再筛选信用良好用户进行授信。当然，进入白名单并进行授信后的用户也不能够"为所欲为"，通过深度学习模型的监督，如果发现刷单、养号、套现等行为，系统也会将恶意的用户剔除出白名单。

事中监控——京东金融自主开发了天盾账户安全与反欺诈系统、天网订单风险监控系统，在申请和交易环节对欺诈风险进行全面风险预警。例如，一旦发生疑似盗刷情况，天盾系统就会根据各类技术手段对用户信息进行校验，之后通过天网系统在配送环节对欺诈订单进行监控和拦截，及时避免用户经济损失。目前，事中监控系统已成功拦截疑似欺诈申请数十万起，拦截高风险订单数亿元。

事后处置——事件发生后，会将各类欺诈信息关联扩散后加入黑名单体系，为线上识别和监控策略升级提供参考，对于被盗高风险账户，向用户提出强制修改密码的要求，并通过短信、电话等多种方式触达用户提示风险。

京东"白条"的智能风控系统弥补了传统风控系统人力成本高、流程复杂、审核时间长等缺陷，在应对互联网化的欺诈手段和海量数据时，充分发挥了FinTech 的优势。

> ➤ **典型案例：蚂蚁金服的大数据风控**

蚂蚁金服的风险控制是基于大数据的智能风控，其核心是被称为 CTU 的"基于海量数据的智能风控大脑"。

CTU 的核心工作是判断这个请求的发起人是否为账户主人。围绕着判断交易是否由账户主人发起，CTU 利用的是多维度的综合信息，主要在于可信的行为、可信的位置、可信的设备以及可信的关系。如果这些维度都可信，则可以判断操作账户的人就是用户本人。基于这个核心点，再判断资金、个人隐私、相关数据有无风险。这种风险，80%左右是通过智能审理方式处理，还有一部分是通过人工的方式审核。在审核以后确定是诈骗案件的，蚂蚁金服会把同类型的案件串并案，推送给具有管辖权的公安机关。

风险识别的数量级是交易笔数的 10 倍左右，前者的速度保证了无论交易量如何爆棚，用户丝毫感觉不到交易背后的庞大工程。

在安全与体验之间，蚂蚁金服试图用集群化的理念实现平衡——用 10%的高效规则来降低 65%的交易打扰。经过数年的数据积累及技术迭代，蚂蚁金服风险识别速度可达到 100 毫秒，比眨眼一次的时间还要快 4 倍。

每次交易背后，CTU 实行事前事中事后全周期的风险监控。事前，不同账户类型对应不同风险等级，在安全验证的手段上采取不同策略。新产品上线投入使用前，也需经历风险评审的过程，同时准备产品风险的紧急预案；事中，实行 7×24 小时全业务实时风险监控，一旦突发风险，屏幕将实时显示，以便风控"小二"调整策略；事后则有智能风险审理系统判定账户是否被盗。

组织体系中的人员结构提供了充足的技术支持：CTU 项目里有 1500 多位风控"小二"，其中从事数据分析与技术研发的超过 2/3。他们开发出五六千条规则、建立了 60 多个模型，用于系统自动识别与管控风险并作出预警。在云计算和大数据基础之上，通过搭建信用与风控体系，蚂蚁金服的上层业务板块得以构建，其中包括广为人知的支付宝、余额宝、招财宝、芝麻信用、网商银行等。

蚂蚁金服提供的数据显示，自 2014 年 4 月至 2015 年 3 月，共抓获犯罪嫌疑人数百人，移交到公安机关的案件达到上百件。在蚂蚁金服破获的案件中，账户盗用类的案件占比达到 70%。其余还有红包、赌博、欺诈、骗取贷款、反洗钱、银行卡盗用、设备丢失等。

> ➤ 典型案例：阿拉丁金服的智能风控机器人

阿拉丁金服是中信资产旗下的金融服务有限公司，阿拉丁智能机器人是其用于风险管理的智能系统。智能风控机器人通过自有数据库和网络公开显示的信息建立自己的风控模型，对用户进行画像，从而判断用户可否为每一笔交易兜底，这也是一种征信机制。前期智能量化判断，再加上后期人工排查，大大提高征信效率和风险识别能力，降低风控成本。

阿拉丁智能风控及机器人系统在数据收集、整合以及用户风险评估中都使用了 FinTech，形成了数据采集—用户"画像"—实时跟踪的完整风控体系。

数据采集：基于庞大的互联网信息源，阿拉丁金服的智能风控机器人得以收集每个融资方数量庞大的、碎片化的、种类繁多的信息，其中涉及海量互联网碎片数据如电商交易统计信息、百度搜索引擎统计数据等，用户提交的电子化信息如营业执照详情、银行流水详情等，第三方权威机构的查询信息如法院诉讼信息等。在阿拉丁金服智能风控机器人的系统构架中，所有数据都是信用数据，并且所有数据都成为商业授信的信息依据。

用户"画像"："画像"是指在没有传统金融机构结算数据积累的情况下给融资企业作出迅速而清晰的多维度定位——从资本属性判定其对融资风险的抵抗能力、从企业规模判定其资金募集和还款能力、从行业和经营模式判定其可持续融资能力、从外部信息判定其是否存在风险。

通过对用户的"画像"，对借款人进行迅速的判断——顶级优质的融资方具备更优先的融资资质、更高的融资额度、更低的借款成本，次级优质的融资方则需要付出相对更高但依然合理的融资成本，获得较为可观的融资额度，劣质的融资方，其融资请求则会被智能风控机器人直接拒绝。最终对借款人形成基于其综合借款资质的最终"画像"，是否具备借款条件、条件几何，全都一目了然。

在对借款申请人的信用评估、信用"画像"行为中，风控机器人通过反欺诈智能风控模型对其进行评分，打分结果将直接折算到融资人的融资额度和利率。一方面，它规避传统人工审核的繁冗和不可抗力因素导致的错漏，大大提高融资效率和便捷度；另一方面，它能基于超量的、人工无力消化的信用数据库提供量化信用评估，并紧扣当前实时化、移动化数据时代的互联网节奏。

实时跟踪：依托信用审核过程中对每一环节的记忆和前期的审核情况进行自动跟踪监控，对每一笔借款的风险进行量化评分，从而甄别、排查虚假信息和诈骗融资申请，风险评分最高的和最低的部分分别被智能风控机器人拒绝和通过。此外，针对风控机器人不便识别的信息，阿拉丁金服组建人工反欺诈稽查组进行人工补充，使之无限接近零风险。

参考文献

［1］王思慎. 从风险管理到不确定性管理——互联网金融的新挑战 ［EB/OL］. http：//zhuan-ti.cebnet.com.cn/20160830/102054499.html，2016-08-30.

［2］知乎. 京东白条是如何运用金融科技实现风控的？［EB/OL］. https：//www.zhihu.com/question/51602814/answer/160076794，2017-02-17.

［3］巴曙松，侯畅，唐时达. 大数据风控的现状、问题及优化路径 ［J］. 金融理论与实践，2016（2）：23-26.

［4］源石数据. 大数据风控的机遇与挑战 ［EB/OL］. https：//www.douban.com/note/568193680/，2016-07-04.

［5］大数据风控与传统风控的比较 ［EB/OL］. http：//www.sohu.com/a/128858970_475901，2017-03-14.

［6］廖旭. 普惠金融征信体系建设路径研究 ［J］. 征信，2015，33（3）：28-30.

［7］揭开蚂蚁金服基于大数据的风控秘密 ［EB/OL］. http：//www.sohu.com/a/109891856_470097，2016-08-10.

［8］南都周刊. 阿拉丁金服智能风控机器人 自动化大数据风控整理术 ［EB/OL］. http：//money.163.com/16/0627/19/BQJCUKBR00253B0H.html，2016-06-27.

［9］李艳玲. 大数据环境下的技术变革与管理创新 ［J］. 控制工程，2014（s1）：142-145.

第 10 章

FinTech 颠覆：基于区块链技术的可编程数字货币

10.1　货币的概述

尤瓦尔·赫拉利在《人类简史》中说："金钱就是一种互相信任的系统，而且还不是随随便便的某种系统——金钱正是有史以来最普遍也最有效的互信系统。"

关于货币承载着信任有一个很有趣的例子，在太平洋上有一个叫作雅浦岛的小岛，这个岛上使用着一种奇特的货币，是一种又大又厚的石轮，叫作"费币"。那么大家就会有疑问，难道岛上的居民到隔壁打个酱油都需要搬一块石头吗？这样是不是太落后了？现实并不是这样，岛上的居民并不会挪动这些厚重的"费币"，交易时只是进行债务的抵销，即便是到了最后清算也只是在那些石币上做一些标记。有趣的是，岛上有一户富裕的人家，他家的财富是一块巨大的"费币"，然而全岛的人都没有见过这块"费币"，因为这家人的祖辈在海上运输时将这块"费币"掉入海中，但这并不影响这块"费币"的购买力，所有人都承认这户人家拥有这块"费币"，即使它沉在了海里。

从雅浦岛的例子我们会发现货币的本质实际上是一套信用与清算构成的体系。雅浦岛的"费币"也好，苏美尔人的大麦货币也好，甚至是我们现在每天使用的人民币也好，它们都是信用的表征，背后是一套债务的清算体系。

我们已经了解现代货币的本质是信用的表征，货币体系本身是一套清算体系，那么现代货币制度体系存在哪些问题呢？

第一，一个国家的法定货币既作为世界储备货币又作为一国货币带来的特里芬难题①，例如美元的特里芬难题。当前的法定货币中美元作为一种世界储备货币在国际市场中的商业和服务业中使用，但美元同时也是美国的法定货币，当美国必须满足货币的国际需求时，就一定会导致其国家贸易的赤字，这就意味着美国必须在短期国内和长期国际经济目标之间取舍，这就是所谓的特里芬难题。

第二，目前货币的发行被国家垄断，货币的购买力取决于人们对于国家的信任。这使得一旦国家出现经济不稳定或者是受到战乱，该国的货币购买力会直线下降，这可能会直接损害持有该国货币的人们的利益。

第三，货币造假问题。在各个国家都存在着制造假币的问题，由于制造假币能够带来超额的收益，因此无论法律如何严厉地惩罚制造假币的行为，这种行为依然普遍存在，国家不得不花费巨大的执法成本来防止假币的泛滥。

10.2　基于区块链技术的可编程数字货币

在本章所提到的数字货币是以比特币为代表的、以区块链技术为基础的点对点的数字货币。2009年比特币诞生之后，这类数字货币以前所未见的速度发展，从极客圈中的玩物迅速发展成为全球交易中被经常使用的通货。那么到底是什么力量在推动着以比特币为代表的数字货币的快速发展呢？它们到底颠覆了哪些货币的传统，解决了哪些传统货币存在的问题呢？又带来了哪些新的商业模式呢？以下将从比特币的介绍开始逐步解答这些疑问。

2017年8月是比特币疯狂的月份，短短一周时间比特币的价格连续突破3000美元和4000美元的大关，并且仍然不断上行。那么比特币到底是什么？到底是如何运作的呢？以下我们就从比特币的由来说起，然后用尽量通俗的语言解释比特币为何物以及它是如何运行的。

---

① 1960年，美国经济学家罗伯特·特里芬在其《黄金与美元危机——自由兑换的未来》一书中提出"由于美元与黄金挂钩，而其他国家的货币与美元挂钩，美元虽然取得了国际核心货币的地位，但各国为了发展国际贸易，必须用美元作为结算与储备货币，这样就会导致流出美国的货币在海外不断沉淀，对美国国际收支来说就会发生长期逆差；而美元作为国际货币核心的前提是必须保持美元币值稳定，这又要求美国必须是一个国际贸易收支长期顺差国。这两个要求互相矛盾，因此是一个悖论"。这一内在矛盾被称为"特里芬难题"（Triffin Dilemma）。——百度百科，https://baike.baidu.com/item/%E7%89%B9%E9%87%8C%E8%8A%AC%E9%9A%BE%E9%A2%98/11045870?fr=aladdin。

10.2.1 比特币的由来

2008 年 11 月，比特币理论被首次提出。当时一个化名中本聪的人在一次隐秘的密码学小组讨论中发表了一篇名为《比特币：一种点对点的电子现金系统》的论文，文中首次提出了比特币的概念。中本聪在论文中也阐述了希望可以创建一套"基于密码学原理而不基于信用，使得任何达成一致的双方能够直接进行支付，从而不需要第三方中介参与"的电子支付系统。

2009 年 11 月 3 日，比特币理论付诸实践。中本聪将其论文中的系统付诸实践，比特币系统正式运行，区块链中的第一个区块诞生，该区块又名"创世区块"。比特币创始之初，很长时间内只在技术工程师之间以娱乐为目的进行流通，只能属于一种"小众货币"。

2009 年 1 月 12 日，第一笔比特币交易发生。中本聪发送了 10 比特币给密码学专家哈尔·芬尼。

2010 年 5 月 21 日，比特币第一个公允汇率诞生。佛罗里达程序员用 1 万比特币购买了价值 25 美元的比萨优惠券。自此以后，比特币与实物的交换以这种间接模式慢慢开始。

2010 年 7 月，比特币开始获得认可。比特币交易所 Mt.Gox 在日本成立，标志着世界上第一个比特币交易平台的成立。

2013 年 3 月 16 日至 4 月 10 日，比特币价格疯狂暴涨，从 3 月 16 日的 47.45 美元到 4 月 1 日突破 100 美元再到 4 月 10 日达到 266 美元。

2013 年 5 月 17 日，2013 年圣何塞比特币大会召开，1300 人参与，此时比特币价格为 119.1 美元。

2013 年 6 月 28 日，比特币获得政府认可。Mt.Gox 获得美国财政部金融犯罪执法系统 FinCEN 颁发的货币服务事务的许可。

10.2.2 比特币是什么？

从 2008 年中本聪提出比特币，到如今比特币风靡全球，虽然大家都知道比特币，但很多人对于何为比特币以及为何比特币能够风靡全球却一直表示迷惑。以下将对于这两个问题做出解答。

比特币是一种能够同时保证交易安全性和账户安全性并且能够防止双重支付的基于区块链技术的点对点的电子记账货币。

我们可以通过类比我们熟悉的支付宝和比特币来解读这句话。

首先，比特币是一种电子记账货币。对于有使用过支付宝经历的人来说，电子货币的概念可能不会陌生。支付宝或者是网银的存在就是将国家发行的货币电子化，我们所拥有的现金资产都变成了计算机世界的一串串"01"数字。那么什么是记账货币？用支付宝的例子理解就是，我们在支付宝中的余额是由所有的交易结算出来的。想象一下，我们不再使用纸质版现金，所有的交易都通过支付宝来实现，那么我们的人民币就成为了一种电子记账货币。比特币就是一种这样的电子记账货币。

其次，比特币是一种基于区块链技术的点对点的电子记账货币。我们都知道当我们使用支付宝进行交易的时候，交易的过程实际上并不是点对点的，比如当我们购买一件物品，使用支付宝支付时，支付宝先将我们的钱划转到支付宝，当确定交易没有问题并且我们得到物品的时候，支付宝再将钱款划转到店家。比特币是一种点对点的电子货币，当我们购买一件物品的时候，钱款将直接从我们的账户转移到店家，不再经过第三方。

最后，比特币通过技术保证用户的账户安全性和交易安全性并且能够防止双重支付。读到这里一定会有不少人心存疑问，比特币似乎和支付宝化的人民币没有太大的区别，为什么风靡全球的不是支付宝化的人民币而是比特币呢？这是因为比特币通过技术保障了比特币作为一种资产的安全性。当我们在使用电子货币的时候会关心两个最基本的问题，一个是我们的账户余额会不会被随意篡改，另一个是我们的账户会不会被盗用。以支付宝为例，最开始使用的时候相信很多人都会有这样的担心，一个表现就是一开始大家都不会把很多钱放在支付宝的钱包里。现在我们想象一个比较极端的情况，假设有一天黑客成功入侵了支付宝的服务器，那么他就可以简单地对我们的账户余额进行篡改，或者盗取我们的账户密码，使用我们的账户进行消费。这也是为什么支付宝不断地研发保证自己拥有最先进的安全支付技术，但这并不能杜绝这种恶性事件发生的可能性。那么有没有可以杜绝威胁我们账户安全性和交易安全性的方法呢？比特币做到了这一点，通过区块链技术及相关技术实现了对于账户安全性和交易安全性的保障并且防止了双重支付的风险，这也是它能够风靡全球的一个原因。

10.2.3 比特币的运行机制

那么比特币是如何通过区块链做到实现保证账户安全性和交易安全性并且防止双重支付的呢？接下来我们将通过剖析比特币运行的原理来解答。

比特币是一种记账货币，那我们就从比特币是如何记账以及记账的内容是什么开始。

比特币记账记下的是使用比特币发生的每一笔交易。比特币的交易机制是一个可以保证交易安全性的机制。那么比特币如何保证只有账户的所有者才能动用账户的资金，保证账户不会被盗用的呢？

实现这一保证的秘密是比特币使用的基于公钥密码学的"公钥—私钥"非对称加密机制。关于"公钥—私钥"的非对称加密机制在本书前面关于区块链的章节已经详细介绍了，简单来说非对称加密中，每个人都有两个密钥，一个"公钥"，一个"私钥"。"公钥"是公开的。而私钥只有自己手里才有。"公钥""私钥"的特点可以简单理解为：用一个人的"公钥"加密，只能用这个人的"私钥"解密；而用一个人的"私钥"加密，只能用这个人的"公钥"解密。这种机制可以防止"密钥"在传输过程中可能泄露的问题。传递信息时只要使用接收者所持有的"私钥"对应的"公钥"对信息进行加密就可以保证只有持有该"私钥"的接收者可以看到这段信息。

在比特币系统中就是通过上述这个原理来保证交易的安全性。首先每个参与比特币交易的人都会获得一个随机生成的字符串作为自己唯一的"私钥"，其次通过这个"私钥"生成对应的唯一"公钥"。然后"公钥"将会向整个比特币网络公开，"私钥"则由参与人自己保存好，由于从"私钥"生成"公钥"的过程是不可逆的，其他人无法通过"公钥"反推出"私钥"。然后就可以进行交易了，当发生转账的时候，转账人只需要使用收款人所持有的"私钥"对应的"公钥"将待转的比特币加密锁定，然后转账就完成了。这时候大家一定有疑问，收款人还没收到钱呢？其实收款人已经收到了，因为转账人锁定的比特币只有收款人手中的密钥才可以解锁，实际上只有收款人才可以使用，那么不就是已经收到转账了吗？

我们可以举一个具体的情境来说明这个交易的过程。

假设甲要向乙转账 10 个比特币。

第一步，甲乙需要拥有比特币系统赋予他们的"私钥"，我们称之为"私钥甲"和"私钥乙"，还有根据"私钥甲"和"私钥乙"生成的向整个比特币网络宣告的"公钥甲"和"公钥乙"。

第二步，甲准备转账，根据上面的说明我们已经知道在比特币网络中所谓的拥有比特币实际上是指当前有多少比特币被"私钥"锁定。甲首先需要将被"私钥甲"锁定的 10 个比特币解锁。

第三步，甲将被解锁的 10 个比特币用"公钥乙"锁定。转账完成。现在那

171

10 个比特币只有通过"私钥乙"解锁才能使用，而"私钥乙"只有乙才拥有，所以这 10 个比特币实际已经归乙所有了。

图 10.1 简要描述了比特币的交易过程。

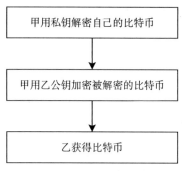

图 10.1　比特币的交易过程

在这个过程中由于只有拥有"私钥"才能够动用被"私钥"锁定的比特币，通过这样的方法保证交易的安全性。

交易在"公钥—私钥"的机制下得到保障，那么比特币网络中又是如何记录交易的内容的呢？这就涉及比特币的数据结构，或者说比特币作为一个账簿，它的每一页都记录了哪些内容，记录的格式是什么？

比特币"账簿"的每一页大致可以分为两部分：转账人的信息和收款人的信息。转账人部分主要包含转账人待转的比特币来源的交易号和转账人的"私钥"生成的脚本，用于解锁要转账的金额。收款人部分包含转账的金额，以及收款人的"公钥"生成的脚本，用于将转账的金额锁定。这里需要解释的是转账人部分包含的待转比特币的交易号，由于一个比特币用户所拥有比特币都是其他用户或者系统转账（也就是所谓的挖矿所得）给他的，换句话说账簿上一定会记录着某时某刻其他用户或者系统转账给转账人的记录，在转账时比特币会记录将某一次转账给转账人的比特币转出。由此来保证交易的可追溯性，这样的记录方法保证我们可以追溯任何一个比特币的来源以及它迄今为止的经历。

到这里为止我们已经了解了比特币系统中是如何交易以及比特币这个"账簿"中记录交易的格式，从上面的内容来看比特币似乎并不能保证账户的安全性，那么比特币是如何保证用户的账户余额不会被篡改的呢？其中的奥秘就在于比特币是基于区块链这种分布式记账方式进行记账的。分布式记账意味着在每一个用户的计算机中都存储着完整的比特币交易记录。

在比特币网络中交易是被记录在区块中的，我们可以把区块理解成"账簿"

的每一页。记录的步骤如下：

（1）交易发生后进入计算机的内存，先进行一些基本验证（比如：这笔交易的转账人部分中引用的交易，是否是未被支付过的交易）。若验证不成功，则交易会被认为是无效交易。若验证成功后这些交易会被认为是未确认交易，"未确认交易"会静静地躺在内存的有效交易池中等待被装入区块中。比特币是一种全网记账的系统，因此这笔交易发生后，也会在全网广播，周边的计算机节点接到这笔交易后，也一样先放入内存，再进行验证，验证通过即等待被打包进区块。

（2）比特币网络中负责发起记账动作的节点会从内存的有效交易池中，抽取近千笔"未确认交易"，然后进行打包。打包时，会将上一个区块的哈希值也加入包中。

（3）对整个包求哈希值，这个哈希值就是这个区块的特征参数。这个特征参数很重要，因为后面再生成新的区块时，还要用到它。

（4）由于比特币是一种全网记账的系统，因此，当该节点生成新区块后，整个过程并没有结束，该节点接下来会发起一次全网记账。它会将新区块的数据广播给周边的节点，周边的节点再传递给周边的节点，直到全网都收到这个信息。当周边的节点收到这个信息后，也开始在本地进行一样的处理，即：将新区块数据记录到本地的电脑中，以确保本地的区块链数据更新为最新的数据。

在这个过程出现了一个新的概念：哈希值。每一个区块中需要写入上一个区块的哈希值，哈希值是每一个区块链的特征参数，通过每一个区块记录上一个区块的哈希值实现区块的有序链接，形成所谓的区块链。或者我们可以用比较通俗的方法来理解每个区块链的哈希值的作用，它就像是账簿中每一页记录的页码，以保证我们在查询账簿的时候能够按照顺序查看每一页账簿，也可以使我们很容易识别是否有某一页丢失。而这个叫作哈希值的页码是利用哈希算法来形成的，哈希算法保证当输入的内容不同时，输出的数值发生显著变化。

了解了从交易到账簿的过程后，那么区块链是如何保护账户安全性，防止账户余额被篡改的呢？

首先，我们要先了解比特币里的账户余额是怎么回事，可以说比特币里是没有直接记录每个用户的余额的。这让人乍一听感到有点恐慌，大家一定感到困惑：那我们怎么知道自己剩下多少比特币？别惊慌，比特币网络里虽然没有直接记录每个用户的余额，但记录了所有的交易记录，余额就等于一个用户的转入总额减去转出总额。

既然余额是通过交易记录算出来的，那么也就意味着要篡改余额就要篡改交易。对于想要篡改交易的用户只能说很不幸，在比特币网络里这是几乎不可能实现的。

　　假设我们要伪造一笔交易，那么意味着我们要动用一些比特币的所有权，一个方式是我们动用一些不属于我们的比特币，很可惜这不能实现，因为只要查询一下这些比特币的来源很容易就可以知道这些比特币的归属，一旦系统检测到交易的比特币是被支付过的，那么就会被认定为无效的交易。由于在全网千万笔交易的环境下检查比特币是否被支付过了会很耗时，因此比特币系统会生成一个未被支付交易索引，随着每次新交易的产生，这个索引会不断更新：去掉被支付的交易，加入新的未被支付的交易，并随着新交易信息传递给网络上的每一个节点。另一个伪造交易的方法是我们自己"创造"一些本来不存在的比特币，很可惜，和上面的一样，也无法通过系统的检查。

　　伪造交易的方式是无法实现了，那么篡改历史交易呢？很可惜这也不可能。在这里前面提到的哈希值就发挥了作用，还记得每一区块的哈希值的计算方式是：

　　一个区块的哈希值=哈希算法（前一个区块的哈希值+这个区块的内容）

　　哈希算法的特征是一旦输入的内容发生变化，输出的结果就会发生显著变化，现在如果一个交易被篡改了，那么意味着这个区块的哈希值会发生改变，由于下一个区块的哈希值的输入值包含本区块的哈希值，也意味着下一个区块的哈希值也会变化，因此只要篡改了一条记录则意味着要改变所有后面的交易记录才能保证区块之间的匹配，这几乎是不可能完成的。另外，比特币是一个分布式存储的网络，也就意味着篡改一个节点的记录是没有用的，需要篡改所有节点的记录，可以想象这也是不可能完成的。

　　由此我们通过解析比特币的"账簿"——区块链理解了比特币如何保证实现交易安全性和账户安全性。

　　还有一个问题没有解决，就是双重支付问题。什么是双重支付问题呢？前面提到比特币交易发生后向全网广播，广播的过程中是会存在时间差的，有些节点会先收到交易，有些则会迟一些，那么就会存在一种情况，假设甲将10比特币转给乙后立刻又将这10比特币转给自己，那么由于不同节点收到交易的时间不同，有的节点先收到了甲转给乙10比特币的信息，那么这些节点再收到甲转给甲10比特币的交易信息就会将后者认定为无效交易，我们先把这部分节点称为"正义派"节点。另一些节点可能会先收到甲转给甲10比特币的交易信息，那么就会将另一笔交易认定为无效交易，我们把这部分节点称为"邪恶派"节点。然后"正义派"节点和"邪恶派"节点分别将不同的交易组装成区块链接在当前区块链末端，使得区块链发生了分叉，比特币处理分叉的原则是以最长链为准原则，之后的区块将会组装在最长的分叉上，那么如果"邪恶派"的分叉最终变成了最长的分叉，那也就意味着乙会白白蒙受 10 比特币的损失，这就是双重支付问题。

那么比特币是如何防止双重支付问题的呢？或者说比特币是如何防止"邪恶派"的分叉成为最长的链条的呢？这就要涉及比特币记账权力的分配问题。前面提到每一个区块建立的时候都是由某一个节点执行，那么如何确定由哪一节点来执行呢？比特币采取的是工作量证明机制（PoW）的共识机制，比特币网络中的所有节点通过算力竞争来决定每一次记账权力的归属。算力竞争是让所有节点共同解决一个困难的谜题，先解答出谜题的节点获得记账权力。谜题是使得新的区块的哈希值符合某一个格式，而要达到这个要求只能通过穷举的方式寻找结果，也就类似平常说的瞎蒙，以此保证所有节点都有概率猜对答案，只是算力大的节点由于猜的次数比别的节点多，因此有更大的概率获得记账的权力。

其次，我们回到"正义派"和"邪恶派"的区块链争夺中，虽然在一次交易中节点被分为了"正义派"和"邪恶派"，但我们知道真正"邪恶"的是甲，其他"邪恶派"的节点只是运气不好刚好先接到了甲支付给甲 10 比特币的交易信息。为了实现双重支付，甲的目标是尽量延长"邪恶派"的区块，当新的交易进入所有节点内存时，由于这次交易没有受到甲的操纵，"正义派"顺利组装上新的区块，而"邪恶派"的节点就会发现，新的交易和之前的交易对不上了，因此将会抛弃之前记录双重支付的区块"倒戈正义派"。当然也可能发生另一种情况，甲顺利地获得了这次区块的记录权，将这次区块组装在"邪恶派"的分叉上。但这种情况几乎不可能发生，因为这是甲用一个节点的算力在对抗世界剩余所有节点的算力，可以说毫无胜算。不过当甲控制了比特币网络 51%的算力时就有可能实现，这就是所谓的"51%攻击"。

在此还需要了解比特币作为货币的发行是如何实现的。比特币的发行，本质就是对"挖矿"的矿工给予的奖励资金。所谓"挖矿"指的是参与记账权力竞争。"挖矿"最初的奖励是最早为 50 个比特币/区块，"挖矿"的奖励金额是递减的，每四年会减半一次，最终会逐渐趋近于 0。通过这种方式，比特币的总量会在 2140 年达到 2100 万个的上限，如图 10.2 所示。

最后，总结一下比特币从交易发生到交易记录再到形成区块的整个过程，在此我们仍用甲转给乙 10 比特币为例：

（1）比特币为用户甲乙形成独有的"私钥"，根据"私钥"形成对应"公钥"；

图 10.2　比特币的发行量

（2）甲用"私钥甲"将属于自己的 10 比特币解密，然后用"公钥乙"将这 10 比特币加密，交易完成；

（3）交易完成后，向整个比特币网络广播，每个节点收到这个广播，将这笔交易存入内存并验证交易合法性，验证通过后等待装入区块；

（4）与此同时所有节点还在进行着解密的算力竞争，争夺这次记账的权力；

（5）在某一刻节点 X 成功计算出了符合规则的哈希值，就将交易组装成新区块，连接在现有最长链末端，同时开始向全网广播记账；

（6）整个比特币网络的节点都收到广播，记录下新的区块。

10.2.4　其他可编程数字货币

比特币的原理是公开的，随着比特币受到大众的关注，模仿和改进比特币的其他点对点的数字货币不断地出现。据统计，仅 2015 年，新发布的数字货币就有 800 余种。根据这些数字货币的创新性大致可以分为两类：山寨币和竞争币。山寨币指的是完全照抄比特币的机制，换个名字，是对比特币的简单复制和模仿，没有任何的创新。竞争币在某些方面与比特币不同，进行了技术的改进或者采用了不同的共识机制或者针对的是不同的应用场景。以莱特币和点点币作为例子，介绍同样基于区块链技术产生的数字货币。

➤ 莱特币

莱特币诞生于 2011 年 11 月，在技术原理上与比特币相同，采用了工作量证明机制（PoW）作为共识机制。作为比特币的竞争币，莱特币有两个主要改进，一是缩短交易的确认时间，二是实现更好的匿名性。与比特币相比莱特币主要有三点不同：第一，莱特币可以更快地进行交易确认，莱特币网络每 2.5 分钟就打包一个区块。第二，莱特币有更大的发行总量，总量预期是 8400 万，是比特币的 4 倍。第三，莱特币的工作量证明的算法与比特币不同，采用 scrypt 算法，这使得相比于比特币，在普通计算机上进行莱特币挖掘更为容易。莱特币当前可以交换法定货币以及比特币，大多数通过线上交易平台进行交易。可撤销的交易（比如用信用卡进行的交易）一般不用于购买莱特币，因为莱特币的交易是不可逆的，因此带来了退款风险。截至 2013 年 4 月 25 日，一个莱特币价值大约 3.97 美元或者 0.028 比特币。这使得莱特币成为市值最高约 350 万美元的第二大电子货币。

> **点点币**

点点币发布于 2012 年 8 月，是最早采用权益证明机制（PoS）的竞争币。由于基于算力的工作量证明机制（PoW）可能带来资源的浪费，并且大部分算力已经被比特币占用，权益证明不要求节点进行一定量的计算工作，而要求节点拥有一定数量加密货币的所有权，才能参与记账的竞争，权益证明机制的采矿方式仅需普通电脑和客户端就能处理交易和维护网络安全，达到节能和安全的目的。点点币本身是工作量证明和权益证明相结合的。

点点币没有供应上限，因此有着固定 1% 的通胀率，而且其"挖矿"过程更为节能高效。其每年通胀在 1% 左右，截至 2014 年 9 月，当前总量在 2100 万左右，预计到 2020 年总量在 2500 万左右。根据 CoinMarketCap 的数据，2013 年 11 月 30 日市值仅次于比特币和莱特币的第三大市值电子货币是点点币，总市值为 7700 万美元。

10.3　可编程数字货币对传统货币的颠覆

前面我们已经介绍了几种目前在全球风靡的点对点的数字货币。我们了解了比特币是如何从一个极客圈中的玩物转变为在全球范围内拥有大量用户的通货。那么相对于传统的货币和传统的电子货币，这些点对点的数字货币到底有哪些优势，到底在哪些地方颠覆了传统货币的概念呢？

第一，点对点的数字货币颠覆了货币由国家发行，由国家信任做担保的模式。我们都知道传统的货币发行都是由国家垄断的，比特币的出现以及在全球范围内的广泛使用打破了这一格局。传统的货币之所以一直由国家垄断是因为我们现在使用的是信用货币，在前文提到过，信用货币本身并没有价值，信用货币之所以可以在交易中使用，是由于所有人都相信手中的货币是具有购买力的，或者说可以用它购买到其他东西。而人们之所以相信手中的货币具有购买力是基于人们对于这些货币的发行商——国家的信任。因为在传统的中心式记账的体系中，需要有一个可信的第三方进行结算，人们对于货币的信任很大程度就是相信国家能够公正地结算所有的交易。反过来讲，因为找不到比国家更可靠的机构来担任这个中心式记账的机构，所以人们只能选择信任国家。比特币的出现为人们提供了新的选择，首先，它打破了传统的中心式记账的机构，采用了分布式记账的区块链，这就意味着不再需要寻找一个可靠的第三方对所有的交易进行结算。其次，区块链难以篡改和透明度高的特点向人们证明机器似乎比国家更加值得信任。最后，比特币保证了账户安全性和交易的安全性。这一系列优势使得比特币成为了传统货币有力的竞争对手，机器信任开始正面挑战传统的对于国家的信任。

第二，点对点的数字货币作为一种全球货币发行解决了原有货币体系中的特里芬难题。由于点对点的数字货币不再需要国家作为一个信任中心存在，这就意味着类似比特币的数字货币是一种跨国界的货币。经济学家认为要解决特里芬难题货币需要满足三个条件：具有稳定的价值；基于规则下发行；可管理的供应表。比特币被认为可以满足这三个条件，首先，经济学家根据最近的比特币价格波动分析，认为比特币的稳定性可以匹配欧元在最近15年内的表现。随着产品用户的不断增多，华盛顿的联邦储备委员会还估计，比特币的用户大约每8个月就会增加一倍。其次，比特币本身是基于规则下发行的货币。最后，比起传统的货币模式，比特币的供应表相对来说比较没有弹性。我们可以精确地预测比特币在任何时间点（过去和未来）的供应量，从而使得政府能够及时对国内政策做出必要的调整。比特币正接近成为一种全球性的存储工具，这种工具有巨大的可能性来解决由来已久的特里芬难题。

第三，点对点的数字货币杜绝了传统货币系统中存在的伪造货币的问题。在传统货币中如何杜绝假币一直是一个令国家头疼的问题。无论如何禁止，颁布多么严苛的法律，假币依然猖獗。而比特币等点对点的数字货币从一开始就致力于解决假币的问题。基于区块链的技术使得每一个电子货币能够追溯其来源，可以说从根本上杜绝了伪造货币的可能性。

第四，与传统电子货币相比解决了重复支付的问题。在上面的介绍中我们提到，比特币等电子货币通过一定的共识机制结合最长链的原则使得任何一个独立的个体都难以实现双重支付。

第五，相比于传统货币，基于区块链的技术，比特币等电子货币更多地保护了用户的隐私。基于区块链技术的数字货币利用区块链保护隐私的特点保护着交易者的隐私。这里可以举一个负面的例子证明，就是比特币诞生之后成为了许多黑市交易的主要通货，原因就在于比特币对于用户隐私的保护程度极高。

第六，比特币等电子货币固定总发行量的机制，保证了这类电子货币不会通货膨胀。大部分人都不喜欢通货膨胀，关于通货膨胀对整体经济的影响一直是一个谜题。比特币等数字货币的发行机制保证了数字货币只会通货紧缩而不会通货膨胀，按照经济学家彼得·希夫和安德鲁·希夫的观点，不受政府操纵的通货膨胀对于经济是更加有利的。

10.4　与可编程数字货币相关的商业模式

随着点对点的数字货币的兴起，新的商业模式随之诞生，本节将简要介绍随着比特币等数字货币及区块链技术兴起而产生的新的商业模式。根据商业模式的理论，可以将商业模式分解为价值主张、价值传递和价值捕获，需要回答解决什么需求，通过什么手段解决了需求以及收益从何而来三个问题，以下我们也主要从这三个方面分析这些新的商业模式。

10.4.1　挖矿产业

比特币等基于工作量证明机制和共识机制的数字货币的竞争记账过程是通过节点算力的竞争实现的，获得记账权力的节点可以获得一定数字货币的奖励。这个过程就是常说的"挖矿"，运行这些计算节点的人就是"矿工"，而这些计算的节点、矿工挖矿的工具就是所谓的"矿机"。随着这类数字货币，特别是比特币的升值，挖矿的竞争越来越激烈，单独的"矿工"难以成功地获得记账权力，因此出现了一系列"矿池"的专业矿场。

"矿池"的商业模式除了解决比特币等数字货币网络中记账的需求外还解决了提高"矿工"们"挖矿"成功率的需求。"矿池"采用将大量"矿工"集合起来的模式把分散的个体整合，然后通过收益均分的方式实现算力的提高。"矿池"模式的主要收益就来源于挖矿收益。

10.4.2　区块链信息查询

由于点对点的数字货币是分布式的记账模式，对于一般用户来说查询区块链中的信息并不容易，因此出现了致力于为用户提供可靠便捷的区块链数据服务的商业模式。这类公司解决的是用户查阅区块链信息的需求，通过将比特币等数字货币的区块信息进行整理，建立查询网站的形式来解决用户的需求。

> ➤ **典型案例：Qukuai.com——提供各种点对点的数字货币的区块信息**

比特币等数字货币系统本质上是分布式账本，对普通用户来讲查阅起来并不容易。因此为用户提供可靠便捷的数据服务也是数字货币产业的重要一环。Qukuai.com 致力于使用户能够便捷地查询到各种数字货币的区块信息。在Qukuai.com 中可以查询到两种主流的数字货币（比特币和莱特币）的区块信息。同时还提供各种区块链的研报和咨询。

10.4.3　数字货币钱包

随着比特币等数字货币逐渐从极客圈走向大众，面向用户的钱包服务也就变得重要。例如比特币，虽然其本身的客户端具有钱包的功能，但不能跨平台使用，这给非技术专业的用户带来许多的不便。致力于满足用户方便地使用比特币等数字货币的商业模式应运而生。这类商业模式主要通过网页或者软件使得用户能够方便地管理自己的私钥以及通过使用比特币等数字货币在本地的数据使得用户能够更加便捷地使用这些数字货币。

> ➤ **典型案例：快钱包——安全、快速、免费的比特币钱包**

快钱包致力于实现安全快速的比特币支付。在安全方面，快钱包通过多重签名技术来提高比特币交易的安全性。对于每一个比特币用户会有两把私钥，一把是用户私钥，另一把为快钱包持有的私钥。任何一笔交易的完成都需要这两把私钥共同签名。通过这样的手段，一方面，由于快钱包不持有用户私钥，保证当快钱包受到攻击时保证用户账户的安全；另一方面，即使用户私钥不慎被盗，由于快钱包持有另一把私钥，用户的账户依然安全。在交易速度方面，快钱包通过技术使得用户端无须同步区块链数据，节省了等待同步的时间，付款可随时发出，收款可瞬间到账。

10.4.4 基于区块链的跨境支付

传统的跨境支付具有高昂的时间成本和资金成本，这主要是传统中心化的存储机制导致的。区块链技术的出现带来了新的跨境支付商业模式。这类商业模式致力于解决传统跨境支付高昂时间成本和资金成本的问题，通过去中心化的区块链实现点对点的支付使得跨境交易中商家与客户之间的支付实现几乎免费、即时的完成，没有传统的跨行、异地及跨国支付费用，而且支持任何货币——包括通用货币乃至数字货币。

> ➤ **典型案例：ABRA——用区块链使跨境支付更加容易**

ABRA 成立于 2014 年，目标是通过区块链技术和共享 ATM 网络，让用户可以随时随地存取款或者以更便捷的方式跨境汇款。目前主要业务在菲律宾和美国。使用 ABRA 的 APP 时，用户将货币以数字形式存储在手机上，通过 ABRA 自建的 Teller 网络，汇款至世界各地的 ABRA 账户上。在汇款过程中，会即时生成一个基于区块链的智能合约，并由分派的对手方通过套期保值等方式保证用户的资金价值在 3 天内不因比特币价格的变化而变动。由此解决跨境转账的时间成本和资金成本问题。

参考文献

[1] 李钧，长铗. 比特币：一个虚幻而真实的金融世界 [M]. 北京：中信出版社，2014.

[2] 唐文剑. 区块链将如何重新定义世界 [M]. 北京：机械工业出版社，2016.

[3] 张健. 区块链：定义未来金融与经济新格局 [M]. 北京：机械工业出版社，2016.

第3部分 机遇：FinTech 创新创业

第 11 章
中国企业的 FinTech 创新

未来已经来临，只是尚未流行。

——威廉·吉布森（William Gibson）

在"大众创业、万众创新"的政策下，创业创新的热潮席卷中国。政府以"包容审慎"的态度支持创业创新，用户对创新的接纳达到了前所未有的程度，传统行业和新兴企业正积极寻求创新，中国正在以海纳百川的态度支持着各行各业的创业创新活动。在这样的环境下，以技术变革为基础的 FinTech 浪潮的到来为金融行业带来了无限创业创新的机遇。在这样的历史节点，无数充满创业精神的传统企业、科技企业和创业者正在努力地去探索 FinTech 浪潮所带来的机遇中潜藏的创业机会，并且通过商业模式的价值主张、价值传递和价值捕获去实现机会到改善客户需求再到最终商业价值实现的转换。这一切都在向我们大声地宣告：FinTech 创业创新时代真的来了！

11.1　包容的中国环境

11.1.1　环境的包容性与创新创业

创新创业离不开包容的环境的支持。Dess 和 Beard（1984）指出，环境的包容性是一个社会环境中对于企业运用重要的资源的丰富程度。研究发现（Randolph & Dess，1984），环境中资源的丰富程度对于企业的生存极其重要，特别是对于新创企业来说，资源的丰富程度，即环境的包容性会很大程度地影响创业者是否进入一个行业。对于已有公司来说也是如此，只有当环境能够提供充足的资源时，现有的公司才有在解决生存这个基本目标之后进行创新或者内部创业的动力。这就好比在灾年或者经济不景气的时候人们都会选择节衣缩食以维持生存，不会去谈太多理想。而在丰年时，当基本生存问题被解决之后，人们就会很积极地去开展各种对新生活和新目标的探索活动。

环境的包容性对于企业创业创新行为的支持主要体现在三个方面。

首先，制度方面。创业创新是社会进步的一大推动，很多创业创新者都是社会先进理念和思想的先驱者，但这也就意味着会有一些创业创新的行为是对现有体制的一种挑战。这时，政府等权力机关机构对于创业创新的态度会对创业创新行为之后的发展产生很大的影响。如果政府对创业创新采取积极欢迎的态度，那么创业创新的成果便能够顺利地成长，最终为社会进步做出贡献。否则，创业创新的成果刚一出生就会被扼杀在摇篮里。

其次，对于任何企业来说都极其重要的需求方面。企业要实现创业创新所带来的价值离不开企业的顾客，顾客是企业所处环境中一个至关重要的因素。对于企业创业创新而言，顾客、社会对于新鲜事物的接受程度至关重要，如果整个社会都不愿意接受打破传统的事物，那么企业的创新成果就会如同哥白尼的日心说一样难以推广、盈利，企业可能还会被创新成果拖累。反之，如果是一个乐于接受新事物的环境，那么企业创业创新就能够比较顺利地进行。

最后，技术等无形资源方面。在信息时代，技术等无形资源成为企业核心竞争力的重要来源，因此环境中这类资源获取的难易程度成为影响创业创新的关键因素。许多创业创新的行为目的在于对不同知识的探索和整合，这就意味着创业者和创新者首先必须能够接触到不同的技术知识。当在一个社会中，技术等无形资产达到一定开放程度时，企业可以通过廉价的方式获取知识，通过整合创新形成新的知识，新知识的开放将进一步促进社会的创新，从而形成一个良性的循环。

11.1.2　中国的制度环境与创业创新

在环境的制度方面，可以说现在的中国正处于一个对于创业创新极度包容的时代。从整体的环境上来看，政府提出"大众创业、万众创新"的政策，鼓励创业行为。各地政府和大型企业建立了创业孵化器和创客空间等为创业创新提供基础设施服务，并为优秀的创业项目提供资金的支持。对于创业创新的行为采取"包容审慎"的态度，即使是对现有体制具有挑战性的创业创新行为，政府也是持有引导支持的态度。

从金融行业来看，政府对于金融行业的各种创新创业活动给予了充分的重视和鼓励。2016 年 8 月，国务院发布了《"十三五"国家科技创新规划》，其中明确指出，要加强科技金融产品和服务创新，促进金融与科技的结合。当出现监管制度的空缺时，监管机构并不是采取"一棍子打死"的态度，而是积极引导，并在综合考虑各国的监管实践和风险的情况下逐渐建立起监管体系，对于各种互联网金融的产品就是如此。当支付宝等创新金融服务出现之时，监管部门并不是直接明令禁止，而是积极引导，并逐渐建立起针对互联网金融的监管体系。我们应该将 FinTech 视为当前金融创新与发展的推动力量，理解其对于弥补传统业务模式短板、完善服务，甚至改变今后全球金融发展动向所具有的革命性意义。所以，社会应该给 FinTech 企业营造一个相对宽松、开放和支持的发展氛围，杜绝"死水养鱼"，只有氧气足、空间大、饵料丰富，鱼才能长得又大又肥美。

11.1.3　中国需求环境与创业创新

随着淘宝、京东、小米等创业创新公司的出现，中国民众对于创业创新的接受程度也在不断提高。总体来看，整个社会对于创业创新具有很强的接受和包容能力。从金融业来看，社会大众对其创新也是抱着十足的好奇和期待。从支付宝开始，人们感受到了金融业创新创业所带来的便利，余额宝等互联网金融产品的出现更是让人们尝到了甜头，相对于传统金融，人们开始对金融业的创新创业有了更多的期待。但与此同时，P2P 网贷等诈骗现象的出现也让人们认识到金融创新中所潜藏的风险。

在 FinTech 浪潮到来之际，中国民众对于金融业的创业创新翘首以盼。波士顿咨询公司调查显示，中国有 80% 的高净值人群接受互联网产品，其中包括电子银行、第三方支付、互联网财富管理、智能投顾、众筹等，这一比例在一定程度上反映了人们对 FinTech 的开放态度。

11.1.4　中国技术等无形资源环境与创业创新

在 FinTech 时代，环境中的技术等无形资源变得更加重要。从中国的环境看，金融业的技术等无形资源也是十分开放的。首先，金融知识的获取变得可行并且廉价。对于个人来说，网络为金融知识的学习提供了一个巨大的平台。对于企业来说，高校正在不断教育并输出具备金融知识的人才。同时，人才的跨界流动变得更加常见，无论是金融专家进入科技公司还是科技翘楚进入金融企业都变得常见。其次，技术的开放程度更高。在互联网的环境下，各种基础技术往往是开源的，这也就意味着任何企业都可以获取这些技术。最后，技术的服务也更加开放。互联网产业在中国快速发展，如今各种互联网的基础设施基本完善，云服务、SaaS服务等各种基础设施服务都可以轻松地获取。这一切都在为企业的创业创新提供着丰富的资源。

11.2　FinTech带来的创新机遇

11.2.1　创新视角下的FinTech

FinTech浪潮到来了，推动FinTech浪潮的是FinTech背后的技术变革，支撑FinTech浪潮的技术变革的是技术创新的过程。大数据、云计算、物联网、人工智能等技术在商业应用上的成熟以及区块链技术的出现和快速发展是推动这次FinTech浪潮的主要动力，也是FinTech为金融领域带来机遇的主要来源。

技术创新具有不同的类型。Bower和Christensen（1995）在《哈佛商业评论》上发表的文章《破坏性技术：赶上浪潮》中将技术创新分为持续性创新（Sustaining Innovation）和破坏性创新（Disruptive Innovation）。持续性创新并没有改变现有市场的格局，其主要有两种表现形式，即渐进性创新（Evolutionary Innovation）和变革性创新（Revolutionary Innovation）。渐进性创新是指基于消费者预期对现有市场的产品进行创新，例如，汽车的燃油喷射器对于汽化器的替代。变革性创新是指超出消费者的预期对产品进行的创新，但依然不改变现有的市场格局，例如，19世纪汽车的发明，它是超出市场消费者预期的产物，但并没有改变当时马车占据市场主要份额的格局，因为当时的汽车实在太贵，属于奢侈品。破坏性的创新往往通过为消费者创造新的价值来开辟新的市场，从而改变现有市场的格局。例如，福特的T型汽车，它的廉价使得社会大众都能拥有汽车，直接改变了大众出行方式，因而改变了交通工具市场中以马车为主导的市场格局。

从Bower和Christensen（1995）的分类来看，FinTech技术创新是持续性创新和破坏性创新共同进行并组合的成果。基于大数据、云计算和部分基于人工智能的创新是持续性的创新。这类创新并没有改变金融业的格局，而是通过提升金融业的效率，在一定程度上降低金融的交易成本。其中有一些是渐进性的，例如，通过大数据对金融客户的信息进行管理，将客户数据存储于云端，利用大数据描绘客户肖像、改进金融产品等，这些属于金融客户预期中的创新。另一些创新则是具有变革性的，例如智能投顾的应用，回到 10 年前如果银行告诉客户他的理财经理是一个机器人，这是难以想象的，并且客户也难以相信机器人能为他做出合理的投资决策。然而，基于人工智能的创新使这样的场景变为现实，结合了大数据和云计算技术，基于人工智能的智能投顾能做出比人类更为高效的投资决策。

还有一些基于人工智能和区块链的创新则是具有破坏性的。例如基于区块链的比特币的出现，直接改变了货币发行的国家垄断，机器信任发起了对制度信任的挑战。基于区块链的 ICO 融资方式以其高效低成本的特点迅速成为创业公司追捧的融资手段，成为了一种重要的融资方式。在以太坊等区块链平台上快速发展的智能合约技术将在可预见的未来快速替代现有的基于第三方信任的合同签约和执行等。尽管目前 ICO 在中国已经被监管部门明令禁止，但其背后的技术创新在诞生之时就对原本的市场格局产生了巨大的冲击，或许能在可预见的未来改变我们对金融业的认知，颠覆金融市场的格局。

推动 FinTech 浪潮的这些技术创新大多数并非起源于传统的金融行业，而是更多地来源于科技领域，从金融行业的外围展开了对于传统金融的改进、变革和颠覆。图 11.1 反映了随着时间的变化传统金融企业绩效与 FinTech 创新企业绩效变动情况的对比。正如 Cooper 和 Schendel（1976）所描述的：

"……技术创新往往来自于产业的外部，由新进入企业发起，使原有产业企业受到威胁，从而引发一系列的反响。最初这个新产品可能粗糙且昂贵，但是通过在连续潜在市场中的不断扩张，最后形成"S"形曲线的增长。采取旧的技术的企业通常受到冲击，市场份额下降，行业地位受到挑战。"

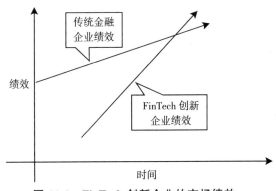

图 11.1 FinTech 创新企业的市场绩效

11.2.2 FinTech 带来的创新机遇

推动 FinTech 浪潮的创新来源于产业外部，并且是多种类型的创新共同进行，这为金融业中的传统企业、非金融业中的科技企业以及独立的创业者带来了无限的机遇。这些机遇主要来自三个方面：

第一，机遇来源于渐进性创新，从而改进传统业务。FinTech 带来的并非完全是颠覆，传统的金融知识依然适用，基于大数据、云计算等渐进性创新的产品能够在原有的金融逻辑上提高金融服务的效率，提升金融服务能为顾客提供价值。这类机遇更适合传统的金融企业，渐进性的创新更加容易被具有巨大企业惯性的传统公司接受，同时也能引导传统的金融企业更加关注客户，将传统金融企业的"以我为主"的卖方市场思想转变为努力为客户创造价值的买方市场思想。

第二，机遇来源于变革性创新，变革传统的金融服务。与渐进性创新相比，变革性创新将带来更多的机遇。虽然变革性创新并没有从根本上改变金融市场的格局，但它们会对金融业传统的金融服务流程产生巨大的影响。例如，基于大数据提供的智能投顾服务，意味着在新的金融服务中人力因素的作用下降，数据和算法的作用上升。而传统的金融企业则是以人力作为竞争优势，算法则是其弱势，这为具有强大算法构建能力和积累了大量客户数据的科技公司提供了进入金融行业的机会，把握住这一机会的公司将通过发挥自身独特的算法和数据优势，以及其更了解消费者的特点对传统的金融企业产生巨大挑战。

第三，机遇来源于破坏性创新对金融行业的颠覆。破坏性创新直接改变金融市场的原有格局，创造出了新的市场，从原有的市场外部对传统的金融企业发起挑战。以数字货币的发行为例，破坏性创新的内在逻辑就是：我们没有能力改变原有货币的发行，那么我们就创造比特币。原本与金融行业无关的极客从更加基础的数学和信息技术的角度向传统的金融发起进攻。这种创新带来的机遇具有更强的开放性，因为它来自于传统金融行业的外部，不受传统金融行业的思想的限制，任何人任何企业都可以把握这样的机遇。同时，这种创新具有更强的破坏性。虽然在初期这些创新服务与传统的金融服务相比比较粗糙，但随着时间的推移，这些粗糙的特点可以在实践中被打磨，从而逐渐具备改变现有市场格局的潜力。

11.3 FinTech 机遇下的创业机会

FinTech 的浪潮带来了大量的机遇，但这些机遇自身并不能创造出经济价值，需要通过企业的创业活动来实现其商业价值。Shane 和 Venkataraman（2000）认为，创业就是对于机会发现、评估和实现的过程。企业的创业行为是围绕创业机会而进行的。创业并不仅仅意味着创立新的公司，成熟公司对于机会的发现、评估、实现也是一种创业行为，我们称之为内部创业。

11.3.1 发现 FinTech 浪潮中的创业机会

FinTech 浪潮带来无限机遇，但并非所有的机遇都是能够实现商业价值的创业机会。创业机会的发现过程一定是一个发现新的手段与目的关系的过程（Kirzner，1997）。创业机会可以表现为多种形式，管理大师德鲁克（1985）界定出了三种机会：第一种是创造新的信息；第二种是解决由于原有市场低效造成的信息不对称；第三种是替代性的资源。

首先，看创造新信息的机会。大数据和物联网技术在金融领域的创新正是体现了这一机会。大数据概念的提出，使许多原本不被视为数据的信息汇聚起来，而物联网使得原本无法数据化的信息能够转化为可存储的数据信息。这些新的信息带来了一系列的创业机会，例如金融客户的肖像绘制，抵押过程中对于动产抵押物状态的管理等。此外，数据分析能力的提高也带来了机会，例如建立各种理财产品对比的理财产品超市等。

其次，解决由于原有市场低效导致的信息不对称的机会。这类机会是 FinTech 带来的机会的主要类型，许多 FinTech 的技术革新就是为解决金融服务中的信息不对称而产生的。例如，通过建立融资平台降低融资者与筹资者的搜寻成本，利用区块链技术透明度高的特点降低企业供应链金融的信息不对称等。

最后，替代性的资源，大数据的出现使得数据在金融行业中具有更重要的地位，大数据在很多应用上成为传统低维数据补充或者替代的资源。例如，用户的消费行为信息替代传统的证件信息作为个人贷款者授信的依据等。

但是，创业者和企业并不能识别出所有潜在的创业机会，创业机会的发现受创业者和企业所掌握的信息及认知模式影响，不同类型的公司将会识别出不同的创业机会。对于传统金融企业来说，其所掌握更多的是金融行业的信息，对于新技术信息的掌握相对较少。并且，这类企业也比较传统，不愿意为创业机会冒更大的风险，因此其所识别的机会风险较小，通常与金融行业的现有服务紧密相关，并不会对金融市场格局造成巨大的冲击，如建立理财产品超市等。对于科技公司来说，作为技术领域的领先者，其所掌握的更多的是技术的信息，这类企业更加开放，往往愿意承担更多的风险，因此其所识别的创业机会就会相对激进，往往力图打破现有的金融市场格局，以谋求金融市场中的一席之位。科技公司所识别的机会就比如基于用户消费行为的授信等。个体创业者所掌握的信息比较复杂，既有金融信息又有技术信息，有时还有会其他行业的经验，具有开放的创业精神的他们愿意承担风险，因此其所识别的机会往往具有很强的颠覆性，例如建立 P2P 平台等。

11.3.2　实现 FinTech 浪潮中的创业机会

识别创业机会是指实现机会中的商业价值。针对识别出的创业机会，每一个创业者或者企业都有其实现机会中商业价值的方式，即商业模式。商业模式可以划分为价值主张、价值传递和价值捕获三个部分。价值主张，通俗来说是回答企业希望解决什么需求的问题，识别出的不同的机会将导致企业对这个问题有着不同的回答，例如平安银行建立陆金所希望解决的是客户能够方便地选择理财产品的需求，腾讯旗下的财付通希望解决的是用户能够方便地管理资金和支付的需求。价值传递，通俗来说就是回答企业通过什么方式来解决目标需求的问题，这和创业者或者企业识别出的新的手段与目的关系有关，例如平安银行陆金所通过建立理财产品超市的形式解决客户能够方便地选择理财产品的需求。价值捕获，通俗来说就是回答企业如何获取利润的问题。例如，陆金所通过建立理财产品超市解决了客户方便选择理财产品的需求，在这个过程中通过出售理财产品直接实现了利润的获取。通过价值主张、价值传递和价值捕获，企业实现了创业机会到商业价值的转化，如图 11.2 所示。

11.2　FinTech 企业将机会转化为商业价值

11.4 小 结

FinTech 的创业创新时代已经到来。技术创新在金融领域的应用引发了 FinTech 的浪潮，金融领域的持续性创新和破坏性创新为传统的金融企业、科技企业和个体创业者带来了无限的机遇。中国对于创业创新的前所未有的包容，为孕育 FinTech 浪潮中的机遇提供了发展的沃土。在这种背景下，通过对目前市场中存在的 FinTech 企业的汇总整理与分析，我们识别出了 FinTech 浪潮中的三类典型企业：第一类是拥有传统金融机构背景的 FinTech 企业，一般由银行、保险、证券等金融机构衍生出来，这类 FinTech 企业既承担着应对 FinTech 发展冲击的功能，也扮演着补充、赋能，甚至再造金融机构传统金融业务的角色。第二类是拥有互联网科技公司背景的 FinTech 企业，一般是在以"BAT"为代表的互联网巨头的领导下成立，体现了百度、阿里、腾讯等在 FinTech 行业的布局，帮助其充分发挥科技公司的技术优势和平台优势（如搜索、电商、社交等），这一类 FinTech 企业是目前 FinTech 行业发展的中坚力量。第三类是不具备前两类企业背景的 FinTech 创业企业，由看到 FinTech 市场中存在的机会的创业者建立，从行业细分角度切入，一般专注于 FinTech 某一特定领域的业务。这些企业通过识别 FinTech 浪潮所带来的机遇中的创业机会，并通过价值主张、价值传递和价值捕获的商业模式将其转化为经济价值，如图 11.3 所示。

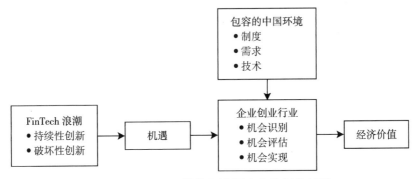

图 11.3 FinTech 浪潮下中国企业的创业创新

在本书第三部分的其他章节，我们将分别展示三类 FinTech 企业的典型案例，通过对企业发展历程、定位 FinTech 的条件与机会以及 FinTech 改变原有商业模式的阐述，分析 FinTech 发展给企业带来的机会，帮助现有企业理解 FinTech 如何影响创新创业。

参考文献

［1］Bower J L, Christensen C M. Disruptive technologies: Catching the wave ［J］. The Journal of Product Innovation Management, 1996, 1 (13): 75–76.

［2］Cooper A C, Dan S. Strategic responses to technological threats ［J］. Business Horizons, 1976, 19 (1): 61–69.

［3］Dess G G, Beard D W. Dimensions of organizational task environments［J］. Administrative Science Quarterly, 1984, 29 (1): 52–73.

［4］Drucker P F, Noel J L. Innovation and entrepreneurship: Practices and principles ［J］. Journal of Continuing Higher Education, 1985, 34 (1): 22–23.

［5］Kirzner I M. The crisis of vision in modern economic thought an austrian economist's perspective ［M］. Emerald Group Publishing Limited, 1997.

［6］Randolph W A, Dess G G. The congruence perspective of organization design: A conceptual model and multivariate research approach ［J］. Academy of Management Review, 1984, 9 (1): 114–127.

［7］Shane S, Venkataraman S. The promise of entrepreneurship as a field of research ［J］. Academy of Management Review, 2000, 25 (1): 217–226.

|第 12 章|
金融企业的 FinTech 创业

12.1　传统金融企业发展 FinTech 的特点

在社会快速发展进步的过程中，传统金融企业一直拥有着较为稳定的重要地位，发挥着资金存储、交易、融通的功能。一般来说，从成立起就扎根于金融行业的传统金融机构拥有着丰富的传统金融业务经验，对金融行业相关的法律法规也比较熟悉，合规程度较高，对风险的把控力度极强。发展至今，传统金融企业的业务体系已经成形，主要覆盖了银行、保险、证券等业务，国内典型的传统金融企业如"工、农、中、建"四大行、中国人寿、中国平安和中信证券、国泰君安等。随着传统金融机构金融科技意识的觉醒，我们发现在发展与应用金融科技的过程中，传统金融企业具有以下三个特点：

首先，传统金融企业发展金融科技的原因主要是外在压力。传统金融企业金融科技的起步相对较晚，在此之前，领先科技企业应用金融科技推出的金融服务产品使传统金融业务流程发生了巨大的变化，大大改善了用户体验，从而导致传统金融企业部分用户和业务的流失。用户和业务数量的降低趋势给传统金融机构的发展带来了一种强烈的危机感，形成一种外在的压力促使传统金融机构学习、应用金融科技留住原用户、抢夺新用户，缓解金融行业新进入者——互联网科技企业带来的威胁。此外，内在转型动机也是传统金融企业发展金融科技的部分原因。互联网时代早已到来，而随着业务量的增长，传统金融企业的信息积累越来越多，系统维护、更新成本越来越高，金融业务中的风险点越来越多，并且许多金融数据沉淀在传统金融机构的内部系统中没有被充分利用。在这一背景下，传统金融机构亟待应用金融科技进行转型，以适应时代发展。

其次，传统金融机构应用金融科技的优势主要体现在用户基础与从事金融业务的经验。一方面，尽管流失了部分用户，但传统金融机构仍然拥有着庞大的用户基础，有助于新金融科技公司开展业务，比如可以通过传统金融机构进行引流，从而为新金融科技公司积累早期用户；另一方面，金融科技的应用最终还是服务于金融业务，这使得金融科技与传统金融机构丰富的金融服务经验能够逐渐发挥出协同作用。以风险控制为例，传统金融机构成立之初就构建起了针对金融业务的风险控制体系，并逐渐完善，如今该体系发现风险并规避风险的准确性越来越高，丰富了传统金融企业应对金融业务风险的案例。这些独特的内部经验使得传统金融企业在应用金融科技时的信息基础更加充实，从而提升其应用金融科技的自信，在推出金融创新产品时也更加有底气。此外，因有传统金融机构良好信誉的背书，用户对于新金融科技产品的信任程度也比较高。

最后，传统金融机构应用金融科技的劣势主要体现在相对薄弱的技术基础和有限的应用场景。一方面，传统金融机构的主要业务还集中在金融领域，内部技术人员主要承担系统维护、更新的工作，而较为复杂的技术问题可能更多地依靠外部技术专家，因此从整体看传统金融机构的技术基础相对比较薄弱，对金融科技的发展敏感性程度较低。这也导致了其研究与应用金融科技的进度滞后于其他科技公司，没能及时地察觉到金融科技可能给传统金融业务带来的冲击。另一方面，传统金融机构应用金融科技的场景比较有限，目前看仍主要应用于已有的业务如借贷、保险等，提高这些传统金融业务的效率、降低风险，而由于互联网科技企业自身业务范围更加广泛，其对金融科技的应用能够据此覆盖更多的场景。

在这一章，我们将以两家从传统金融企业衍生出的金融科技公司：泰康在线和陆金所为例，展示传统金融企业如何利用金融科技进行创业创新。

12.2 泰康人寿的 FinTech 创业：泰康在线

12.2.1 泰康在线简介

泰康在线全称为泰康在线财产保险股份有限公司，是泰康人寿的全资子公司。公司于 2015 年正式成立，作为国内首家由传统保险公司全资发起成立的互联网保险公司，泰康在线依托品牌效应和建立已久的门户网站（tk.cn），撑起了泰康集团三大核心业务之———保险业务的互联网科技化发展大旗。泰康人寿是1996 年经央行批准建立的全国性、股份制人寿保险公司。随着规模扩张以及相关业务的开展，泰康资产、泰康在线、泰康健康、泰康之家、泰康养老 5 个独立的公司相继成立，和泰康人寿共同组成以保险为核心，资管医养协同发展的泰康集团。

泰康在线虽已成为独立的子公司，却仍然与集团其他公司紧密相连。自 2000年起，泰康人寿便推出了在线网站，开始进行互联网保险的推广和销售，公司运用当时最先进的网络技术，开发符合现代风险管理需求的新型产品，并开创性地实现了保单设计、投保、核保、风控以及后期理赔的全网络化。随着时代的进步和技术的发展，网站的设计与服务内容也在更新完善，从网销咨询服务团队的建立到与携程网、淘宝网等电商平台合作，都见证了泰康人寿在我国保险业革新中的引领作用。

在互联网技术、大数据、区块链、人工智能迅猛发展的新阶段，保险科技作为金融科技的一大分支，促使整个业态也在发生着变化，传统保险公司的转型已是大势所趋。2015 年，集团整合了线下线上保险业务，凭借泰康人寿的优质资源，利用新兴的科技和理念，推出新一代互联网保险平台——泰康在线。泰康在线继承了传统寿险的经验和客户储备，并发展意外、健康、养老等险种业务，还研发了一系列具有特色的财产险，如手机碎屏险、退货运费险、互联网消费信用保险等，极大地丰富了保险业务的内容。除此之外，在经营保险的同时，公司深挖客户需求，借助科技手段，将保险与医疗养老、投资理财相结合，形成了技术和市场双重驱动下的保险创新策略，在泰康在线网站上，用户可以根据自己的个性化要求，选择所需要的保险、理财、养老医疗附加一站式服务。

泰康在线已然成为泰康集团朝金融科技领域进军的先头兵，平台致力于提供普惠保险产品，通过创新保险产品形式，加强自身平台建设，优化风控体系以减少经营风险、成本，并且借助泰康集团其他五大子公司泰康人寿、泰康养老、泰康之家、泰康健康、泰康资产已建立起的客户群和技术优势，期望打造一个"活力养老、高端医疗、卓越理财、终极关怀"四位一体的互联网生态圈，如 12.1所示。

12.2.2　泰康集团的保险科技发展历程

保险科技虽然是金融科技的一大分支，但其发展源头远远早于金融科技。以泰康在线独立出泰康人寿，成为全资子公司为时间节点，泰康集团的保险科技发

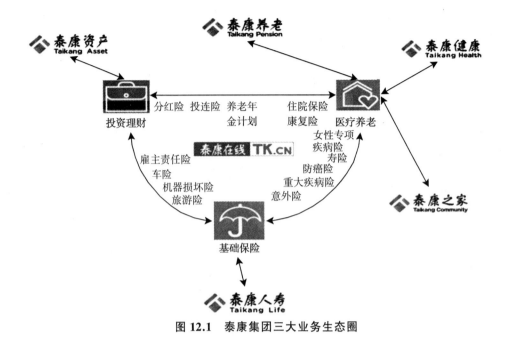

图 12.1 泰康集团三大业务生态圈

展可以划分成为两个阶段："保险＋互联网"时代与"保险＋金融科技"时代。

12.2.2.1 "保险＋互联网"时代：互联网主导，拓宽销售渠道，丰富险种类别

2000 年 9 月，由泰康人寿投资建立的大型保险电子商务网站——"泰康在线"全面开通，随后不久第一张网上交易投保的电子保单生成，标志着泰康人寿全面进军电子商务市场。这也是泰康集团拥抱保险科技的起点——"保险＋互联网"时代。

"保险＋互联网"时代的突出特点是以互联网为首要的技术创新原动力，重在发展在线营销推介方式、网络一体化保险业务机制，以高效率、低成本提供综合的险种服务。在后期，伴随着互联网的深入发展，以及算法、数据挖掘技术的提升，以大数据和云计算带动的个性化创新产品也初步进入市场试水。总的来说，在这 15 年的时间里，泰康集团对于保险科技的发展与应用，主要体现在销售渠道和险种两大创新。

➤ **保险销售渠道创新**

2000 年，泰康在线网站的成立初衷就是希望借着互联网的东风，开辟网上保险的业务战场。传统保险的销售完全是依靠线下广告和人工推销的，这需要大量的场地、人力、财务花费，并且市场反应缓慢，业务拓展周期长，特别是新产品的推广更难开展。所以，互联网技术解决了一系列难题，将线下的体系搬到了线上，短平快的优势得以发挥。

在网站成立之初，由于互联网还未被广泛接入用户的家庭，并且网上购物尤其是网上合同尚未普及，所以业务量增长速度不尽如人意。随着计算机软硬件成本和国内网络资费的下降，网民数量攀升，泰康在线迎来了发展机遇。网站积极利用网络技术设计了电子保单，并且有专人负责对用户从网上提交的投保申请和材料进行审核、备案，集中整理客户数据信息，而售后团队则处理后期的理赔事项，整个过程实现互联网化，相比于传统保险业务的服务流程来说更高效便利。

电商经济的兴起推动了泰康在线业务实现真正的快速扩张。泰康在线先后与淘宝、携程、新浪等互联网平台合作，推出了国内第一家金融保险超市，与兼业代理商共同打造新型的销售模式。由于大型互联网平台拥有庞大的客户群，对泰康在线的品牌知名度起到了绝佳的推广效应，保费额和高净值客户人群呈现突飞猛进的增长。

> **险种创新**

应用互联网技术，在拓宽营销渠道的同时，还能够缩短新产品的推广周期，迅速建立竞争优势，延长盈利时间。互联网信息传输和反应速度快、受众面广、人均营销成本低的特点保证了集团可以将新的产品系列迅速投放于互联网市场。通过在线广告实时作用于广大网民用户，并附加产品优势说明，客户对保险产品的了解认知成本也降低，购买高峰前移且避免了时间延迟而被竞争者抢先占领细分市场。于是，"保险+互联网"时代的深入推进，使得互联网保险的核心竞争力回归到保险产品的创新与惠民度比拼而非渠道、宣传优势的差异。

泰康集团是以经营寿险起家的，直至今日，集团仍以寿险为核心与基础，将其多年来积累的客户资源与技术、品牌优势溢散到其他领域。泰康集团在其互联网保险销售平台发展过程中，吸引了大量的忠实客户，他们长期持有泰康的保险产品。寿险系列不断推陈出新，大多都取得了较好的业绩，因此增强了集团进一步拓展延伸保险帝国版图的信心。泰康在原有寿险体系中继续打造适合中短期出差旅游和探亲人群的 e 顺旅行险、保障系列的蒲公英 1 年期定期寿险，保额及责任可以自选的 e 顺综合意外险、e 顺交通意外险、SARS 期间推出的病毒感染身故险及住院保障险等。特别是泰康人寿在 2008 年成立了创新事业部，全力拓展网上业务的产品创新，之后陆续与携程合作开发了航意险、与淘宝合作开发针对电商卖家的险种。直至 2015 年已经形成了以寿险为主导，财产险、理财险等共同发展的保险体系，如表 12.1 所示。

表 12.1　泰康在线产品体系

保险大类	险种	产品（节选）
人身险	健康保险	e享健康重大疾病保险产品计划 老年恶性肿瘤医疗保险 泰康在线住院保　世纪泰康—个人住院医疗 Ai 情预报 个人齿科医疗保险
	意外保险	全年综合意外 2017 升级版 e畅行—商旅无忧交通意外 e顺企业员工全年综合意外险
	旅游保险	e畅行—境内逍遥游旅行保障计划 泰康"逍遥游"境外旅行保障（全面款）
	定期寿险	泰康尊享世家终身寿险 爱相随—超长待机型定期寿险
财产险		喜临门家庭财产保障 雇主责任险 财产一切险机器损坏险
养老险		养老无忧终身年金险 乐享新生活—高端养老社区险
理财险	投连险	e理财—E 款投连险 e理财—D 款理财险
	分红险	泰康璀璨人生年金计划 泰康尊享岁月保险计划

资料来源：泰康在线。

12.2.2.2　"保险＋金融科技"时代：金融底层科技主导，优化服务流程，创新产品

2015 年以来，以大数据、云计算、物联网、区块链、人工智能等底层技术为支撑的金融科技在我国掀起了一场金融革命，而保险科技作为新的概念，成为保险业金融科技革命的生态总称。同互联网金融时代向金融科技时代过渡的背景相似，泰康集团的在线平台经过 15 年的创新与拓展，已经拥有庞大稳定的客户群，在后期，其产品的研发与业务运营尝到了新科技带来的甜头，于是新一代技术引领的全新时代就此来临。

随着 2015 年泰康人寿的创新事业部正式独立成为了公司——泰康在线，并且拿到了第一批国家颁发的专业互联网保险牌照，泰康集团的保险科技发展到了

"保险＋金融科技"时代。在这一阶段，大数据、云计算、区块链等新技术成为了集团转型的动力，这些技术促进了保险产品的个性化、智能化、多样化，并进一步完善在线保险办理流程，未来有望实现全程智能后台处理，消除人工环节。

大数据助力产品与销售创新是第一个突破。大数据和流量是互联网时代极为珍贵的资源，泰康在线作为专业的互联网保险公司，也希望通过挖掘大数据信息制定自身的发展策略。泰康在线曾率先建立了保险销售网站，实现在线的投保、核保、缴费、后续理赔过程。随后又在移动互联网上发力，在微信、APP 等窗口与用户进行互动，布局在线业务。除此之外，借助阿里巴巴、腾讯、百度等大平台的流量优势，公司又成功地推出了一系列定制型产品，比如针对淘宝电商场景的退货运费险，在解决痛点的同时，赢得了一大批新市场的客户。

基于泰康人寿深耕行业十几年所积累的客户资源，辅之以较为成熟的文本挖掘和算法技术，泰康在线现在能够对用户的社交、交易、经济、健康、信用等信息进行综合分析，并紧跟社会的热点和风口。一方面，在保险供给上更有针对性和创新性，及时推出手机碎屏险、行李丢失险、行程取消险、爱情险等；另一方面，能够抓住用户的心理，通过分析在线用户的需求，进行精准式的保险推介，高效率的专业在线销售团队为用户提供咨询服务，帮助用户制定最合适的保险规划。

大数据、区块链、智能 IT 系统推动跨界合作、优化流程是第二大突破。泰康集团作为传统行业的巨头，始终以技术作为创新的工具，十几年里不断完善互联网系统架构和云平台，以支持海量的交易发生、数据储存和用户分析。泰康集团在系统开发和维护上的优势使其近年来推进"保险＋互联网计划"，集团制定的"大健康＋互联网"的发展战略，就是在充分分析我国养老市场巨大的商业价值后，借助自身在保险领域的客户资源和其他优势，进行跨界经营，其成功的重要因素是基于大数据的挖掘和预测。而医疗养老与保险会形成闭环，共享底层技术和客户数据，发挥协同效应。目前，泰康在线正在搭建的"泰健康"会员体系，利用多维度的大数据，对会员的健康状况进行科学综合的评级，提醒其做好疾病预防，同时，基于泰康人寿的庞大保险储备，为会员提供针对性的保障建议。

在物联网运用方面，泰康在线推出的健康车险服务可以通过利用 UBI 技术收集车主的驾驶行为信息，对其不安全行为进行提醒，并根据车主的差异化状况进行精准定价，弱化柠檬效应。另外，泰康在线已经开发了应用人工智能技术的 Tker 智能机器人，可以实现准自动化的投保和理赔处理，同时利用 OCR 图片识别技术缩短客户的理赔周期。此外，泰康集团还采用基于超级账本 Fabric（Hyperledger Fabric）架构的企业级区块链，打造积分管理平台，这一平台可以将集团不同业务账户之间的客户数据联通，积分等虚拟资产可以轻松对接，提升了用户体验，大大简化了流程。

12.2.3　泰康在线的 FinTech 商业模式

泰康集团长期以来深耕传统保险行业，以专业的寿险和其他丰富实惠的产品作为核心竞争力吸引客户，再凭借强大的赔付能力与百分百回访等售后服务赢得顾客忠诚度。除此之外，集团又利用在保险领域内建立的品牌资产和技术基础，向资产管理、医疗养老保险等介入潜力大的场景开拓，将人寿险、财险作为桥梁，使产业链延伸，跨界混搭以满足客户的多元化需求。

传统保险企业的价值链核心环节，在于营销和售后服务。而从实际效果来看，我国保险行业长期以来多采用传单、电访、搜索引擎竞价广告等形式进行前期的产品推介，线下和众多线上的保险销售效率低，体现在保单条文繁杂、核保风险管理难度大，而售后理赔周期长、验证手续多等问题更是遭到诟病。这些都是制约我国传统保险企业利润率水平和保费规模增长的关键因素。

泰康集团在互联网和金融科技浪潮中，结合既有的客户资源与底层技术，加之在互联网保险领域积累十几年的经验，以大数据、云计算、人工智能、区块链等新技术为创新驱动力，加强系统开发能力、营销能力、产品设计能力和售后服务等能力的培养。在整个保险行业生态转型的阶段里，泰康积极利用技术克服瓶颈，主要针对产品开发、风控检测、售后服务环节进行价值链再造并实现商业模式创新，如图 12.2 所示。

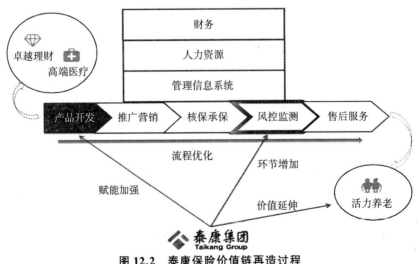

图 12.2　泰康保险价值链再造过程

➤ 产品开发：价值链赋能

泰康保险在发展过程中同国内其他传统、互联网保险企业所面临的瓶颈相似，其中最重要的一点是保险产品同质化严重，保险的创新乏力，使得行业内的竞争较为激烈，且往往以价格战为主要策略，造成不利于整个行业进步的恶性竞争。作为线下与线上双渠道并行的老牌保险公司，泰康一方面着重经营自己的发家领域寿险，另一方面利用互联网技术和大数据手段分析预测新的保险场景，并借助精算系统、大数据法则建立风险定价模型，最终设计出新的险种。

泰康集团于 2008 年成立了创新事业部，2015 年该事业部发展成独立的互联网保险公司——泰康在线，曾先后推出了许多符合当时场景需求的产品，除了已有的寿险系列继续延伸更新外，还有大屏手机流行时的手机碎屏险、电商兴起时的退货险、与携程旅游合作的航意险及旅行险等，这些周期短、热度高的特色险种丰富了泰康的保险体系，在其生命周期内对公司的保费规模和品牌资产起到了促进作用。泰康最新开发的运用车联网技术的特色车险更是将传统车险的痛点解决理念付诸实践（图 12.3），搭载有移动终端的汽车通过物联网将驾驶人行为信息与相关数据及时传输到云端，而基于驾驶人操作规范和车况的评分体系辅助公司后台对保险的定价模型进行完善。今后，车险的费率将会与驾驶人的车况、历史驾驶行为进行挂钩，这对于保险公司降低逆向选择风险、规范车主驾驶行为和延长车辆寿命都有巨大的积极意义。

泰康车险
首款互联网健康车险
人健康：驾驶人健康体验、健康关爱……
车健康：车况健康检测，维修保养服务
行健康：为车主的驾驶行为评分，并提出建议，建立良好驾驶习惯

图 12.3　泰康 UBI 车险

泰康在 UBI 技术上的应用还有更多，新险种的设计只是其产品开发策略的一个开端。未来，在大数据、人工智能等新技术进一步成熟普及的过程中，泰康将在保险的险种、费率、投保条款、理赔环节上持续创新，力求打造"千人千面"的个性化、智能化保险产品体系。

➤ 风控监测：价值环节增加

近年来，以大数据为核心技术的风险控制是众多险企尤其是互联网保险企业格外重视的环节。长期以来，我国保险行业受制于技术条件，且面临信息匮乏和征信行业不完善的问题，所以逆向选择和道德风险大量存在，由此导致的柠檬效应让整个市场处于低效率、混乱的局面。

泰康在 2004 年引入了大数据风险控制手段，采用 Smartbi 作为工具软件，公司运用大数据建模鉴别核保欺诈、理赔欺诈等行为，并在适当的限度内对投保人在保险期内的相关行为信息进行收集分析，及时防止骗保行为。在核保环节，大数据智能风控系统可以根据投保人的个人资信状况、年龄、既往健康记录等信息结合海量数据进行比对分析，综合得出风险评分，帮助公司做出是否接受投保申请的判断以及进行费率的控制。在理赔环节，根据泰康人寿集团大数据部总经理的介绍，泰康制定了一套大数据智能风险评估机制，它可以根据过去十多年的理赔案件，从几十个维度的角度做训练，对每个理赔申请都形成不一样的个性化的风险评分，并且把风险评分与过去传统的流程嵌入结合起来，形成差异化服务。基于这种服务，公司可以规避风险，并且让优质客户的理赔更高效，更及时。

泰康增加大数据风控环节，对于自身可以降低经营风险，一改曾经保险公司在风险监测上被动的局面，降低了成本；而对市场风险的鉴别能力提升后，保险的定价可以根据客户的风险、信用评级差异化设定，总体费率呈现下降的态势，理赔过程也会因此简化，顾客体验和让渡价值将会大大提升。

➤ 售后服务：价值延伸

泰康保险优质完善的售后服务体系是其立足的优势之一，公司十分重视延伸售后服务的环节。泰康在最基本的保险售后理赔过程中已经尝试启动自动化智能处理机制，该套流程涉及多重技术，比如基于大数据的风险识别和控制系统可以在短时间内对客户的骗保行为准确鉴别，减少保险欺诈行为从而降低公司经营风险，并提升服务效率；而已经定制的人工智能机器人 Tker 则可以根据嵌入的人脸识别、语音交互、互联网等功能，实现投保、核保、理赔的一体化服务。这些技术大大地减轻了传统保险公司的理赔压力，缩短了客户的等候时间。

除了采用智能信息化带动理赔服务改善，泰康在价值链重造上迈出的更大一步是利用区块链、人工智能、大数据、云计算、互联网等技术将保险产业与集团其他业务板块连通，谋求协同效应，如图 12.4 所示。

图 12.4　泰康集团协同发展商业模式

资料来源：泰康集团官网。

以一位老年客户为例，假如该客户在泰康在线官网注册会员，并投保一款"e 生健康"重大疾病保障险，那么此时泰康就可以利用集团云计算中心的数据储存、挖掘、分析手段搜集该客户的年龄、身份、职业、财产状况等信息，并反馈给泰康资产、泰康之家、泰康养老等其他业务的子公司，这些公司的营销人员可以根据掌握的信息，为该客户提供保险的延伸服务。比如泰康之家识别到客户的养老需求和地理信息，能够通过电话、短信的形式将旗下的特色养老社区推介给客户或其子女。泰康资产则用类似的方式将理财产品进行重组和针对化设计，再对客户实施点对点的营销。此外，正如上文提及的，泰康运用区块链技术打通了客户在资管、医养、保险等平台建立的不同账户，这些账户的信息和虚拟资产可以互相认证，便于用户的一站式金融消费。泰康在基础架构云、业务云、平台云上的建设起步较早且已相对成熟，其聚合的统一的泰康私有云为集团三大板块的数据分享、业务协同和服务能力提升做出巨大贡献，同时支撑着集团为客户尤其是中老年客户提供一整套妈妈式的保障服务。

除此之外，由于风险管控技术的提升，以及企业在售后价值链环节获利提升，所以从整体来说，在人寿、旅行意外等险种上，泰康在线上的保费价格相对于许多传统保险企业有明显的优势。

12.2.4　总结与展望

泰康集团借助成熟的 IT 系统和数据中心已经形成了三大业务板块，保险居于主导地位；养老产业虽然投资大、回收期长，但从长远来看能够发挥多元化战略的优势，并占领更广阔的市场与利润空间。作为传统的保险企业，泰康集团在金融科技浪潮中积极把握机遇，重视技术能力建设，以智能化、个性化创新金融产品并重塑价值链，在云计算能力、大数据、区块链技术的应用上颇具实力。

然而，从泰康保险目前的业绩看，其规模增长不明显，论实力虽能稳坐业界前几名的位置，但在金融科技时代后劲稍显不足。泰康在寿险、财险等传统险种中的地位似乎不可动摇，且集团的底层技术其实已经构建得较为完善，而集团的子公司——泰康在线作为专业的互联网公司，相对众安、易安等对手，在场景化、碎片化的产品上创新不足，呈现"黏度有余，热度逊色"的局面，在一定程度上没能让泰康在线的互联网险企牌照发挥价值。

当前在我国，金融科技以及其分支——保险科技的技术基础已经趋于成熟，处在应用的试水期，而技术带动的产品创新以及保险服务流程重构的价值潜力巨大，成为未来险企的核心竞争力。在可以预见的时间内，保险科技在行业的应用有望大规模展开，通过技术的运用来推动保险业创新，这种创新很有可能是颠覆性的（许闲，2017）。未来，在保险科技的世界里，大数据会进一步提升保险公司的风险管理能力，深挖客户的相关需求，将热度和黏度并行增强。另外，精准式的营销以及消费者行为分析助力探索潜在用户，多业务模块也能被拆分或重组以满足个性化的服务诉求。各个公司未来依托的云服务中心对数据的储存和利用方式产生改变，数据成为宝贵的矿产，利用的效率大大提升，支撑公司的单一或多元化业务发展战略。而人工智能与网络传感器的普及，能够使险企具备迅速计算、调整保费的能力，并预测投保人在保险和相关生活场景中的消费行为和差异化特点。机器的自我学习机制会替代大量人工劳动，使销售、投保、核保、理赔的各个环节最大限度地实现自动化。泰康集团作为保险业的传统企业，应牢牢把握住这一趋势下的改革机遇，继续充当行业转型发展的先头兵，深耕产业链，加大创新研发的投入，以技术作为导向，和其他传统险企、互联网初创企业以及金融科技公司三驾马车一道，推动保险业态的颠覆创新。

12.3 中国平安集团的 FinTech 创业：陆金所

12.3.1 陆金所简介

陆金所，全称为上海陆家嘴国际金融资产交易市场股份有限公司，2011 年 9 月在上海注册成立，是中国平安集团旗下的成员，目前已经成为全球领先的线上财务管理平台。公司致力于采用互联网、大数据、云计算等新技术，结合全球化和金融科技的发展趋势，建立健全风控体系，打通线上和线下渠道，合理配置资本和资产端，为个人和机构组织提供专业、高效、安全的综合金融资产交易信息及咨询相关服务。

陆金所最初以 P2P 网络借贷业务为核心，主要面向个人投资者，满足普通大众的投资理财需求。2012 年 3 月，陆金所母公司平安集团着力打造的网络在线投融资平台 Lufax 正式上线运营，提供个人的借款服务和中小企业的融资服务，也为有投资需求的个人、企业搭建渠道。随着 P2P 交易规模的快速上升，陆金所于 2013 年下半年推出了针对机构客户的金融资产交易平台——Lfex，主要开展委托债权等金融资产交易、信托等各种财富管理产品的流转以及金融机构资源整合三大业务（洪偌馨，2016），与主打个人业务的 Lufax 形成互补。

2016 年 1 月 18 日，陆金所正式对外宣布完成了 12.16 亿美元融资，其中包括 B 轮投资者 9.24 亿美元投资和 A 轮投资者行使认购期权投资的 2.92 亿美元（网易科技，2016）。此次陆金所的融资获得了来自境内外众多机构投资者的热情追捧，收到的有效订单远远超过原计划的募集金额。其中，中银集团投资有限公司、国泰君安证券（香港）有限公司、民生商银国际控股有限公司等多家境内外优秀的机构投资者都成为此次融资认购方，融资完成后，陆金所估值达到 185 亿美元。陆金所的 B 轮融资意义重大，资金的使用将主要服务于其提出的大陆金所战略和平台建设，充足的资本实力必将提升风控能力、系统架构、产品开发、用户挖掘等能力。对于公司上市，内外部人士都预测这是大势所趋，据董事长计葵生称，公司并不急于扩充资本，现在需要等待全行业的监管环境趋于成熟和稳定（计葵生，2015）。就当前陆金所的估值和业绩来看，若能成功上市，其市值或可超过母公司。

在短短的 6 年时间里，陆金所平台的注册用户已达 3208 万人，累计为客户赚取了 435.1 亿元，线上交易额逐年增长，一跃成为国内最大的财富管理平台。目前，陆金所通过机构与业务的整合，已经完成了从 P2P 网贷平台向金融交易信息服务平台的转型，新的陆金所控股旗下逐渐形成了陆金所、重金所（重庆金融资产交易所）、前交所（深圳前海金融资产交易所）、平安普惠"三所一惠"的格局，深入财富管理、机构间交易和消费金融领域，对接银行、信托、证券、保险、公募基金、私募基金、大型机构、黄金、P2P 九类端口，建立开放、一站式的金融服务平台，如图 12.5 所示。

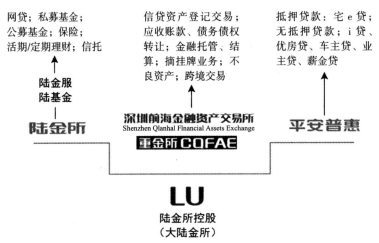

图 12.5　陆金所的"三所一惠"业务体系

陆金所的设立和发展，与陆金所的母公司——平安集团的企业特质有着紧密的关系。平安集团是中国第一家股份制保险企业，发展到现在已经成为国内专业牌照最齐全的综合金融集团。同其他传统险企和国内著名的工、农、中、建等几大银行相比，诞生于我国对外开放前沿阵地深圳的平安集团，有着与生俱来的创新基因，从股份制设立，到 21 世纪集团化运营，再到借鉴欧美发达国家的保险业务模式、营销手段、精算体系，一路上都走在保险、银行、投资领域的创新前沿。在互联网金融浪潮兴起之前，集团已经将科技和金融的融合作为未来发展的新风向，推出了陆金所、平安普惠、平安一账通、万家医疗、壹钱包等金融科技业务，而专业的金融科技公司——平安科技在大数据、人工智能、云计算、区块链上有着强劲的研究和开发能力，不仅为集团各个战略业务单元提供科技转型支持，也帮助其他传统公司进行业务创新。所以，平安集团称得上是传统金融企业中最具有创新意识和能力的一员。

作为平安集团的嫡系，陆金所充分利用了平安集团超过 4 亿的互联网客户大数据，开发先进的风控手段和模型技术，帮助平台的投融资客户规避风险，优化标的，降低交易的坏账率。正是因为出色的风险管理，才让陆金所平台的产品在缺乏利率优势的情况下，仍然成为广大投资者热衷的选择。

陆金所从出生起就兼有传统财富管理公司和互联网金融企业的双重身份，创新和技术也是其发展的灵魂所在。在金融科技的背景下，陆金所深谙财富科技的趋势，继承互联网金融时代的余韵，积极加强大数据、云计算、人工智能等技术的底层开发和应用布局，努力开启财富管理的新纪元。

12.3.2 陆金所的 FinTech 发展历程

从 2011 年陆金所成立，到 2012 年推出网络投融资平台 Lufax，再到如今公司形成旗下陆金所、前交所、重交所、平安普惠"三所一惠"的全新布局，短短的 6 年时间里，陆金所实现了交易规模和业务模式的双重跃变。作为诞生在互联网金融潮流中兼具金融和科技成分的财富管理公司，陆金所这个后起之秀在大浪淘沙中坚持以可靠牢固的风控为后盾，强化平台监管，利用大数据、云计算、人工智能等科技手段创新金融产品与服务模式，探索出一条"金融先行，科技驱动"的动态适应性发展路径。

陆金所的金融科技发展历程经历了三个阶段：第一阶段主要专注于自营 P2P 网络借贷业务，运用互联网技术搭建平台，以大数据手段强化风控，满足传统金融领域所忽视的中小投资者和小微企业投融资需求。第二阶段陆金所进一步加强风险管理，逐渐剥离自营 P2P 业务，将产品线延伸到基金、保险、非标资产等大金融领域，将平台打造成开放、跨业的一站式财富管理平台。第三阶段是陆金所 O2O 开放平台战略实施至今，平台完成了银行、基金、信托等九大端口的对接，突出中介信息服务平台的角色特点，为各个金融主体提供基础设施、销售渠道和咨询顾问服务，依靠科技的数据处理能力优化客户选择（计葵生，2017）。

➤ 1.0 时代：P2P 先行

在传统金融领域中，中小投资者的单笔投资额较小，差异大，并且风险承受能力差，对于金融机构来说单位服务成本极高，所以他们的投资需求通常被忽视；另外，在我国小微企业担保难且经营风险高，面临着巨大的融资问题，长尾客户的资本和资产端没能有效对接。于是，以互联网平台技术和大数据风控为依托的网贷行业崛起，陆金所正是其中的佼佼者之一。

陆金所成立之初，是以解决中小企业融资问题和普通用户投资理财需求为愿景的，采用平台化的方式做 P2P 业务。2012 年推出的 Lufax 平台标志着陆金所正式进军 P2P 行业，这一网络投融资平台可以为借款人发布融资需求，而投资者可以通过平台直接选择标的，其引入平安融资担保公司为借款人做担保，大大提高资本端的安全性，在此过程中，陆金所扮演着风险审核与控制的中介人角色。

平台发挥的作用在于实现资源的高效率、低成本匹配，服务个人直接投融资需求，更核心的则是严格的风控。陆金所作为"银行系"的嫡系 P2P 平台，对风险管理能力的建设尤为重视，在互联网大数据技术的研究运用上独树一帜。陆金所利用独立开发的风险评估模型，基于平安集团多年积累的综合客户数据，通过"政策、分析、模型"的三元组织架构实现了对用户数据的有效梳理与应用（凤凰财经，2014）。另外，平台还从平安银行引入了授信模型，会对所有个人借款者与机构借款者进行严格的审核。在此基础上，Lufax 平台上的坏账率维持在较低的水平，在 P2P 倒闭潮中，仍然能够屹立不倒。凭借着安全性和灵活性优势，Lufax 获得了广大客户的青睐，根据网贷之家的数据，在 2012 年 3 月开始上线运营到 2013 年 6 月一年多的时间里，Lufax 成交金额达到 6.7 亿元，其中 2013 年上半年就实现了 5 亿元的交易额。

在 1.0 时代，陆金所的业务重点在 P2P 网贷领域，借助大数据风控和互联网平台技术发展金融科技，为融资和财富管理进行赋能。这也是深耕传统线下业务的平安集团迈向金融科技领域的开端之一。

➤ 2.0 时代：打通外接端口，营造一站式大金融平台

随着金融科技的进一步发展，以智能投顾为代表的智能、个性化财富管理模式兴起，除此之外，保险、基金、信托等传统行业都进入了金融科技的探索期。陆金所这个以金融为核心，靠技术创新的投融资平台，意识到了大金融时代的来临，于是开始剥离自营业务，加强大数据风控、云计算中心应用和底层架构的建设，逐步建立开放的一站式财富管理平台，以满足客户在标的类型、收益等方面的多元化投融资需求。

2013 年下半年，陆金所推出了另一个与 Lufax 互补的金融资产交易平台——Lfex，它针对机构间客户，主要经营 F2F（金融机构—金融机构）和 B2B（非金融机构—非金融机构）的非标资产业务。陆金所开启金融科技大资管的蓝图就此付诸实践。

　　Lfex 作为平台中介，借助平安集团的专业牌照资质，将业务触角伸向了银行、基金、信托、券商、租赁公司等金融或非金融机构，将资本与资产进行对接。其交易的底层资产包括了票据收益权转让、应收账款转让、信用卡资产产品、车贷等。由于非标资产的复杂性，平台会运用风险评估模型和平安集团云中心的数据对机构及其资产项目进行风险评级和收益预测，标识出不良资产并给予投资者明确的预警和提示。根据 2015 年中国平安的年报数据，2015 年陆金所全年的总交易量为 15252.72 亿元，个人零售端交易量 6464.92 亿元，同比增长 7 倍多；而机构端交易量 8787.80 亿元，同比增长逾 4 倍（东方财富网，2016）。

　　2015 年 3 月 17 日，中国平安集团宣布，将整合平安直通贷款业务、陆金所下辖的 P2P 小额信用贷款以及平安信用保证保险事业部三个模块的业务管理团队（澎湃网，2015），成立统一的"平安普惠金融"业务集群，并去担保化，突出陆金所金融资产交易信息中介的角色。几个月后，前交所和平安普惠也被布局到了陆金所控股旗下。随后，重交所被纳入大陆金所体系中的势头也逐渐明晰，P2P 业务也转移到了新成立的陆金服平台，陆金所"三所一惠"的格局和开放平台战略也相继确立。

　　在开放平台下，陆金所依托旗下的金融资产交易所和平安普惠集群，经营 P2P 网贷以及基金、保险、资管计划等标准或非标资产的多元化业务。与此同时，平台自身不生产任何产品，而是打造一个开放的金融资产超市，与国内的银行、基金公司、证券公司、房地产公司以及抵押担保公司等机构进行对接，开辟九条产品线，引入各类机构主体的产品，丰富投资者的选择。

　　同时，陆金所继续发挥平安集团赋予的海量数据和技术优势，开发出基于大数据、智能算法模型的投资者适应性管理体系——KYC2.0，利用了大数据技术、机器学习等在资金端对投资者进行"精准画像"，还根据风险承受能力，将客户划分为保守、稳健、平衡、成长、进取五种类型，并给出用户个性化评分——坚果财智分，以此向客户推荐高匹配度的资产配置方案。此外，陆金所结合后台大数据支持以及各类系统，对用户的金融信息实时分析、梳理，采取措施优化投资流程，提高效率，着力营造安全、智能的财富管理环境。

　　2.0 时代，陆金所借助母公司平安集团强大的数据基础作为支撑，结合自身在大数据、云计算、人工智能技术上的研发和应用探索，将金融科技业务延伸到了众多领域。在从 P2P 网贷平台到综合资产交易中介的转型过程中，充分利用了平台在风险控制、资产资金匹配上的优势，打通了与个人、机构金融参与者的接口。计葵生[①]在 2017 博鳌亚洲论坛上谈道："理财科技是金融科技的内容之一，其在未来五年发展的驱动力将从过去依赖渠道优势转向运用大数据和数据的分析处理、深度运算能力。"而陆金所正是依靠科技作为驱动力，实现业务模式的不断创新。

➤ 3.0 时代　开启智能财富新征程

在 1.0 和 2.0 时代，陆金所已经利用互联网技术和底层架构基础搭建了在线金融平台，借助大数据风控保证新模式的平稳运行。而在 3.0 时代，陆金所将结合"O2O+跨境平台"的战略，综合运用人工智能、大数据、云计算等新技术开启智能财富管理的新阶段。

在金融层面，陆金所将继续依托平安银行、平安保险、平安证券等的资源优势，拓宽金融业务边界，在 2.0 的基础上将平台的开放性、透明性进一步提高，丰富产品线。将金融市场的各个参与主体如底层资产提供方、资本持有者、技术支持机构都容纳进来。"巧妇难为无米之炊"，作为传统金融领域出身的公司，平安集团和陆金所十分重视金融业务和资产、资本的基础性作用，以及平台规模、体系的完善。只有食材丰富，食客众多，才能打造一场丰盛的饕餮盛宴。

在技术层面，陆金所未来仍旧要依托金融科技，在七步风控法和 KYC 2.0 系统的基础上，加大风险管控力度，做好金融中介服务，发展新一代的智能金融平台。大数据是人工智能和机器自动学习的底层基础，数据的采集、修正和整理关乎了数据资产的价值，以及机器学习的效率。所以，在金融科技的新阶段，科技对解决关键环节的瓶颈问题具有至关重要的作用，数据资源建设、平安集团云中心建设会更多地支持陆金所的智能投融资的系统开发、算法应用。在产品上，深入场景需求，构建买房、结婚、子女教育、退休养老等多样化的理财场景（见图12.6），将用户的期限、风险偏好、收入情况等个性化要求作为算法输入成分，

梦想理财

买房	结婚	子女教育	退休养老
心中的那个家近在咫尺	给 TA 一辈子的幸福	出国留学早做打算	是否可以一生无忧

图 12.6　陆金所梦想理财

[①] 计葵生，陆金所联席董事长、CEO。

自动为客户形成基于平台各端口资产池的投资理财方案。

3.0 时代与公司提出的"O2O+跨境"战略互为表里,相互支持,随着线上线下的对接,以及海外资产的引进,科技在金融领域的发挥空间会更大,定位于金融资产交易服务中介的陆金所,将抓住科技和金融创新的双重优势,推动基于宽层次、大平台的智能财富管理新进程。

12.3.3 陆金所发展 FinTech 的机会与条件

陆金所在金融科技的发展上起步相对较早,并且是最早一批直接以传统企业身份开展金融科技业务的,这和平安集团超前的互联网金融思维、综合金融战略有很大的关系。面对着日趋深入的金融转型浪潮,陆金所从最初进军 P2P 到后来找到金融综合服务平台的定位的过程中,以大数据为核心的科技发挥了驱动作用。

庞大的长尾市场为陆金所提供发展金融科技的外部机遇。正如本书前文所提及的,金融科技的出现和发展从市场端的意义来说,是为了以技术为手段,更好地匹配资金和资产,满足广大中小投资者以及小微企业的金融需求。陆金所的 Lufax、Lfex 平台还有如今着力打造的前交所、平安普惠,在产品的期限、利率、起购额、投融资形式上十分灵活,较为领先的大数据风控系统又可以将许多缺乏结构化征信信息的个人纳入到服务对象范围。中国平安 2016 年年报数据显示,截至 2016 年 12 月 31 日,陆金所平台注册用户数已经超过 2800 万人次,较 2015 年增 55%,其中,活跃用户数 740 万人,较 2015 年增 103.9%。2016 年新增投资用户数 445 万人,同比增长 33.3%;期末零售端资产管理规模达 4383.79 亿元(东方财富网,2017)。从陆金所的业绩来看,融资市场和资本端的巨大需求对金融科技业务的开拓起到了助推作用。另外,我们在陆金所的交易平台上也会常常发现,许多 P2P 理财产品如稳盈、汇盈系列一经推出,就在短时间内被抢购一空,这反映了 P2P 以及其他资产交易的市场价值。因此,平台尝试以该种模式结合新技术,探索更广的金融资产服务领域。

平安集团的数据资产以及陆金所多年来建立的大数据风控手段是发展金融科技的内部优势。陆金所的母公司平安集团是中国金融牌照最齐全、业务范围最广泛的综合金融企业,在银行、信托、保险等业务领域拥有庞大的客户群,积累的数据资产十分全面。在高质量数据的基础上,陆金所可以十分方便地利用互联网、大数据手段进行价值信息的发掘,以此预测市场行为,并提升风险管理能力。2015 年推出的投资者适应性管理系统 KYC2.0 就是在整合了投资者、资产、机构大数据的基础上,分析风险级别,绘制"精准画像",实现了资本端与资产端匹配。大数据和云计算是陆金所最重视的科技，董事长计葵生曾认为，未来 5 年的时间金融科技将变为科技金融，陆金所从诞生至今，大数据作为技术优势，在平台的风险识别、产品推介以及多元化转型过程中发挥重要作用。

此外，我们在前文已经提到，平安集团自身与生俱来的创新基因，也遗传到了陆金所的体内，在 P2P 的风口，陆金所横空出世，凭借着强大的资金实力和传统金融资产的积累，迅速吸引了大量客户。在洗牌期，平台依靠母公司的专业牌照与同胞公司平安科技等的技术支持，加大对风险的把控，降低坏账率，"以稳取胜"正是陆金所的立身之本，也是广大客户最看重的因素，所以，"稳"字当头的陆金所，堪称投融资领域内"性价比"最高或者用专业的指标——平均离散系数①来衡量是最低的。

在未来，数据技术和云计算建设仍将是陆金所打造智能财富管理平台的重要驱动力，其拥有的技术优势打通了平台与更多传统金融产品的对接，将线下与线上完美地结合，为传统业务进行赋能，这正是陆金所发展金融科技的重要内因。

12.3.4　陆金所的 FinTech 商业模式

回顾陆金所的金融科技发展历程，其背靠平安集团，前端有技术驱动，传统与创新相结合的特征始终推动着公司探索产品、业务以及商业模式的求变、求新。随着金融科技的大环境逐渐成熟，陆金所在技术应用层面上的商业价值也体现出来，在历次行业大洗牌的风波中也能立稳根基，不断开拓。

我们在前文已有介绍，陆金所目前已经从成立之初的 P2P 平台转型为综合、开放的金融信息交易服务大空间，大陆金所下的"三所一惠"有针对性地主攻各自的业务领域，而背后统一的数据中心与科技手段为所有交易和服务提供支持，这也是创新的基础。结合陆金所对金融科技的应用情况和发展蓝图看，其在商业模式上的创新可与其平台定位相对应，分为投融资赋能和资产交易赋能两个过程。

➤ 投融资赋能——"陆式" P2P

在我国当前的商业环境中，小微企业借款和担保难是一大热点问题，也是困扰整个金融市场的难题。由于小微企业体量小，单笔交易额不大，所以传统金融机构为这些主体办理借贷等融资服务时所获取的收益就显得微不足道。而同等情况下，花费相似的时间、精力成本，这些金融机构就是在让渡一定的费率优惠的

---

① 离散系数（Coefficient of Variation），在财务上常用于衡量风险，表示单位收益上的风险水平。

情况下，也能够凭借着交易额基数的优势，收益更多，所以往往愿意为大客户服务。

与之对应，我国的散户投资者真正能够进行有效投资的渠道相对狭小，一方面与我国债券、信托、基金市场相对于国外不完善有关；另一方面是因为个人投资者与机构投资者相比，资本持有量少，风险承受能力差，且需求差异太大。所以，传统金融市场嫌贫爱富的本质属性就暴露无遗，长尾客户的投资理财需求无法得到比较好的满足。

在这种背景下，以革新金融业态为特征的金融科技兴起，作为投融资领域的热点应用，P2P 横空出世。平安集团看准了 P2P 市场的机遇，希望借助自己在传统领域积攒多年的业务经验和数据优势，打造一个在线借贷平台，于是陆金所就诞生了。

陆金所问世时所选择的 P2P 模式，就是其利用金融科技对投融资赋能的见证。在个人投融资平台 Lufax[①]上，借款人可以通过简单的网上注册申请以及身份验证、资产核验，取得合格投资人的认证后，便可以通过稳盈—安 e[②] 等系列服务进行借贷，额度在 1 万~30 万元，能够基本满足个人和小微企业的短期需求；投资者的验证条件相对宽松，可供选择的投资标的很丰富，起投门槛低，可以根据风险情况、年化利率、投资期限进行综合筛选。

目前陆金所的注册用户已突破 3000 万人，在业界的综合排名长期居于前三甲，在曾经 P2P 倒闭潮中，陆金所的 P2P 业务之所以能够稳如泰山、蒸蒸日上，归于其"陆式"P2P 风格的两大特点，如图 12.7 所示：

首先，依托平安集团的数据基础和云计算建设，陆金所的大数据风控做得较为出色，其风险评估管理机制和授信模型能够形成对借款人贷前、贷中、贷后的风险把控，尽量将坏账率降低。此外，陆金所为了进一步规避风险，降低借款人的损失，引入了第三方担保机制，平安融资担保（天津）有限公司、富登投资信用担保有限公司等可以对借款人实施二次信用审核，并提供担保服务，当借款人到期未能偿付贷款时，担保公司将全额代偿。而在向投资者展示标的时，陆金所不会设置利差，收益只来自于固定利率的交易服务费。正是基于此，陆金所 P2P

---

① Lufax 原域名已改为 lu.com，其业务已被移至新成立的陆金服平台（lup2p.com）。
② 稳盈—安 e 是陆金服打造的首款个人借贷服务。陆金服作为需要融资的借款方与拥有闲置资金的投资方之间的平台，帮助借贷双方完成投资借贷，并委托第三方担保公司对借款方的信用进行审查与核实，提供担保，https://www.lu.com/help/help_project_anyidai_answer_02.html。

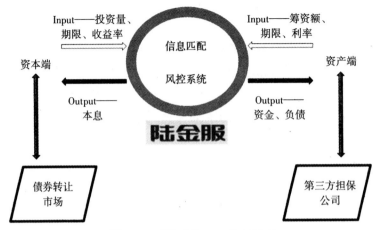

图 12.7 "陆式" P2P 业务模式

投资端的预期收益相对其他平台低了 2~3 个百分点，然而业务增长量却遥遥领先，自身也无须担负过大的经营风险。这也说明了"陆式风格"在现有大环境下的成功性。

其次，陆金所建立了二级市场，投资者可以在有紧急资金需求而期限未到的时候，将部分债权投放于这个市场进行转让，若急于变现，还可以设定一定的利率优惠，提高流动性。这个债券转让市场既能够使平台获取又一重盈利，又能够降低投资人的流动性风险和利率损失（杨立强，2015）。

综合以上两个特点，"陆式" P2P 展现出的巨大活力，反映了传统企业在利用金融科技创新业务模式时，仍然将风险控制作为第一要义，"稳中求新"的思路对于提升客户价值而言或许更可行。

➢ 资产交易赋能——基于 KYC 的大金融平台

随着平台凭借其 P2P 业务逐渐积累起客户忠诚度与数据的增长，以及其自身的风控能力和平安集团云平台建设的完善，陆金所又开始谋求更大的业务布局，从 P2P 到 B2B、B2C，直到目前实现了 O2O 的模式转变，成为线上线下相结合的金融资产交易服务平台，如图 12.8 所示。

我国目前有 20 多家金融资产交易中心，但绝大多数的盈利能力和资产交易增长量与陆金所相去甚远。王彬（2016）认为，陆金所的成功有一个重要的原因在于其本身强大的互联网金融思维。通过利用互联网技术，结合传统金融的优势资源，平台能够强化与客户的交互，解决获客能力不足的问题。我们还认为，陆

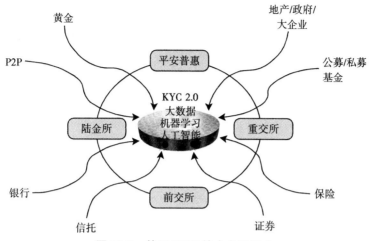

图 12.8　基于 KYC 的大金融平台

金所利用大数据、云计算技术开发的客户适应性系统 KYC 2.0[①] 为陆金所这一开放网络平台经济效应的发挥大大赋能。

在陆金所、前交所、平安普惠中，越来越多的资产提供方加入，底层资产不断汇集，与此同时，资产质量、期限等属性也更加纷繁复杂。在这种情况下，金融平台的信息媒介和咨询投顾作用格外重要。KYC2.0 系统基于大数据、云计算的"精准画像"和风控手段，以及客户的主观问卷，可以为用户形成专属的风险承受能力分值——"坚果财智分"；利用机器学习，则可以动态性地调整客户不同阶段的风险承受分数。在此基础上，KYC2.0 可以为客户提供精准的产品推介，并根据其风险承受能力与财务状况作出资产配置比例的匹配。所以，陆金所对金融科技的综合应用，使得客户在金融资产交易平台上可以享受智能化、个性化的投资服务，承受的风险也大大降低。无论从服务流程还是资产组合的选择上来说，客户的体验都得到了提升。

12.3.5　总结与展望

在整体战略层面，陆金所已经完成了业务重组，继发布开放平台战略后又提出了"O2O+跨境业务"路径，在原有的银行、基金、券商等传统金融主体的体系内，纳入支付结算公司、律师团队等更多的相关机构，并引进海外质量较好的资产，丰富业务板块，更好地发挥金融资产交易服务的中介角色。

---

① KYC 即 Know Your Customer。

在开放平台的"三所一惠"局面下，陆金所将专注于服务线上的 P2P 业务，前交所、重交所聚焦于机构间业务和跨境业务，普惠金融服务个人消费金融和小微企业的融资需求。随着资产复杂性增强和业务丰富度的提升，风险控制对于公司的重要性更加凸显。另外，平台的开放使得数据的来源和种类更广、规模更大，所以数据资产的开发难度相对降低。基于平台的角色定位，陆金所意识到了在进行信息匹配和资产资本管理的过程中，风险管理是极为重要的环节。所以，陆金所在运用互联网大数据技术对资产端的风险评级与信用把控上的技术优势成为了立足于同行业的核心竞争力。

我们认为，基于陆金所综合金融服务平台的自身定位，其核心价值环节除了风险管理以外，未来还应该聚焦在咨询顾问的环节。开放的平台引入了各种资产，九条产品线、数百家机构、企业的项目标的汇聚成一个丰富的矿洞，广大的投资者就像淘金者，需要借助向导才能探测自己所需要的宝藏，因此投资顾问的地位显得日益重要。在新的阶段，陆金所需要进一步加大技术投入，重视人工智能、机器学习技术的探索，将其最有价值的应用——智能投顾应用在咨询服务环节。基于雄厚的数据基础和已有的风控技术，提前对资产池进行分析和重组，开发出智能系统，根据客户不同的风险承受能力、经济水平等因素，提供差异化的投资方案，为客户创造价值。

参考文献

[1] 凤凰财经.陆金所"玩转"互联网金融大数据与信用体系 [EB/OL]. http：//biz.ifeng. com/business/finance/detail_2014_03/28/2052375_0.shtml，2014-03-26.

[2] 洪偌馨.解码陆金所：从 Lufax 到 Lfex [N/OL]. http：//www.yicai.com/news/3733057. html，2016-04-22.

[3] 李紫宸.泰康陈东升和他的"互联网+"梦想 [J].商学院，2016（2）：46-47.

[4] 陆金所.公司简介 [EB/OL]. https：//www.lu.com/，2017-08-15.

[5] 泰康在线.公司简介 [EB/OL]. http：//www.tk.cn/aboutus/sstk/，2017-08-10.

[6] 王彬.互联网金融发展调研报告——陆金所或将引领集团化平台式运作新潮流 [J].福建金融，2016（2）：40-43.

[7] 网贷之家.陆金服 [EB/OL]. http：//www.wdzj.com/dangan/ljf2/，2017-08-25.

[8] 温泉.陆金所完成 12.16 亿美元融资 [EB/OL]. http：//tech.163.com/16/0118/10/BDJT-NDL9000915BF.html，2016-01-18.

[9] 新浪财经.李东荣：金融科技增加了央行操作难度和成本 [EB/OL]. http：//finance.sina. com.cn/meeting/2017-07-08/doc-ifyhwehx5369421.shtml，2017-07-08.

［10］新浪科技. 计葵生：中国 P2P 仅有两家风控已通过考验［EB/OL］. http：//finance.sina.com.cn/chanjing/sdbd/20150409/131221917811.shtml，2015-04-09.

［11］徐庭芳. 中国平安业务大合并：想要整合陆金所、平安信保和平安直通贷［EB/OL］. http：//www.thepaper.cn/newsDetail_forward_1312260，2015-03-18.

［12］许闲. 保险科技的框架与趋势［J］. 中国金融，2017（10）：88-90.

［13］杨立强. 陆金所业务模式与发展浅析［J］. 经贸实践，2015（8）：273-274.

［14］伊莉. 计葵生：从陆金所看金融科技的发展要点与未来［EB/OL］. https：//www.leiphone.com/news/201705/COorWVpuaLdDLNl7.html，2017-05-21.

［15］中国平安. 中国平安 2015 年年报［EB/OL］. http：// data.eastmoney.com/notices/detail/601318/AN201603150013888064，JUU0JUI4JUFEJUU1JTlCJUJEJUU1JUI5JUIzJUU1JUFFFJTg5.html，2016-03-16.

［16］中国平安. 中国平安 2016 年年报［EB/OL］. http：// data.eastmoney.com/notices/detail/601318/AN201703220428335202，JUU0JUI4JUFEJUU1JTlBJUJEJUU1JUI5JUIzJUU1JUFFFJTg5.html，2016-03-23.

［17］中华人民共和国国务院. 国务院关于印发"十三五"国家科技创新规划的通知［EB/OL］. http：//www.gov.cn/zhengce/content/2016-08/08/content_5098072.htm，2016-08-08.

［18］周雄志. 泰康保险大数据应用实践分享［N/OL］. http：//news.qlwb.com.cn/2017/0630/969968.shtml，2017-06-30.

|第 13 章|
科技企业的 FinTech 创业

13.1 企业特点

金融科技掀起了科技与金融融合的新浪潮，如果说互联网技术改变和延伸了金融业务发生的场景，那么金融科技是对整个金融系统和流程进行赋能，是对商业模式的颠覆和重塑。众所周知，金融业往往具有内在的封闭性，进入门槛较高，且会受到在位金融机构的强力反击，甚至金融业的创新会超过监管的范围，而来自监管的一纸文件也可能使一切灰飞烟灭。金融科技似乎改变了这一局面，这也是它能够真正实现金融业降本增效的核心能力所在，以及对于普惠金融目标的追求。金融科技带来的巨大商业创新机会不仅使在位的金融机构去主动拥抱它，且如我们在上一章所提到的，金融机构利用金融科技改造自身业务所呈现出来的种种创新，并且与具有金融科技技术优势的企业进行战略合作，这些积极行动都说明了金融科技对传统金融业务带来的影响。

可以说，金融科技真正打开了金融业的城门，这也似乎使那些对金融业务垂涎已久的大型互联网公司看到了曙光，找到了新的突破口。所以我们看到，这些互联网公司迅速进行金融科技的持续布局，如阿里巴巴、腾讯、百度、京东等，无论是通过内部底层技术的研发和业务的应用，还是借助资本势力，通过消费者购买的手段，势必要强势把握住金融科技带来的机遇，我们也可以看到这些大型互联网公司在新机遇面前的优势所在，以及在布局金融科技过程中的特征所在。

13.1.1 借助于"技术＋数据"等优势资源和能力，逐步释放金融科技的效力

金融科技技术优势是这些大型互联网公司的先天条件，金融科技加速其发展的进程，主要在于大数据、云计算、人工智能、区块链等底层技术的发展和不断成熟。而大型互联网公司在这些技术上具有先天的优势，可以说，技术是这些企业存续的关键所在。而金融科技本身作为一种技术，一方面，使得这些互联网公司能够建立金融科技的解决方案，有能力向外部金融机构、传统企业进行金融科技技术服务的输出，例如，腾讯基于云计算优势推出金融云，京东金融推出企业开放平台，向外输出金融科技技术服务，并且这种技术输出是参与到客户核心价值链条中，进行价值创造，区别于一般的支撑性技术服务。另一方面，也能够与金融业务进行结合，实现"FinTech＋"的创新。在金融科技赋能金融业务方面，进行了"FinTech＋"创新是有目共睹的，例如，在移动支付业务上，蚂蚁金服与财付通获得绝大部分的市场，在征信方面，蚂蚁金服旗下的芝麻信用已经在众多场景进行应用。这些互联网公司凭借技术优势引领着金融科技潮流。

这些互联网公司所拥有的数据资源是推进金融科技的重要基础。阿里巴巴、京东金融借助于电商情景，从交易整个流程获得众多中小企业和消费者的信息，而这些具有强金融财务属性的数据，使得其借助金融科技技术在开展小微企业信贷，以及在消费金融方面具有得天独厚的优势。而腾讯占据着移动互联网最大的入口，拥有社交数据，同时借助于庞大的腾讯生态帝国，能够获得消费者在交易、信贷等方面多维的数据。数据通过大数据、云计算分析成为有价值的资源，使得这些互联网公司能够挖掘利用金融科技带来的机会，发现被传统金融机构忽视的长尾市场。无论是在互联网金融基础设施的支付和征信建设上，还是"FinTech＋"商业模式的创新上，数据都是不可或缺的。

13.1.2 借助资本优势，通过跑马圈地扩大金融科技布局

如果说先天的技术和数据优势不能使这些互联网巨头拥有金融科技全领域的布局，那么借助强大的资本进行外围的布局是重要的手段之一。通过资本，打造巨大的生态圈，是这些互联网巨头惯用的和毋庸置疑的方式，现代商业世界的发展永远与资本息息相关。有人说，综观整个互联网产业，只要稍有发展潜力的公司背后，几乎都有这些互联网巨头的身影。

在金融科技的潮流中，资本一如既往地展现其灵敏的嗅觉，也成为金融科技

强势发展的推手。例如，腾讯在企业内部注重社交和游戏两大业务，但依然通过外部合作，发起成立微众银行和众安保险，在互联网银行和保险科技领域布局。京东金融通过投资美国大数据分析公司 ZestFinance，完善了大数据风控体系，并成立了产业投资基金"千树资本"，培育金融科技领域的众创生态。蚂蚁金服自成立以来，对外投融资活动就非常活跃，据《财经》记者统计，截至 2016 年 9 月，蚂蚁金服共进行了 30 起对外投资活动，覆盖了银行、股票、证券、保险、基金、消费金融等金融类项目，还涉及餐饮、媒体、影视等非金融类项目。

另外，除了对外投资，金融科技对金融业商业模式的颠覆，似乎也缓解了在互联网金融阶段，线上与线下金融机构抢占市场的对立局势。在金融科技阶段，纷纷与银行、证券、保险等一众金融机构牵手联姻进行了战略合作。

13.1.3 多元化发展格局

利用金融科技全面撒网，这些互联网巨头最后呈现的是多元化的业务格局，甚至是非相关多元化。围绕金融业这一实质和核心，最终通过满足终端客服需求，提升终端客户服务体验，实现协同价值创造。

总的来讲，大型互联网公司借助于"技术＋资本＋数据"等优势资源和能力，在金融科技全领域进行布局，不放过任何一个发展机遇，并积极进行"FinThch＋"的商业模式创新。虽然这些企业具有一定共性，但由于企业基因、企业文化以及领导者个人特征，每个公司在新机会面前的行动和态度表现出了细微的差别。例如，腾讯坚持"不熟不做"的业务发展理念，在金融科技方面，对于不明确的领域多采用外围布局的形式，而阿里却成为积极的开拓者，甚至走在监管的前面进行大刀阔斧的创新，当然不同选择导致最后的结果和收效也有所不同。

在本章中，我们选取了蚂蚁金服、京东金融以及腾讯金融三家具有代表性的大型互联网公司，将对各自在金融科技领域的发展布局和商业模式创新方面进行全面剖析。

13.2 阿里巴巴集团的 FinTech 创业：蚂蚁金服

13.2.1 蚂蚁金服简介

蚂蚁金融服务集团（以下简称"蚂蚁金服"）起步于 2004 年成立的支付宝，于 2014 年 10 月正式成立，目前已经成为国内领先的综合金融服务机构，旗下产品包括支付宝、余额宝、芝麻信用、蚂蚁小贷、网商银行、蚂蚁财富和蚂蚁金融云。图 13.1 反映了蚂蚁金服目前的业务结构。以"为世界带来更多平等的机会"为使命，蚂蚁金服致力于通过科技创新，搭建一个开放、共享的信用体系和金融服务平台，为全球消费者和小微企业提供安全、便捷的普惠金融服务。经历了近 13 年的发展，蚂蚁金服的业务已经遍及城市、农村以及国际，目标用户直达各个层次的消费者、小微企业、金融机构等，成为互联网金融服务行业内的全球标杆。

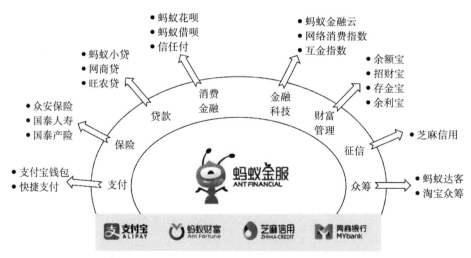

图 13.1　蚂蚁金服八大业务板块

2016 年 4 月，蚂蚁金服进行了最新一轮融资（B 轮），募集资金超过 45 亿美元，引入了包括中投海外和建信信托（中国建设银行子公司）在内的多方战略投资者，该轮融资使蚂蚁金服的估值超过 600 亿美元（周天，2016），成为实至名归的超级独角兽公司①，其最新的估值达到 750 亿美元（宋馥李，2017）。投资者们对于蚂蚁金服的上市持有十分积极的态度，而蚂蚁金服官方至今尚未就上市进程明确表态。尽管如此，基于蚂蚁金服的发展状况，基本可以确定的是，如果蚂蚁金服顺利上市，其融资规模一定能够充分反映蚂蚁金服的企业价值，可能会因为到达一个新的高度而被载入史册。

除了超高的估值，蚂蚁金服已取得的成果也会使人们常常忘记蚂蚁金服还只是一家创业公司。截至 2016 年年底，支付宝实名用户数量达到 4.5 亿，其中71%的交易发生在移动端（高小倩，2017），显示了支付宝"All in 无线"战略的前瞻性。截至 2017 年 6 月底，余额宝资金总规模达到 1.43 万亿元，超过了国内吸储能力最强的招商银行 2016 年年底的个人活期和定期存款总额（欧蕙，2017）；网商银行作为全国第一家将核心系统架构在金融云上的银行，成立两年以来累计已向小微企业和个人创业者发放贷款超过 2300 亿元，不良贷款率约为1%（孙岚，2017），低于一般商业银行；2015 年，芝麻信用成为我国首批个人征信业务 8 家准备机构之一。

以旗下各类产品为基础，蚂蚁金服正在逐渐构建类似于阿里巴巴电商体系的庞大金融服务体系，而在这个过程中，金融科技正发挥并将持续发挥着至关重要的作用。

13.2.2 蚂蚁金服的 FinTech 发展历程

自 2003 年 10 月淘宝网推出担保交易以来，由支付宝发展起来的蚂蚁金服实际上已经走过了近 15 年的发展历程，从最初的完全依赖于淘宝网，到顺利"出淘"，逐渐成为阿里巴巴体系坚实的后盾，再到目前蚂蚁金服已经能够独当一面，风头甚至一度盖过阿里巴巴集团。通过对蚂蚁金服发展历程的回顾，我们发现，如今在蚂蚁金服高速发展过程中发挥重要作用的金融科技并非是一个简单的决定，而是在多次不断的探索过程中才逐渐清晰的发展重点。

总的来看，蚂蚁金服金融科技的发展历程经历了三个阶段：第一阶段是支付宝成立至小微金服筹建，在这一阶段中，蚂蚁金服依赖的主要是互联网技术，关注重点仍为支付；第二阶段是由支付向金融转型的阶段，金融科技技术在这一阶段开始被深入应用到蚂蚁金服的各个业务板块，帮助蚂蚁金服实现了快速增长；第三阶段是蚂蚁金服宣布"TechFin"战略至今，TechFin 将金融与科技的顺序互

---

① 一般估值超过 10 亿美元即被认为是独角兽公司，估值超过 100 亿美元则被认为是超级独角兽公司。

换，表明蚂蚁金服对技术的重视。

> ### ➤ 第一阶段：从 0 到 1

2003 年，在淘宝网刚建立时，解决用户之间的信任问题是淘宝网面临的第一个难题。为了解决这一难题，淘宝网推出了"担保交易"机制，首先将买方付的钱放在第三方，等到卖方发出商品、买方确认收货后再将货款打至卖方账户，保障资金的安全结算。后来淘宝网将这种基于担保支付的服务取名为支付宝（由曦，2017）。

随着淘宝业务量的增长，依托于淘宝网存在的支付宝也逐渐发展壮大，合作银行越来越多，在支付宝成立三年内就已经和工商银行、农业银行、邮储银行、建设银行建立起合作关系。然而，业务量的增长也对支付宝的系统提出了较高的要求，尤其是核心账务系统。2008 年 1 月，支付宝发布了基于云平台的账务三期，并逐渐对支付宝整个系统进行分布化处理，大大提高了系统的可伸缩性，为后来支付交易量的增长打下坚实的基础（由曦，2017）。2009 年 12 月，在支付宝成立五周年时，支付宝的用户数已经超过两亿，日交易量达到 500 万笔。同年，支付宝推出了手机支付服务，并开始独立，在经历了一段艰难的"出淘"过程后，支付宝成功扩展了淘宝网之外的商户和场景。

快捷支付是第一阶段蚂蚁金服最典型的创新产品。2010 年 10 月，支付宝联合中国银行推出了信用卡快捷支付，大大提高了支付成功率。2011 年 4 月，支付宝宣布快捷支付业务已经与 10 家银行的信用卡展开合作，并将支付成功率提升到 95% 左右。截至 2012 年年底，支付宝快捷支付的用户数超过 4000 万人。

在这一阶段，支付宝扮演着辅助淘宝网开展业务的角色，主要的功能是支付结算。尽管如此，支付宝的出现仍然具有由 0 到 1 的开创性意义。在金融科技发展方面，此时的支付宝已经将云计算技术运用到系统底层设计中，这种弹性的底层设计能够很好地应对未来支付宝业务量的指数倍增长。

> ### ➤ 第二阶段：从 1 到 10 亿

随着移动互联网的快速发展，以大数据、云计算、人工智能为代表的金融科技技术开始被率先运用于蚂蚁金服的各个业务板块。

2013 年 3 月，支付宝当时的母公司——浙江阿里巴巴电子商务有限公司，宣布将以支付宝为主体筹建小微金融服务集团，标志着支付宝正式从一家第三方支付公司转型成为一个互联网金融集团。同年 6 月，支付宝联合天弘基金合作的货币基金产品余额宝上线，用户可以通过支付宝钱包直接购买或赎回，一元起购的低门槛和便利的操作方式使余额宝迅速获得用户的认可，帮助支付宝完成从支付到金融的转型。

同样在 2013 年，面对着横空出世的微信所带来的冲击，蚂蚁金服果断地采取了"All in 无线"的发展战略，重点发展虽早已推出但进展缓慢的支付宝钱包，借着国内智能手机用户数量快速增长的东风以及支付宝积累的优势，支付宝钱包开始在移动支付领域占据领先位置。2014 年 7 月，为了使移动支付更加便捷，支付宝开始探索生物识别技术在支付结算领域的应用，率先推出了指纹支付。同年 10 月，一年之前就开始筹建的小微金融服务集团被正式命名为"蚂蚁金融服务集团"。

借助金融科技，蚂蚁金服旗下的其他业务开始逐渐发展起来。2015 年 1 月，蚂蚁金服推出芝麻信用，通过大数据、云计算和机器学习进行更加完整和准确的用户画像，向个人和企业提供征信服务。2015 年 6 月，浙江网商银行成立。作为中国第一家将核心系统架构在金融云上的银行，网商银行拥有极强的处理高并发金融交易、海量大数据和弹性扩容的能力，将金融科技技术运用到银行业务的方方面面，如利用大数据技术发放贷款，实现"310"，即 3 分钟申请，1 秒钟放贷，0 人工干预，显著提高放贷效率。2015 年 8 月，智慧理财平台蚂蚁聚宝正式上线，集合了蚂蚁金服旗下的各类理财产品，提供类似金融超市的服务，大大简化了用户选择、购买理财产品的过程，方便用户进行财富管理。

在这一阶段，金融科技的应用逐渐广泛和深入，帮助蚂蚁金服实现了从支付到金融服务的转型，推动蚂蚁金服旗下各业务板块飞速发展。2016 年"双十一"当天，支付宝累计处理交易笔数达到 10.5 亿笔，支付峰值为 12 万笔/秒，交易金额超过 1200 亿元，是 2009 年第一个"双十一"交易金额的 2400 倍，其中无线交易占比近 82%（张俊、雪昳、徐利，2016）。从支付宝建立到支付宝单日处理量超过 10 亿元，蚂蚁金服借助金融科技使这种变化真真切切地发生，并正将这种变化产生的影响力扩展到更多的应用场景。

➤ 第三阶段：TechFin 新方向

2016 年 12 月，马云在香港演讲时表示，尽管当下"FinTech"这一概念很流行，也有很多人认为支付宝是一家 FinTech 企业，然而他认为支付宝想做的是"TechFin"。这番话确定了蚂蚁金服新一阶段业务发展的战略，即以技术为核心，利用技术创新金融服务。

对于 TechFin 的战略，2017 年 4 月，蚂蚁金服 CEO 井贤栋在接受《财经》杂志采访时提到：蚂蚁金服将通过金融云计算能力、专业的连接能力、安全风控能力以及信用能力等技术的 Tech，帮助金融机构产品实现升级，使其能够覆盖到更多人群。在具体开展业务时，蚂蚁金服往后退半步，回到 Tech 的位置上，而 Fin 的部分交给金融企业做，双方合作能够形成互补，从而更好地服务用户（张威、袁满，2017）。

专注于技术后，蚂蚁金服对金融机构的开放程度越来越高。2016 年 3 月，蚂蚁金服与中国建设银行展开战略合作，打通信用体系，推进线上线下支付业务的合作（中国建设银行，2017）。2017 年 6 月，蚂蚁聚宝正式上线"财富号"，将平台开放给外部基金公司，蚂蚁聚宝将专注于为金融机构提供接触用户、营销、数据分析等能力支持，基金公司可以在财富号中自主运营、销售基金。与此同时，蚂蚁金服还宣布将向金融机构开放最新的人工智能技术，推动金融理财更快地进入智能时代。

技术方面，蚂蚁金服的探索还在继续。2017 年 9 月，蚂蚁金服与肯德基共同宣布正式落地"刷脸支付"，这是蚂蚁金服生物识别技术应用的重大突破，使刷脸支付真正落实到场景消费中。

尽管第三阶段才刚开始，但新的发展方向已基本确定为"TechFin"。基于这一方向，蚂蚁金服将专注于技术，提高与金融机构的合作水平，逐渐开放平台，充分利用技术重塑金融。

从蚂蚁金服的发展历程可以看出，其对金融科技的应用是一个探索、深入和逐渐清晰的过程。从第一阶段仅在基础的底层设计中运用云计算技术，到第二阶段大数据、云计算技术被广泛运用到蚂蚁金服的各项业务，再到第三阶段基本确定未来的发展重点为技术，蚂蚁金服金融科技的定位越来越清晰。总的来看，我们认为推动蚂蚁金服定位金融科技的因素主要有三个：外部环境为蚂蚁金服定位金融科技创造机会，内部技术基因是蚂蚁金服定位金融科技的前提条件，企业文化是蚂蚁金服定位金融科技的重要原因。

外部环境为蚂蚁金服定位金融科技创造机会，主要体现在两方面。一方面，互联网的发展为支付宝带来了大量用户和交易。从 2004 年正式建立支付宝，到 2009 年淘宝网第一次举办"双十一"活动，支付宝花了五年时间使用户数量从 0 发展为 2 亿，而 2009 年之后仅仅花了不到一年时间用户数量就增加到 3 亿，这一现象间接反映了互联网蓬勃发展为支付宝带来的机会。用户数量和交易频率的增加给支付宝带来了新的挑战，使支付宝开始主动探索技术创新。

　　另一方面，金融科技的发展为蚂蚁金服探索金融科技的应用提供了良好的外部环境。近年来，以人工智能、区块链、大数据、云计算为代表的金融科技技术逐渐成熟并落地，形成了一些商业化的应用，许多公司都开始在这种环境中探索自身业务与金融科技的结合，思考金融科技如何赋能现有业务，蚂蚁金服也不例外。在金融科技的浪潮中，蚂蚁金服作为最先行动起来的公司之一，经历了被外部环境推动着前进，到逐渐引领金融科技发展的过程，最终把握住了金融科技发展带来的机会。

　　内部技术基因是蚂蚁金服定位金融科技的前提条件。由支付宝发展起来的蚂蚁金服从最开始就是一家互联网公司，拥有着互联网公司所特有的技术基因，这使得蚂蚁金服对技术的探索贯穿了其整个发展过程。一方面，技术基因使蚂蚁金服在发展初期就能够很好地满足用户的需求，既保障了支付的安全性，而且云计算的应用也帮助支付宝承受住了用户数量快速增长给系统带来的压力，这些技术方面的投入与经历使蚂蚁金服的技术实力不断提升；另一方面，基于对技术的重视，在已有产品发展较为成熟时蚂蚁金服仍勇于尝试应用金融科技改善旧产品、开发新产品，在不断试错的过程中积累宝贵的经验，体会到金融科技给企业发展带来的价值，并逐渐实现这种价值。

　　除此之外，企业文化也是蚂蚁金服定位金融科技的重要原因。与传统金融企业自发展之初就受到较多金融法律法规的约束不同，从互联网企业衍生出来的蚂蚁金服在设计产品时更关注的是服务用户，高度开放和鼓励创新的环境让蚂蚁金服的员工更有底气说出自己的想法、更充分地应用新技术。领导者的风格是蚂蚁金服企业文化形成过程中的关键影响因素。2013 年，在筹建小微金服的年会（蚂蚁金服由支付转型为金融服务的重要节点）上，马云曾经说过当时令很多人不解的话：你们尽管去做，如果我们做的事情是为了客户的利益，即使要坐牢，我去（由曦，2017）。这番话尽管在当时看来会让人有些迷惑，但从之后蚂蚁金服在金融领域推出一系列创新性产品的表现，我们可以感受到这番话里所包含的对蚂蚁金服员工金融服务创新的巨大的支持，像是给转型期的蚂蚁金服吃下一颗定心丸，这对于后来逐渐形成的蚂蚁金服的企业文化也产生重要的影响。开放、鼓励创新和积极拥抱变化的企业氛围让蚂蚁金服能够一直走在行业前端，在金融科技浪潮到来时依旧如此。

　　总之，外部环境使用户有需求、金融科技有市场，而内部技术基因使蚂蚁金服有能力、有意愿应用金融科技，企业文化使蚂蚁金服敢于创新，三者共同发挥作用推动蚂蚁金服逐渐定位金融科技，并借助金融科技实现了快速的发展。

13.2.3 蚂蚁金服的 FinTech 商业模式

经过近几年的发展，蚂蚁金服已经通过应用金融科技提高了原有产品的效率，用户数量快速增长，用户体验也逐渐提升。金融科技的发展启发蚂蚁金服开展了一系列的商业模式创新活动，并落地为一些极具创新性的产品，既补充原有的产品，也能够与原有产品产生协同效应，帮助消费者、小微企业和蚂蚁金服自身实现更多的价值。在这一部分，我们将以蚂蚁金服旗下借贷和财富管理的业务为例，分析其如何应用金融科技创新这些业务的商业模式。

➤ 借贷的 FinTech 商业模式

企业起步与持续的发展离不开充足的资金，然而，资金难的问题却一直持续地困扰着众多小微企业。在借贷市场中，大部分银行所重点服务的都是大型企业集团，与小微企业相比，这些企业规模大、资金需求量大，服务这类客户的利润水平较高，而商业银行在资格审核、风险控制方面的投入基本类似，因此银行更愿意服务这些大客户。与此同时，对于小微企业而言，传统借贷方式所要求的资料繁多、审核时间较长，审核完毕后资金到账还需要一段时间，整体的效率较低，并且对于广大农村地区的资金需求者而言，单就传统借贷方式中所要求的资料恐怕都难以齐备，更别谈通过审核、顺利获得资金。

蚂蚁金服利用金融科技改造了传统借贷业务的商业模式，很好地满足了那些被银行所忽略用户的资金需求，网商银行的借贷业务即运用了新的借贷业务商业模式。

以"服务小微企业和广大创业者、支持实体经济、践行普惠金融"为目标的网商银行主要有两款贷款产品：网商贷和旺农贷。网商贷主要针对小微企业，属于纯信用贷款。网商银行会基于申请者在阿里巴巴各平台的行为数据，结合申请者线上提交的申请材料并提取信息后，通过大数据技术汇总形成的 10 万多项指标，以及创建的 100 多种预测模型、3000 多项策略进行决策，实现 0 人工干预的快速审核与放贷（王巍，2017）。旺农贷则针对农村地区的用户。申请者通过村淘服务站推荐，在收集申请者数据后，网商银行会基于大数据风控模型进行审核，并决定授信额度、发放贷款，同样不需要任何抵押，降低了贷款的门槛，简化了贷款流程。

除此之外，由于网商银行是一家核心系统架构在金融云上的银行，相比于传统银行有限的空间与人力资源，金融云弹性化的设计改善了整个业务流程，使网商银行可以同时接受海量的在线贷款申请，不仅降低了成本，还显著提高了贷款效率。通过应用金融科技，网商银行重塑了贷款业务的商业模式，为小微企业、创业者和农村地区用户提供了更加方便、快捷的贷款服务。

> ➤ **财富管理的 FinTech 商业模式**

我国历来都是储蓄大国，居民财富的储蓄率较高，然而在物价逐渐上涨的背景下，储蓄财富的价值却正在缓慢缩水，于是越来越多的消费者开始产生财富保值/增值的需求。传统的财富管理模式由于具有资金门槛高、操作流程复杂、流动性受限等特点，难以全面、广泛地覆盖用户，使财富管理仍然只是被少部分人享受着的服务，大部分消费者理财的选择几乎仅限于银行定期存款或银行推销的少量理财产品。

蚂蚁金服与外部基金公司合作，共同应用金融科技最大限度地降低了理财的门槛，使理财变得简单易懂，逐渐形成一种新的理财模式，余额宝就是这种新型理财模式的具体体现。

2013 年，蚂蚁金服联合天弘基金推出余额宝，是蚂蚁金服由支付业务转型为金融服务业务的标志性产品。简单来说，余额宝的本质是一种货币市场基金，主要投资于收益较为稳定的国债、中央银行票据、政府短期债券等。但是，与传统货币市场基金不同的是余额宝能够实现即时赎回。从本质上看，不论是直接使用余额宝的余额进行消费，还是将余额宝的资金转到支付宝账户或卡，都属于基金的赎回操作。传统货币基金的赎回一般是"T + 1"，即在发出赎回指令后的第二天资金才能到账，而余额宝却利用大数据预测模型实现了资金的即时赎回。支付宝系统通过对余额宝及平台整体流动性的实时监测积累大量数据，并据此预测余额宝未来规模的增长和每天的流动性的需求，便于基金经理即时调整购买与赎回计划，从而保证了流动性的供给与投资收益的稳定。目前，模型预测出的需求与实际发生的流动性需求的误差已经被控制在 1% 以内（由曦，2017），基本能够满足全部用户的实时赎回需求。

13.2.4　总结和展望

2016 年 10 月，马云在杭州云栖大会上首次提出"五新"的概念，即"新零售、新制造、新金融、新技术、新资源"，其中体现了其对蚂蚁金服发展的期望。马云将"新金融"细化为三个方面：第一个"新"指专注于小微企业和消费者；第二个"新"代表着金融服务体系的开放与透明；第三个"新"则是指由新的金融体系而产生的大数据信用体系。

基于"新金融"，蚂蚁金服确定了新发展阶段的三大核心战略：构建信用体系、全面服务小微企业金融以及全球化。在构建信用体系方面，蚂蚁金服将会继续推进芝麻信用的发展，在融合阿里巴巴与蚂蚁金服平台内部数据的基础上，注重发展更多的外部场景，通过场景丰富数据，通过分析大量数据改善模型。服务小微企业金融是蚂蚁金服从建立之初就确定的业务重心，随着大数据技术和模型的不断进步，能够为小微企业提供的服务类型将越来越多，不仅是融资方面，还可以帮助小微企业进行资金管理、跨境支付、风险控制、外汇管理等，未来蚂蚁金服将依托数据能力成为小微企业的 CFO（新浪科技，2016）。在国际化的进程方面，蚂蚁金服已经开始了对世界范围内优秀公司的收购，如印度版"支付宝"PayTM、泰国支付公司 Ascend Money 以及菲律宾数字金融公司 Mynt 等，通过输出金融科技方面的技术以及金融服务经验，蚂蚁金服正在让更多的人体会到互联网发展以及金融科技的应用给生活带来的便利。

金融科技的时代已经到来，在这一背景下，我们认为，蚂蚁金服应该注意以下两点：其一，小心谨慎，密切关注监管动向。金融行业向来是"强监管"的行业，作为一家由互联网起步逐渐发展至金融服务的企业，蚂蚁金服也应该并且必须满足合规的要求，配合监管，追随监管方向不断提高自身合法性，这是其开展业务的重要基础。其二，大胆创新，积极探索金融科技应用。在云计算和大数据技术方面，蚂蚁金服已经积累了丰富的经验，并逐渐形成其特有的强大技术优势。在技术变化日新月异的今天，蚂蚁金服应该保持其对于技术前沿的关注，增加技术投入，同时在产品及服务方面大胆创新，积极推进金融科技的商业化应用，为广大消费者和小微企业提供更加全面、完善的新金融服务体系。

13.3　京东集团的 FinTech 创业：京东金融

13.3.1　京东金融简介

京东金融是京东集团旗下三大核心业务板块之一，另外两大业务板块分别是电商和物流。京东金融成立之初，主要是依托于京东电商场景中，B 端供应链金融和 C 端消费金融的强大需求和积累的大数据，为自营业务提供金融服务。京东金融于 2013 年 10 月独立运营，经过近几年的高速发展，目前京东金融涵盖供应链金融、消费金融、财富管理、支付、众筹、保险、证券、农村金融和金融科技九大业务板块，定位为输出金融科技服务的科技公司。其业务板块如图 13.2 所示。

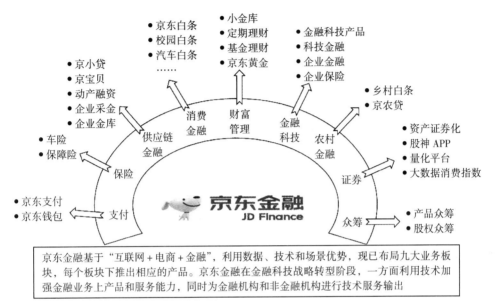

京东金融基于"互联网＋电商＋金融"，利用数据、技术和场景优势，现已布局九大业务板块，每个板块下推出相应的产品。京东金融在金融科技战略转型阶段，一方面利用技术加强金融业务上产品和服务能力，同时为金融机构和非金融机构进行技术服务输出

图 13.2 京东金融业务板块

2016 年 1 月，京东金融进行 A 轮融资，获得红杉资本、嘉实投资和中国太平领头的 66.5 亿元，融资后估值 466.5 亿元，跻身行业独角兽之列。2016 年 9 月，京东集团公布对京东金融的重组，出让其所持有的所有京东金融股份，2017 年 3 月，正式签署关于重组京东金融的最终协议，6 月 30 日京东金融重组完成交割，这一行动被认为是拆除京东金融的 VIE 架构，为其获得更多金融牌照，绕开国家在部分特殊领域对外资的限制举措。最近，京东金融集团也明确表示，将在五年内在中国内地上市。

经过 2016 年的战略转型，成立金融科技事业部，确立成为"为传统金融机构服务"的科技公司发展定位。京东金融 CEO 陈生强对京东金融科技的业务模式进行了详细陈述，即"遵从金融本质，以数据为基础，以技术为手段，为金融行业服务，从而帮助金融行业提升效率、降低成本、增加收入"。2017 年上半年，与各银行的一系列战略合作协议，成为发展金融科技的标杆，也成为其战略落地的必然选择，加速了其金融科技定位转型和促进金融科技与传统金融业务融合的步伐。

13.3.2 京东金融的 FinTech 发展历程

纵观京东金融高速的发展过程，从依托于京东集团的电商场景优势，到"出走京东"迅速建立起九大业务板块，京东金融的发展经历了两次蜕变，从两次蜕变之中可以看出其战略定位的改变，以及其成为金融科技公司的内在成长逻辑。京东金融如何从用互联网技术发展金融业务到进行金融科技服务输出的科技公司定位，战略转变和内部的创业逻辑可以通过两次蜕变历程清晰呈现。

➢ **京东金融 1.0：利用互联网技术发展金融业务**

从 2012 年 11 月 27 日，京东集团发布供应链金融服务体系，到 2015 年 10 月，京东金融 CEO 陈生强首次提出金融科技定位，酝酿战略核心转型，可以看成是京东金融 1.0 时代。在这一阶段，京东金融的本质依然是传统的金融业务，一方面是为平台商家和消费者提供金融服务，另一方面是充分利用平台积累的数据和庞大的用户流量资源，将传统的金融业务，如理财、保险、证券、融资搬到线上，进行金融场景的拓展。

京东集团依靠电商起家，是中国最大的自营类电商，其发展金融的原因有三方面：

第一，基于平台商家和消费者金融服务需求。京东自营和开放平台的众多供应商和商家，作为中小型的企业，在传统的融资渠道中，融资困难。特别是在"双十一""618"这些电商大促的节日，资金是开展业务的瓶颈所在，针对这部分需求提供信贷服务，以提高其商家平台黏性，这是京东开展金融的市场基础，供应链金融业务以化解电商零售资金瓶颈为目的应运而生。

第二，众所周知，我国电子商务市场的竞争越来越激烈，面对阿里、苏宁等激烈的竞争，京东正在寻找业务新的增长方式。正如刘强东在京东金融成立之初所说，以后 70%的收入来自于金融业务。

第三，将力量变现是所有互联网公司的一贯思维。京东商城以及京东商业平台，集聚了大量的商家和消费者，对于互联网公司来讲，流量就是财富，如何从流量中挖掘潜在的价值是任何公司都会考虑的问题。对资金的需求是零售业中最重要的，并且从目前来看，金融业依然是平均利润率最高的行业之一，在互联网金融的风口浪尖，发展金融业务也是明智的选择。

供应链金融服务体系是京东金融发布的第一个金融业务产品。京东供应链金融服务旨在为京东电子商务平台上的供应商提供融资方案，破解零售业资金的瓶颈（刘淑娥，2014）。通过供应链金融服务，打造电子商务平台服务的闭环，化解平台众多供应商的融资困难，同时增加供应商的平台黏性。根据供应链中商流环节，京东供应链金融业务主要有订单融资模式、入库单融资模式、应收账款融资模式、委托贷款模式以及京宝贝模式（宋华，2015）。供应链金融板块有京小贷、京宝贝、动产融资等产品。

2013 年 10 月，京东金融独立运营，京东集团财务副总裁陈生强出任京东金融集团首席执行官，负责京东金融团队组建和业务发展，陈生强也是唯一一位从京东内部培养出来的核心高管。

2014 年 2 月，京东白条上线，京东金融布局消费金融领域。京东白条也是国内第一款互联网消费金融产品，为平台消费者提供"先消费，后付款"的支付方式，可以说是京东金融的爆款产品，自此，供应链金融与消费金融成为京东金融初期的两大核心业务。

从 2014 年 3 月到 2015 年 9 月，京东金融陆续布局和运营财富管理、众筹、证券、保险、农村金融几大业务板块，对应这些业务板块分别陆续推出了京保贝、京小贷、白条、产品众筹、股权众筹、京东钱包、小金库、小白理财等一系列金融产品和金融服务。

在京东金融 1.0 时代，主要还是利用互联网技术，基于京东电子商务场景和用户资源，发展线上金融业务。在该阶段，京东金融在 FinTech 技术中的积累、开发和应用处于萌芽时期，故在金融科技上的发展并不明显。但整个京东金融的发展，各大业务板块的快速建立，其背后是一系列技术的支撑，可以说京东金融是以技术为本的。

以个人信贷风控为例，京东金融在个人信贷领域搭建了完全以数据驱动的风控体系，通过这个体系完成了 2 亿人的信用评估，应用了超过 1 万个变量，同时使用了人工智能的技术。基于这套体系，效率相对于传统模型提高了 10 倍以上，同时可实现不同个体的差异化风险定价，现在，京东金融能够基于用户的特性进行金融产品的差异化定价。通过大数据建立风控模型和用户画像，而风控可以视为金融服务的生命线，依靠大数据分析提高信贷的效率同时降低成本，这是京东金融的优势所在，也是其迅速成长的原因之一。

➤ 京东金融 2.0：提供金融科技服务的技术公司

目前，京东金融经历了前期的发展和战略转型，现已正式确立了提供金融科技服务的技术公司的定位，其主要的业务发展路径是与传统的金融机构和非金融机构进行战略的合作，向其提供金融科技技术支持，实现金融科技为传统金融机构的赋能，这一定位也表明京东金融正式进入 2.0 时代，完成从 1.0 时代强调对金融场景的线上拓展到金融科技技术革命的正式转变。

2015 年 10 月，京东金融独立运营两周年之时，京东金融核心管理团队对集团的发展定位进行思考，虽然已建立了七大业务板块，但核心还是数据、用户和连接，逻辑在于遵从金融本质，以数据为基础，以技术为手段，为金融行业服务，从而帮助金融行业提升效率、降低成本。按照这一逻辑，核心管理层明确了京东金融的定位：金融科技。

2016 年作为金融科技的发展元年，也是京东金融进行金融科技转型的一年，10 月正式成立了金融科技事业部。

京东金融集团 CEO 陈生强在京东金融研究院编写的《2017 金融科技报告：行业发展与发展前沿》中对京东金融的业务内容进行了详细描述：

"京东金融集团作为中国金融科技行业的领军企业之一，独立运营三年来，通过领先的大数据应用，叠加机器学习、人工智能、区块链等新兴技术，建立起独有的大数据体系、风控体系、支付体系等一整套金融底层基础设施，并通过将技术、产品、用户、资金端、资产端开放给银行、证券、保险等各类金融机构及其他非金融机构，提供嵌入式服务，持续为传统金融企业赋能。"

为传统金融机构提供金融科技服务的战略定位，与传统金融机构的融合便是其开展业务必然趋势，这一定位也改变了在金融场景拓展 1.0 时代与传统银行在"存、贷、汇"业务上的竞争关系，走向各自利用自身资源禀赋进行深度合作，最终实现金融服务降低成本、提高效率的共同目的，也是在新的市场格局中，作为两大主要的参与主体，如何满足利用新的技术拓展行业边界，创造新的利润增长点的要求。

2017 年 1 月 4 日，京东金融与中国银联正式签署战略合作协议，京东金融旗下支付公司网银在线将正式成为中国银联收单成员机构，可以开展银联卡线上线下收单业务。同时根据合作协议，双方还将在支付产品创新、联名卡、农村金融等多方面展开合作，并共同探索在大数据服务、国际业务等更多领域的合作机遇。通过资源共享、优势互补，共同打造"金融＋互联网"的开放生态，为用户带来更加便捷、安全、高效的金融科技服务。在和中国银联战略合作半年后，京东金融借助银联卡组织角色，启动了接入银联标准二维码、推出 NFC 支付产品、开展区块链合作测试、扩展联名卡银行阵容等一系列动作，不但在第三方支付业务上很快打开突破口，更是将近来频频出现的金融行业与科技公司"结对子"的模式推向了一个小高潮。截至 2017 年 7 月，京东金融与银行业的战略合作已经实现大型国有商业银行、全国性股份制商业银行、城市商业银行以及农村金融机构的全覆盖。

2017 年 8 月 31 日，京东金融与光大银行签署战略合作协议，光大银行成为京东金融在金融科技层面的第一个合作伙伴。这也是二者自 2012 年建立合作关系以来，再一次深化合作，双方的合作将从产品层面上升到场景和用户层面，进一步加强在大数据风控、用户画像、人工智能等方面的优势互补，拓展智能客服、智能投顾、消费金融等业务场景，通过数据和技术实现业务的深度连接。

在京东金融 2.0 时代，一方面，为实现金融科技服务输出的目标，与卡组织、银行、保险、证券、信托等主流金融机构建立了合作伙伴关系；另一方面，在金融科技技术领域，其作为以技术为发展的核心资源禀赋，在 2017 年的六大战略布局中，持续的技术投入作为核心战略之一，加大在大数据、机器学习、区块链等领域的资金、资源投入。同时，京东金融业投资数据型技术创新企业，如美国的大数据技术公司 ZestFinance、聚合数据、数库等，同时也对国内的金融科技公司进行了投资，例如钱牛牛等。通过投资金融科技类技术企业进一步增强技术优势。

从以上京东金融科技发展的历程与发展方向中，可以总结出京东金融实现金融科技战略定位的两大核心特征：一是在核心竞争力方面，发挥技术优势，加大金融科技技术的研发和投入，建立技术壁垒。二是在金融科技服务输出的落地方面，与传统金融机构进行战略合作，发挥各自的资源禀赋，实现金融业的降低成本和提高效率的诉求。金融科技技术上的积累和发展是实现金融科技对传统金融业务赋能的前提条件，而与具有金融业务优势的传统金融机构合作，不仅是金融科技发展的必然趋势，也将促进金融科技公司与金融机构在新的生态环境中合作共赢。京东金融进行金融科技定位，可以说是天时地利人和的最佳选择，是顺应金融科技的大趋势而为之。

从金融科技的发展势头来看，现在金融科技作为一种新兴的技术基础而存在，在世界范围内成为一种必然的趋势。正如本书前文所述，金融科技在北美、欧洲以及亚太金融强国和地区强势发展，而中国在 2016 年带动亚洲替代北美成为全球金融科技投资第一目的地，目前金融科技行业正处于爆发式发展机遇期。金融科技的潮流和趋势，为京东金融提供了外在的机遇，顺势而为促进京东金融在短暂的发展中进入行业独角兽之列。在最佳的时期对行业的风口进行把握，识别机会并且利用机会，遵循商业的逻辑，是京东金融迅速成功的根本原因。

另外，互联网金融经历了前期的发展，2016 年也进入规范化发展阶段，政策套利空间不在，市场的竞争格局改变，传统的金融机构和金融科技公司成为市场的两大主体，而在强势和严苛的监管面前，延续在传统金融业务上的竞争关系必然使整个行业受损。同时，互联网金融市场的竞争越来越激烈，相对于蚂蚁金服以及陆金所这些竞争对手而言，京东金融的核心竞争优势在于技术，如大数据技术、风控技术等，扬长避短，京东金融也是行业内第一家定位走金融科技技术路线的企业。

从京东金融内在发展逻辑来看，自 2013 年独立运营以来，京东金融经过两年的高速发展迅速建立其七大业务体系，虽然发展迅速，但定位并不清晰。从京东金融集团管理层对定位的过程可以看出，围绕自身的核心竞争力，即技术和用户资源上的优势，加强金融科技的投入，抓住金融科技发展的机会，促成了京东成为金融科技服务输出的技术公司这一战略转型。

13.3.3 京东金融的 FinTech 商业模式

商业模式，简单来讲就是企业盈利的逻辑，将基于市场需求的价值主张，通过价值链或者价值网络的重构进行价值传递，同时获得收益，进行价值分配。

金融科技通过对传统金融业务的赋能实现金融业的创新，这种创新表现在技术、产品服务以及价值网络的重构上。如前所述，京东金融已建立起九大业务板块，涵盖了大部分的金融业务领域，如信贷、理财、证券、保险等，在这些业务板块的创新中，相同点是都体现了技术的力量，而由于不同金融业务在价值创造链条上存在着显著的差异，在具体商业模式创新上表现不同。

依据京东金融所针对的客户类型不同，可以分为企业客户（B 端）和消费者客户（C 端），京东金融的业务链如图 13.3 所示，B 端客户基于业务内容的不同可以分为两类，一类是基于提供融资、理财业务的中小企业，另一类是提供金融科技技术服务的银行、SaaS 服务商以及传统企业，C 端主要是个体的消费者或者一些个体的创业者。我们主要根据针对的客户类型不同，就其商业模式进行分析。

➢ 面向企业客户（to B 端）的商业模式

从图 13.3 我们可以看到，京东金融主要为两类企业客户提供 FinTech 服务：一类是其平台上的中小企业供应商，京东为他们提供供应链金融服务；另一类是银行、SaaS 服务商，以及传统企业，京东为他们提供基于 FinTech 的行业解决方案。

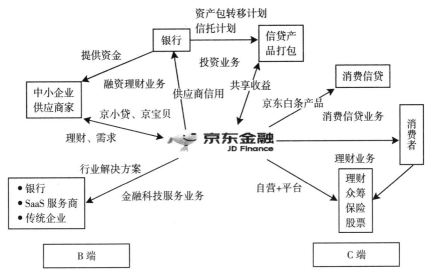

图 13.3　京东金融业务链全景图

（1）FinTech 打造互联网供应链金融新模式。

京东自营平台和开放平台上，集聚了大量的中小企业商家。而对于这些商家来说，融资困难往往是他们拓展业务的瓶颈所在。由于这些商家在资金需求上表现出短、平、快、小的特征，在主流的银行信贷中，他们的融资需求很难得到满足。

主流的银行信贷流程中，从客户提出贷款申请到发放贷款之间的环节是众多的，从申请到银行受理再到信用的调查评级，项目从分行到总行再到相关职能部门的审查、审核。据统计，小微企业成功申请到一笔信贷业务的平均时间是 2~3 个月，成功通过审批的贷款占申报贷款的比例只有 50%~65% 不等，人力投入多，成本高昂，效率低下。

银行要经过层层的信贷把关，其原因是对于信贷业务风险的控制。风险控制涉及多项证明材料和手续，还需派人力进行实地核查，在经营状况上，主要依据二维的数据，通过资产负债表、损益表、现金流量表进行评估，而且往往是静态评估，当然可以说银行的风控系统是有效果的，但效率不尽如人意。

京东金融便发挥自身金融科技的技术优势，通过动态多维的数据，并且是基于商家经营流程，如从采购、进出库到销售等各环节建立动态经营状况监控模型。在授信之前，通过大数据风控模型，如天平模型和附表模型以对其进行信用评级，大大缩短了银行在授信前的信用调查。在授信过程中，通过对商家经营过程的监控进行风险的预期从而对授信额度进行动态调整，这是对银行信贷中今天风控体系的革新。在还款期，设立自动偿还机制，通过各种通信渠道进行还款的提醒。基于流程和数据的风控体系大大减少了银行信贷环节，并且是纯线上进行，机器学习和大数据风控模型自动实现信用的评估。这是京东金融在小微企业信贷过程中的创新所在。融资商家只需在京东金融平台按照流程操作，便可在1秒之内获得贷款，从获得体验上讲，这是银行不能比的。京东金融以收取利息和费用作为收入来源，同时平台也提供了多项优惠政策，例如满足条件的商家在自动还款期内，可以免除利息。

（2）FinTech服务输出的商业模式。

京东金融在确定金融科技战略后，建立了企业服务平台，针对银行、SaaS服务商以及传统企业客户提供行业解决方案。在金融科技服务输出的过程中，首先京东金融正视企业客户对金融科技技术的需要。随着金融科技逐渐成为大趋势，传统的银行等金融机构亟待进行技术的输入，在获客成本上、运营效率上，以及金融服务和产品的创新上、场景的拓展上进行改善和提高。我国的商业银行对金融科技持积极的态度，而技术是其劣势所在，通过与金融科技公司进行战略合作是一种获得技术的快速方式。

京东金融推出一些服务方案：供直销银行、个人信贷平台、智能投顾等核心能力建设；理财超市及生活服务类产品输出；信用分析、反欺诈黑名单数据等风控数据合作；等等。通过核心业务、营销渠道、数据风控的全方位合作，助力银行转型。

基于在线教育平台、HR服务平台等SaaS服务商进行流量变现和财务管理的需要，通过整合资金账户、代收代付等底层能力，帮助SaaS服务商建立代收学费、代发工资、代缴社保等变现场景。通过企业理财使企业的闲散资金能够充分利用，并产生收益，以提高这些企业的运营能力和业务能力。

针对物流、医药厂商、机票差旅、零售行业等传统企业对资金账户及收付服务，提高财务效率的需要，推出了为企业提供账户、资金归集、分账、对外付款产品，帮助企业进行低成本的资金收付；通过保理、动产融资、信用贷款、企业理财等产品，帮助企业扩大资金来源，增加资金收益的服务。

科技服务技术的输出，也是京东金融发挥技术的核心能力，将积累的技术优势进行变现，从而带来巨大的收益举措。

➢ **面向消费者（to C端）的商业模式**

在C端上，基于电商情景，京东积累了大量的消费者。一方面，这些消费者具有较强的消费信贷的需求，众多的个体消费者往往被排斥在银行信贷体系之外，"先消费，后付款"是众多消费者的夙愿；另一方面，近年来，互联网理财这些新兴的理财方式受到我国民众的欢迎，并且在金融产品上表现出差异化的偏好，无疑，这是京东平台消费者除了对商品需求之外，对于金融产品和服务的又一需求。

京东金融顺势而为，最大化挖掘潜在客户价值，推出京东白条系列产品，以及证券、理财、保险等众多产品，满足了消费者消费信贷和理财的需求。这些人群往往是传统金融机构不能触及的市场所在，而京东金融利用技术优势恰到好处地挖掘和实现了其价值。

京东金融推出的众筹业务板块在创新方面可以说是可圈可点的，占据了国内产品众筹的半壁江山，重构了产品从制造到销售的链条，顾客在产品制造之前进行付费购买，使得这些产品提供者可以获得资金，并且不担心销路和库存的问题，这些产品众筹方往往是创业者，这就解决了其资金和销路的问题。众筹方向京东金融支付众筹金额的一定比例作为平台的服务回报。京东金融消费金融以及众多理财产品，不仅刺激了顾客的需求，为电商业务提供了增长的动力，也为京东金融创造了收入。

13.3.4　总结与展望

从整个金融科技的行业进程来看，相关的金融科技企业逐渐明确了其发展方向和路径，在广阔的发展前景面前，可以说是任重而道远。在京东金融所选择的发展路径上，要实现金融科技的真正落地，我们认为：

第一，应该加强金融科技技术的研发和积累。作为技术公司，技术是基础和核心资源，在金融科技的基础性例如大数据、人工智能、云计算、区块链、物联网、人脸识别等方面建立起技术壁垒。我们也看见，京东金融将持续的技术投入作为核心战略之一，在资金和资源上展现出技术研发的决心。

第二，在与传统金融机构的合作中进行创新。从整个金融科技生态来看，金融科技与传统金融机构的融合是趋势，如何在合作中最大化利用各自的资源禀赋，真正实现行业边界的扩展，进行金融业的创新，以及推动普惠金融，发挥金融业对整个社会的价值，应该作为一种价值哲学。

第三，要建立对于行业发展和监管的预期。金融科技发展迅猛，影响巨大，应该注意监管动向，在合规合法的基础上通过金融科技技术为金融机构以及非金融机构赋能。

13.4　腾讯集团的 FinTech 创新：腾讯金融板块

13.4.1　腾讯金融板块简介

与阿里、京东相比，腾讯金融板块的布局要更低调。蚂蚁金服目前估值达700多亿元，京东金融作为独立运营的金融集团而走出京东，腾讯虽然把金融作为其七大业务板块之一，但并未成立金融事业群，而是以业务线的方式来看待金融板块，把金融智能归属于不同的事业部管理。腾讯 CEO 马化腾公开表示，不会以"金融集团"方式发展金融业务。

在稳健与低调发展的表面下，依然可以看见腾讯金融从支付到金融应用各领域的持续布局。2013 年，与蚂蚁金服、中国平安一起发起成立众安保险，成为国内首家互联网保险公司，2014 年 12 月腾讯发起成立微众银行，经监管机构批准开业，是国内首家民营互联网银行。同时依靠本身的金融科技技术积累，向金融机构提供行业解决方案，例如金融云针对保险、银行、证券、互联网金融机构提供行业技术服务。目前来看，整个腾讯金融的业务布局和生态体系并没有完整呈现出来，虽然在各领域有所布局，不像京东金融有明确的"金融科技"战略定位，但凭借强大的金融科技技术的积累，以及拥有移动入口等流量优势，未来发展不容小觑。

13.4.2　腾讯集团的 FinTech 发展历程

腾讯金融业务的发展，基本定位是基于用户的需求，满足用户的需求，也体现了腾讯"一切以用户价值为依归"的经营理念。可以说，腾讯金融业务主要为满足用户需求而产生。腾讯金融业务相比于蚂蚁金服平台大战略定位，以及京东金融短时间内全线开花，表现出更加稳健的发展态势。当然，金融业具有较高的平均利润率，也成为现代人生活不可或缺的部分，并且金融与科技融合带来更多金融创新机会，在新的金融科技新的潮流中分得一杯羹，对于具有技术优势和庞大用户群的腾讯来说，可以借此打造新的业务增长极。腾讯在金融业务发展上，主要有内部生长和外围投资以及与外部金融机构合作三种路径，目前，腾讯在支付、理财、征信、保险、信贷等众多金融领域进行了布局，腾讯金融主要业务板块如图 13.4 所示。

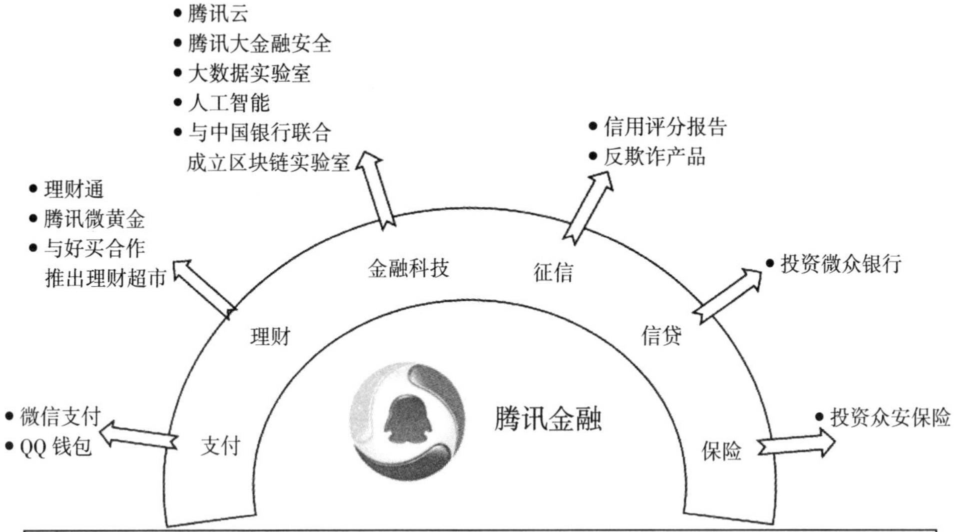

- 腾讯云
- 腾讯大金融安全
- 大数据实验室
- 人工智能
- 与中国银行联合
  成立区块链实验室

- 信用评分报告
- 反欺诈产品

- 理财通
- 腾讯微黄金
- 与好买合作
  推出理财超市

金融科技　征信

理财　　　　　信贷

- 投资微众银行

腾讯金融

- 微信支付
- QQ 钱包

支付　　　　　保险

- 投资众安保险

腾讯金融采取内部生长和外围布局的业务发展路线，支付基础平台财付通、征信以及金融科技服务业务主要由内部打造，理财通主要是腾讯与其他金融机构合作推出的理财平台，而银行业务和保险业务通过外部投资成立独立公司开展

图 13.4　腾讯金融业务布局

➢ 业务一：支付

支付业务应属于腾讯金融的王牌业务，2005 年，腾讯推出在线支付平台财付通，定位为"致力于为互联网用户和企业提供安全、便捷、专业的在线支付服务"。腾讯推出财付通主要是为了方便用户购买其旗下的产品而能够有安全便捷的支付通道。2010 年，财付通走平台战略模式，发布第三方生活应用，将支付业务向消费者个人生活场景拓展，2011 年获得第三方支付牌照。

在 2015 年腾讯重新确立"支付基础平台与金融业务应用"布局之前，财付通作为腾讯金融业务主体而存在。随着移动互联网的兴起，微信成为腾讯抢占移动互联网入口的关键所在，大获全胜。随后，腾讯也开始布局移动端支付，2013 年 8 月 5 日微信支付随微信 5.0 版本正式发布上线，2014 年 3 月 4 日正式开放外部接入申请。微信支付是集成在微信客户端的支付功能，用户可以通过手机完成快速的支付流程。2014 年，QQ 钱包出现在最新的 QQ 移动端版本中，作为服务于手机 QQ 用户的移动支付产品。微信支付与 QQ 钱包两种移动端支付，都是共享财付通所拥有的支付牌照，微信支付将支付与社交情景的创新结合，并且不断与线下的消费场景进行结合，促进大众生活进入"无现金时代"，微信支付的推出使财付通在移动支付领域分得一杯羹。

据 BigData-research 发布的《2016 中国第三方移动支付市场研究报告》，2016年中国第三方支付总交易额为 57.9 万亿元，相比 2015 年增长 85.6%，其中移动支付交易规模为 38.6 万亿元。按照市场份额算，支付宝以 52.3%居首，财付通以33.7%位列第二，两家支付巨头共占 86%份额。随着对第三方支付乱象的强监管，央行已经停止发放第三方支付牌照，行业规模效应将会增强，集中化趋势也将更加明显，未来将出现财付通与支付宝两分移动支付的局面。看着如此之大的市场蛋糕，刘强东也曾后悔在支付业务上晚了一步。

➤ 业务二：多样化的理财服务平台——腾讯理财通

腾讯财付通与多家金融机构合作，推出了理财通服务平台，旨在为用户提供多样化的理财服务，包括货币基金、定期理财、指数基金等理财产品，给用户在不同经济形势下带来丰富的投资选择，并在微信和 QQ 等移动社交端开通接入，用户能够在多种渠道灵活操作进行理财活动。2014 年 1 月理财通创立以来表现出了强劲的增长态势，截至 2016 年年底，平台获得超过 1 亿的用户，资金保有量突破 1400 亿元，累计为用户赚取 80 多亿元。

2013 年，随着余额宝的推出，加上股票市场强风险、利率下行以及银行理财产品收益下降，互联网理财成为国民投资渠道新宠。2017 年社科院联合理财通、腾讯研究院联合推出的《国人工资报告》显示，自 2013 年到 2016 年，我国互联网理财指数超四倍，互联网理财规模由 3853 亿元激增到 2.6 万亿元，预计到 2020 年将达到 16.74 万亿元。而腾讯依靠微信和 QQ 两大社交平台，到 2017年第一季度，两大平台月活跃用户分别达 8.61 亿和 9.38 亿，凭借这一入口优势，利用金融科技技术与金融机构通力合作，围绕多元化、个性化的理财需求，提供理财服务，在互联网理财市场的发展潜力是无限的。

腾讯在理财方面的运营模式核心在于连接，围绕平台自身用户，引入金融机构产品，自身并不做金融产品的设计和运营，主要是利用金融科技技术在用户风险偏好的识别、产品的需求上进行理财产品供需方的匹配，在提供理财服务的同时提高用户体验，与金融机构共享收益。围绕对用户需求进行价值挖掘，对于拥有如此庞大用户群的腾讯来说，任何适合于用户需求的产品和服务尝试都将产生惊人的市场规模，占据互联网入口便是腾讯核心竞争力所在，也是其强大的商业化能力所在。

> **业务三：腾讯征信**

2015 年，腾讯作为人民银行点名要求做好个人征信业务的首批八家机构之一，目前来看，相比于蚂蚁金服旗下的芝麻信用甚至大数据征信创业公司，腾讯征信发展不尽如人意，目前仍处于公测阶段。征信作为互联网金融基础设施建设之一，随着互联网金融的普及，大数据征信似乎是发展互联网金融的标配。而做好征信必须要有好的数据，包括数据的广度和深度，目前在腾讯征信的信用评分体系中，主要通过履约、安全、财富、消费、社交五大指数进行评估。而腾讯在数据使用的合理性上受到质疑，强大的社交数据与芝麻信用主要基于消费信心，财务属性较弱，这也是腾讯征信迟迟才推出公测的原因之一。

> **业务四：金融科技基础建设**

技术应该算是腾讯除了资本和力量之外的又一核心能力，从腾讯在金融科技方面的发展来看，主要表现在三方面：一是针对底层技术做基础的研究；二是进行金融科技的应用创新，比如在支付、理财、银行以及保险方面；三是对外合作建立金融科技公司，如众安科技，向银行、保险、医疗等行业的企业用户进行科技金融业务的输出。

在金融科技基础研究上，人工智能的投入方面，建立腾讯 AI 实验室以及优图实验室，专注于人工智能的基础以及场景应用研究。在大数据方面，建立大数据实验室，包括中国和硅谷两处实验室，在大数据领域处于领先的地位，并且推出了大数据产品体系。在区块链方面，与中国银行合作成立金融科技联合实验室，在云计算、大数据、区块链和人工智能等方面开展深度合作，共建普惠金融、云上金融、智能金融和科技金融。

在金融科技的应用创新上，围绕腾讯微信、QQ 社交平台的用户，利用金融科技提供金融产品服务，如移动支付、理财、信贷。在征信方面利用大数据和风控技术，推出信用评级报告、人脸识别服务以及反欺诈产品。同时，与外围的企业集团合作，在银行、保险等领域进行业务创新，微众银行与众安保险都是金融科技赋能信贷、保险的创新举措。

在金融科技服务输出方面，一方面，腾讯基于自身积累的技术优势，如腾讯云打造专属于金融行业的解决方案，腾讯金融云一起安全稳定赢得了信赖，获得一大批银行、保险、证券等金融行业客户；另一方面，在对外投资的企业中，众安保险成立全资子公司众安科技，进行金融科技服务输出，在保险科技方面独树一帜。

支付、征信作为互联网金融基础设施，可以看出，腾讯从内部孵化，基于对庞大用户的理财需求推出了理财平台，在金融科技基础和应用研究上，腾讯也算得上行业领导者。而在互联网金融风生水起之时，与阿里敢于走在监管前面的风格相比，腾讯一直强调稳健，保持着"不熟不做"的一贯作风，这也是腾讯企业文化的一部分。凭借强大的现金流，在互联网金融领域选择了对外投资，借力发展的方式，微众银行和众安保险就是其发起成立的互联网银行和互联网保险。

➤ 业务五：微众银行

2014年12月，腾讯发起成立的微众银行正式获准开业，作为国内首家互联网银行，该银行没有线下营业网点和柜台，无须财产抵押担保，借助于金融科技技术，利用大数据征信评级以及人脸识别技术进行贷款的发放。其主要的客户是小微企业和个人消费者，这些在传统的银行等金融机构难以获得信贷的人群，微众银行以利用互联网技术实践普惠金融为目标。

目前，微众银行针对个人消费者推出微粒贷和微车贷产品，凭借个人信用，便可在微信和手机QQ上申请获得贷款。针对中小企业客户，微众银行推出了微业贷，提供线上流动资金服务，目前处于受邀公测阶段。除了针对小微企业和个人的贷款业务以外，微众银行也推出微众银行APP，办理理财和存取款两种业务。

微众银行在金融产品的创新方面也采用平台合作模式，例如，微众银行联手优信二手车推出了买车贷款产品微车贷，与互联网装修企业"土巴兔"合作推出了微装贷。

腾讯自2011年推出平台战略以来，在各领域的业务发展中突出了开放、合作，在金融业务的布局上也不例外。这种合作方式有利于分担风险，避免新业务对既有业务的不良冲击，同时与外部合作者各取所长，以围绕用户价值进行周边产品和服务的开发，注重产品思维，显而易见，在腾讯的发展过程中，稳健是其特征之一。

➤ 业务六：众安保险（众安在线）

众安保险的存在和发展，在腾讯金融的业务发展过程中，与微众银行有异曲同工之妙。2013年9月，由蚂蚁金服、腾讯以及中国平安发起成立的众安保险获得保监会开业批复，是我国首家互联网保险公司也是全球首家互联网保险公司，从承保到理赔全流程在线进行，誓做全球保险科技的领导者。

值得关注的是，众安保险科技技术实现了保险产品定价的个性化，根据场景实现保障内容的定制化，并且实现保险服务的智能化。除此之外，众安保险在2016 年 11 月成立全资科技子公司——众安科技，专注于金融科技技术，如区块链、人工智能、云计算、大数据等的研发，建立了涵盖产学研在内的全产业链生态圈，为金融行业、保险行业以及医疗行业的企业提供金融科技技术服务。在金融科技风口浪尖，众安科技会聚了行业内的科技顶尖人才，与高校建立了技术实验室，发展势头迅猛，斩获了 2017 年金融科技影响力品牌奖，并且在金融科技服务的应用上，获得了一批企业客户，推出了区块链-T 系列、数据智能-X 系列、保险科技-S 系列等技术应用性产品，同时建立金融科技孵化平台。

众安科技可以说是在金融科技潮流下，抢占风口的重要产物，众多的科技公司进行金融科技服务输出的定位，将"FinTech+""FinTech 赋能"转化为新的商业机会。

背靠互联网科技巨头阿里和腾讯以及中国平安在保险领域的地位，在金融科技、保险科技领域，众安保险无疑成长惊人，在运营第一年便实现盈利，同时契合资本市场对金融科技的看好，2017 年 9 月 28 日，众安保险在香港联交所主板正式挂牌上市，成为港交所保险科技第一股。

13.4.3 腾讯金融发展金融科技的优势

从腾讯本身对自己业务定位来看，目前依然在社交和游戏领域，其开发金融业务的初衷，体现了其使命"利用互联网服务提升人类生活品质"。但是，在实际的金融科技发展中，腾讯似乎比其表面宣扬的要走得更远，这也体现了腾讯一贯低调稳健的企业文化。作为互联网的巨头，拥有国民级社交平台，同时具有技术和资本的实力，腾讯具有引领金融科技发展潮流的机会和条件。

腾讯发展金融科技的机会和条件表现在以下几方面：

第一，资本优势。吴晓波在《腾讯传》中谈到腾讯的两点核心能力，即资本和流量。凭借着强大的资本，在外部商业机会和潮流来临时，可以通过外部投资金融相关领域，这也是腾讯在发展社交和游戏非核心业务之外通用的手法。外围布局能确保在新的机遇成熟之前，避免对既有业务产生风险，同时借力发展，是一种战略能力。在互联网金融和金融科技潮流面前，通过利用资本优势，与外部合作成立微众银行以及众安保险，都体现了腾讯利用资本优势进行外围布局的发展路径。

第二，用户流量优势。从腾讯利用即时通信到成为互联网综合服务提供商的发展路径来看，注重用户的积累和用户黏性的打造依然是关键的战略方向。微信占据了移动互联时代的入口，其用户已破 10 亿。拥有庞大体量的用户，围绕其进行商业价值的挖掘，在任何企业看来，这都是源源不断的财富。腾讯金融自推出理财通线上支付平台以来，都是基于用户的需要，方便用户购买旗下增值产品和服务进行支付。微信支付在移动支付领域自推出以来的发展态势，打破了支付宝一家独大的移动支付局势，便是利用强大用户流量发力移动支付的鲜活案例。

通过金融科技进行创新，即使腾讯只作为中间的渠道商，进行社交平台和金融产品与服务消费的连接，也能够创造不菲的价值。在腾讯理财平台和基金超市上，腾讯大多作为渠道商，将外部金融机构的产品和服务引入平台，同时进行产品的筛选和风险的把控，对社交平台的功能进行扩展。

第三，技术优势。除了资本优势和流量优势以外，作为互联网综合服务商，腾讯在技术上的发展也是可圈可点，在人工智能、大数据以及云计算上，从基础研发到应用都具有独特的自身优势，这一点是有目共睹的。

第四，生态优势。腾讯自 2011 年开始实施开放平台以来，擅长借力发展，通过与外部行业的优胜者进行合作发展，不断打破组织边界，建立庞大的生态圈。在加强自身核心业务优势的同时，利用生态圈力量在既有的市场和新的市场上获得相应的地位。腾讯在金融业务上的发展充分体现了强强联合的经营思想，如外部发起微众银行、众安保险，以及与中国银行成立金融科技实验室等。并且始终强调开放，利用自身的资源优势吸引行业创业者，打造庞大的生态圈。

13.4.4　腾讯金融商业模式分析

目前，腾讯并没有独立的金融业务事业部，相应的金融业务在不同的事业部内进行经营管理，由企业发展事业群负责金融、支付等领域的事业拓展，财付通负责微信支付、QQ 钱包移动支付领域的技术支持，支付业务收入作为其他收入项。

正如前面腾讯金融的业务体系所展示的，其发展金融的商业模式思路可分为以下几种情形进行分析：

第一，金融业务作为其微信、QQ 等社交平台用户的增值服务，腾讯金融采取平台模式，为金融机构对接用户提供场景支持。综观整个腾讯，社交平台是腾讯商业帝国的基石，围绕庞大的社交用户进行商业化活动，可以说是腾讯公司整个生命所在，包括占收入比大块的商业广告、游戏等。金融业务依然以社交平台用户为客户，作为增值的周边产品而存在，在此类模式中的价值主张即是为其庞大的社交用户提供方便、快捷的金融产品和服务。包括通过微信支付实现线上消费场景和线下生活场景对接，通过在微信平台上嵌入理财通、微粒贷等理财和信贷产品。金融产品服务是对所拥有的用户进行价值挖掘和变现的商业行为之一，充当了产品的角色。

基于社交场景的金融科技创新表现在两个方面：一方面，改变了金融机构与理财需求方对接的方式，降低了交易成本。腾讯理财通作为基金、保险产品以及定期产品等各种理财产品新的销售渠道，为银行和非银行金融机构的理财产品找到接近市场的最新的路程，节约了这些机构在市场开发中的成本，场景从线下到线上的 PC 端再到手机移动端的变化，符合跟随用户所在的场景，提高了理财产品营销的精准度。

另一方面，腾讯金融通过金融科技注入，促进了金融产品的创新。通过金融科技对用户风险偏好和理财能力的智能化评估，促进理财产品个性化和定制化。用户可以根据自身的风险偏好选定特定的理财产品。

腾讯充当中间平台连接的作用，金融机构在理财通平台上对接用户从开户到购买再到交易的整个流程服务，腾讯理财通提供第三方支付、用户行为分析等技术支持。按照与金融机构的合作协议收取相应的报酬。

第二，深度研发第三方支付领域。支付业务是腾讯金融发展的基础性业务，财付通成立初衷依然是围绕腾讯的核心业务，为用户打造交易的闭环，方便购买腾讯增值业务和产品。而当下，凭借着国民级的社交入口，微信支付从满足腾讯业务内部需要走向外部，从线上交易到线下生活场景的拓展，获得第三方支付市场的半壁江山，随着行业集中度的不断提高，微信支付已经确立了其重要的市场地位。通过第三方支付，腾讯金融可以获得接入费、服务费以及交易佣金，同时能够利用沉淀资金获得利息收入。第三方交易可以作为理财产品的销售渠道，如腾讯的基金超市和保险超市，可以获得相应的商业营销收入和渠道收入。利用 FinTech 技术赋能支付结算的创新活动在本书的第二章已有清晰的介绍。

第三，利用资本优势，外围布局。正如前文所提及的，借助外力，通过与金融机构和其他企业集团发起成立互联网银行和保险机构，成立独立的公司开展金融业务活动。微商银行与众安保险即为腾讯通过发起成立的独立互联网银行和互联网保险公司。这些独立金融科技创新模式便是本书在之前提到的 FinTech 初创企业的模式。当然，这类企业由于有互联网科技巨头或者是金融机构的背书，在模式的创新和技术创新应用上将看见 FinTech 对金融行业的赋能。在这些创业机构中，腾讯对其新业务开放其社交场景，将微众银行和众安保险的信贷及保险产品引入社交平台，提供渠道服务，这也是进一步挖掘社交用户价值的体现。

13.4.5　总结与展望

与其他互联网科技公司在发展金融科技和布局金融业务上有所不同，腾讯更表现出谨慎稳健的态度，从目前腾讯内部发展看，金融业务相对聚焦，主要是在支付和理财方面。公司对业务布局和发展路径的选择充分体现了企业的文化基因特征。相比于阿里在金融业务上的发展，腾讯更重视产品思路，而缺乏战略布局。在 2012 年腾讯组织架构的调整中，并没有将金融业务作为独立的事业部，而只是走业务发展线，但实质上腾讯金融的布局比单纯业务线的发展模式要走得更远。金融科技为新潮流中的金融业务的创新提供了足够大的想象空间，除了社交和游戏，移动支付成为新的业务收入亮点，未来互联网金融业务成为新的增长极，对于腾讯来说，不是不可能。

相对于目前整个腾讯业务聚焦在社交和游戏的定位，围绕用户提供金融业务创新，通过外部投资增强金融科技核心技术和业务能力，能够体现腾讯在目前阶段整体的战略思维。腾讯金融作为腾讯大生态系统中的一环，合规合法，进行技术和产品创新，继续秉持开放合作的思维。

凭借在金融科技基础技术研究上的积累，从整个行业来看，金融科技的应用发展处于探索阶段，FinTech 赋能金融行业，对于解决金融机构的发展痛点，前景广阔。对于腾讯来讲，进一步推进"FinTech+"为金融机构和非金融主体进行技术服务的输出，也是一种发展路径。

参考文献

[1]刘淑娥.化解零售业资金瓶颈：京东供应链金融［J］.北京财贸职业学院学报，2014，30（4）：42-46.

[2]宋华.供应链金融［M］.北京：中国人民大学出版社，2015.

[3]新浪科技.井贤栋正式出任蚂蚁金服CEO，宣布未来10年三大战略［EB/OL］.http：//tech.sina.com.cn/i/2016-10-16/doc-ifxwvpaq 1461980.shtml，2016-10-16.

[4]由曦.蚂蚁金服：科技金融独角兽的崛起［M］.北京：中信出版社，2017.

[5]张俊，雪昳，徐利.2016天猫双十一当天交易额超1207亿元，无线成交占比近82%［EB/OL］.http：//tech.sina.com.cn/i/2016-11-12/doc -ifxxsmic6065504.shtml，2016-11-12.

[6]欧意.惊人的1.43万亿！余额宝规模直逼四大行存款规模，远超零售业务著称的招行［EB/OL］.https：//wallstreetcn.com/articles/3017991，2017-07-01.

[7]张威，袁满.TechFin的核心理念是利他——专访蚂蚁金服CEO井贤栋［J/OL］.http://magazine.caijing.com.cn/20170822/ 4320170.shtml，2017-08-22.

［8］宋馥李. 新经济成绩单：131 家"独角兽"估值 4800 亿美元［EB/OL］. http：//www.eeo.com.cn/2017/0303/299281.shtml，2017−03−03.

［9］孙岚. 网商银行行长黄浩："10 万+"之上的金融服务是这样的［EB/OL］. http：//zj.zjol.com.cn/news/738413.html？from=singlemessage&is appinstalled=1，2017−08−29.

［10］王巍. 网商银行未来金融服务的核心是"快"［EB/OL］. http：//www.bbtnews.com.cn/2017/0709/200835.shtml，2017−07−09.

［11］中国建设银行. 今日建行［EB/OL］. http：//www.ccb.com/cn/ccbtoday/jhbkhb/20170401_1491008431.html，2017−04−25.

［12］周天. 蚂蚁金服 B 轮融资 45 亿美元，三年盈利已符合 A 股主板上市条件［EB/OL］. http：//36kr.com/p/5046376.html，2016−04−26.

第 14 章
FinTech 初创企业

14.1　FinTech 初创企业的特点

FinTech 通过对传统金融业务进行赋能，通过技术、产品、渠道、业务流程等方面的创新正在改变金融或者是颠覆整个金融业务生态。在 FinTech 的浪潮下，传统金融机构和大型互联网公司积极迎合潮流，进行了全面布局，也催生了大批 FinTech 初创企业。

风口总是这个时代互联网创业公司积极寻找的，FinTech 作为一个大风口，使得一些创业公司披上了金融科技的外衣，想借金融科技的这股大风，成为那只"飞起来的猪"。但是大浪淘沙，虚有其表仅仅想赶风口的公司，待潮流退去也将随之消亡，那些能够迅速脱颖而出，成为行业独角兽的企业必然是真正的弄潮儿，例如，趣店、人人贷、融 360 等。在传统金融公司与大型互联网巨头持续布局的 FinTech 领域，这些 FinTech 初创企业有什么特点，能够迅速成长，在 FinTech 领域获得竞争力？通过对这些企业的全面分析，我们可以总结出两个最突出的特点。

第一，这些企业都专注打造核心技术力，借助资本力量快速迭代发展。FinTech 的核心是技术，本质是金融，能够打造核心技术力量，便可以建立自己的业务壁垒，专注于核心技术的打造是这些企业的基础。例如 TalkingData 就是专注于大数据技术，从数据采集、价值挖掘到数据应用构筑了完整的数据应用体系，成为中国目前最大的第三方移动数据服务平台。51 信用卡通过对用户信用数据的分析形成了大数据智能风控体系，实现个性化风险和信用的评估，基于此提供理财和借贷业务。可以说，独特的技术是这些企业风生水起的基础，而借助于资本的力量迅速进行业务和产品的延伸或者迭代是这些企业壮大，甚至跻身独角兽之列的重要途径。借助资本的力量迅速进行技术的开拓和业务的布局，获得客户资源，打造业务生态基本是众多 FinTech 初创企业的共性。

第二，通过商业模式创新打造全新的业务生态。有人说，任何企业的成功归根结底是商业模式的成功，拥有好的商业模式便是成功的开始。这些成功的 FinTech 初创企业，必然找到了一个市场机会，这个机会是被传统金融业务所忽视的，并聚焦于这一市场提供相关产品和服务。而随着中国互联网以及移动互联网的普及，庞大的网络用户为这些商业模式应用性创新提供了强大的市场基础。

看这些跻身独角兽行业的 FinTech 初创企业，总有其商业模式上独特的一面。例如 51 信用卡，通过信用卡管家积累了海量数据，这些数据主要是关于用户信用卡借贷还款情况，通过这些信用数据分析形成个人大数据智能风控系统，便可以看见每个用户的信用情况，基于此提供融资和信贷业务。在信用数据的来源上做到了精准，相对于传统信贷业务中烦琐的信贷程序和静态信用评估，51 信用卡的大数据智能风控系统可以说是彻底改变了信用评价体系。再例如，融 360，依然是迅速成为估值在 10 亿美元的独角兽企业，将传统金融与互联网金融进行融合，打造了垂直金融搜索模式，针对金融市场上的长尾用户提供金融服务，通过向银行、小贷公司等金融机构收取营销费用作为收入来源，垂直金融搜索是一种全新的商业模式。每一个迅速发展壮大的 FinTech 新创企业都有它独特的商业模式，也可以说，其成功归根结底是商业模式的成功。

在本章中，我们主要选取具有代表性的两家 FinTech 初创企业作为鲜活的案例，对其发展历程，商业模式进行解剖，来看看这些初创 FinTech 企业是如何在 FinTech 的风口上起飞的。

14.2　海易通

14.2.1　海易通简介

海易通供应链股份有限公司（以下简称"海易通"）成立于 2013 年，是一家从事航运物流金融服务的初创公司。海易通以传统行业——航运业起家，公司成立初期主要从事江上和海上运输业务。在公司发展过程中，公司的创始人发现在航运物流行业由于业务周期长、地域跨度大等原因，航运物流行业的各方参与者之间存在着很大的信息不对称，影响了整个行业的效率和发展。同时，由于传统行业不同于高新技术产业等依托于科技发展的行业，从业人员对于新技术的接受和应用都相对落后。互联网时代下，航运物流行业的运行规则与从前并无二致。

但是，传统行业就真的只能"遵循传统"吗？海易通并不这么认为。

海易通利用 FinTech 手段，打造了航运物流供应链管理平台——"海易通供应链管理平台"。平台于 2015 年正式上线，是一个集航运物流服务、供应链金融、航运数据于一体的综合智能平台。海易通供应链管理平台将传统行业与 FinTech 结合，把从前仅能线下低效完成的业务搬到了线上的平台，使航运物流的各参与方之间的信息不对称程度大大降低，更加高效地展开业务。

海易通供应链管理平台自 2015 年上线以来经历了如下的发展过程：

（1）2015 年 3 月，"海易通供应链管理平台"正式上线，3 月 17 日推出首项供应链金融服务，船东、物流合伙人、货主等都可以从线上平台获取航运数据并下单。

（2）2016 年 1 月，平台运费规模突破 1 亿元。

（3）2016 年 6 月，运输规模突破 2000 万吨。

（4）2016 年 10 月，海易通首次提出打造航运智慧物流新生态，融资规模突破 5 亿元。

（5）2017 年 1 月，启动粮食、钢材运输业务通道，启动后市场服务推出油料供应。

（6）2017 年 6 月，运输规模突破 5000 万吨，运费融资规模突破 10 亿元，成立海易通航运交易中心。

（7）2017 年 7 月，海易通与东方财富证券直投达成战略合作。

（8）2017 年 8 月 18 日，海易通成功挂牌新三板。

14.2.2 海易通的战略定位：用 FinTech 打造航运物流新生态

FinTech 在今天飞速发展，社交、消费、支付结算、交易都可以在个人终端完成，在个人消费品领域，人们可以动动手指就能完成从选购到付款整个环节，2C 业务速度增快和流程缩短，金融服务也不再是高净值人群的专享服务，那么对于航运业这样的基础行业来说，FinTech 又会带来什么新的血液呢？

海易通首先考虑的是航运物流业存在着怎样的痛点。航运物流行业的痛点是物流效率不高：中国物流总成本占 GDP 的 18%，比发达国家高 9%~10%，也就是说每年中国物流总成本比美国高出近 6 万亿元。但是一个传统行业如何在新经济时代下提高效率呢？打造新的行业生态，这是海易通给出的答案。

海易通认为航运智慧物流新生态有三个特征：一是价值重构，二是共生共享，三是破界创新。价值重构又有三个阶段：航运业的产业链整合；跨产业、多产业的价值链重构；航运业的信用塑造，标准化产品设计推广，从而创造全新的用户体验和新价值。共生共享是指生态中的市场参与者可以实现从经济、资源、技术共享到能力、资本、价值共享，从单纯交易双方互利到生态多方共赢。破界创新就是要把更多的信息、通信、人工智能、物联网前沿技术引入到航运业中来，打破业内壁垒，为各方用户提供有价值的金融和数据服务，从数据、效率分析到垂直领域人工智能，打造行业入口，引领行业进入全新的智慧生态模式，如图 14.1 所示。

图 14.1　海易通打造的航运物流新生态

14.2.3　海易通 FinTech 技术的开发与应用

海易通的 FinTech 技术的开发经历了从外包到自主开发的过程。海易通是一个传统行业起家的公司，所以团队中并没有科技研发团队。对于一家创业公司来说，创建研发团队所需的资金是需要克服的巨大困难之一。所以海易通在初期的科技研发主要采用外包的形式，以业务拓展为主导，这样可以降低科技研发的支出，减轻企业负担。

随着平台业务的不断增加，海易通的营业收入和利润都在稳步上升，公司建立了自主研发的团队。研发团队与业务团队的磨合是一个很重要的过程，所以海易通采用的策略是把原先科技外包的团队纳入新组建的研发部门，并担任主要领导工作，降低公司的管理成本。同时，采用"年薪制+股权激励"的双轨制激励办法，保证研发团队的稳定。

基于此，海易通在航运大数据、水上物联网和航运人工智能上发展出了独特的优势：

➢ 航运大数据

供应链金融与传统金融行业相比，存在很多不同之处，供应链金融主要为企业解决的是业务流程过程中产生的资金周转和短缺的问题，与企业的业务开展有密切的关联。对于海易通所从事的航运供应链金融来说，对物流合伙人的信用审核需要依据物流合伙人的业务开展情况，因此需要航运流程的大数据监控。海易通的航运大数据包括了船舶定位数据、船舶经营状况数据、船舶业务数据、物流合伙人资金流数据，数据覆盖平台的物流、商流与资金流，形成一个完整的信息流。通过航运大数据平台，海易通的算法工程师通过机器学习算法对数据进行分析，对航运供应链上的借贷决策提供支持。

➢ 水上物联网

互联网给航运业带来的仅仅是表层的信息互通领域的改变；物联网给航运业带来的将是具有颠覆性的改变，因为这种基于"小数据"的新模式正好解决了工业 4.0 的痛点，即储运体系的"个性化"和"专业化"。

海易通基于内河运输的水上物联网，推进在内河航运船舶上引入智能终端，实现视频监控、参数监控、异常行为监控等服务，完善船舶数据、航行数据的收集。线下的"物"与线上平台数据连接起来，形成互联网与货物流的无缝衔接。

➢ 航运人工智能

海易通在航运领域核心算法上进行了持续的研发投入，陆续推出航次管家自动化船舶状态识别算法（Real Time Tracker）、船舶区域预警算法（Geo-Alert）、船舶效率评估算法（Shipping Perfomance Calculator）、"小海"航运（AI）等。在每条船上加入数据触点，未来的每条船上装载智能硬件应用。比如"小海"航运人工智能助理，以及基于北斗系统、人脸识别系统的智能终端。

通过这些人工智能设备，目前海易通能够做到自动监控预报船舶在运营中的状态更新，对比船东提供的船舶动态基本一致。海易通的人工智能设备和系统对于金融服务的风险控制和客户信用评价至关重要，随着海易通平台业务量的不断扩大，自动化审是平台风控的基础环节，是否为物流和人融资，融资比例的确定，是否为其预付船东费用等都需要人工智能的算法。贷后管理环节，通过船上装载的智能硬件，对船舶进行实时、可视化的监控，降低了船舶突发情况带来的还款风险。

14.2.4 海易通的"物流合伙人"业务模式

航运物流行业是一个历史悠久的传统行业，但却是经济建设基础行业之一，所以宏观经济的稳步增长，对航运物流业存在着更多的需求。但按照传统的行业模式，行业的发展水平跟不上经济发展的需求，科技手段的运用在这样的需求面前显得尤为重要，而海易通正是把握住了这一点。

海易通作为一家创业公司，其"FinTech+"的"破界"模式对于目前的FinTech创业公司和传统行业中的初创公司来讲有十分重要的借鉴意义。

传统行业的初创公司面临较大的行业壁垒，中小企业通常的商业模式是挖掘行业领先企业的缝隙市场份额，在市场份额和融资渠道方面缺少竞争力，所以虽然传统行业技术门槛不高，但资源禀赋的结构还是使很多初创公司难以为继，难以形成规模经济效应的商业模式。

而单纯的FinTech公司的缺点在于缺少自身业务承接。目前中国已经成为每年产生FinTech企业最多的国家，以区块链公司为例，仅2016年就有17家新的区块链公司诞生，但区块链技术只有和具体金融业务结合才能发挥商业价值。所以仅靠研发科技本身，而缺乏可利用的商业价值，使很多FinTech的创业企业面临市场竞争，降低了创业成功率。

海易通在初创期巧妙地发挥了自己在传统行业的优势，找准行业痛点，将FinTech引入传统业务中。如在海易通的市场定位中，海易通看到了航运业急需整合物流、商流、资金流和信息流的痛点，同时也看到了"破界"带来的新的机遇，在传统行业中加入FinTech，将传统行业中无法解决的资金流、商流与物流衔接的问题，对航运业进行整合，于是产生了新的行业机会。

与其他金融行业一样，中小企业的长尾需求在互联网时代开始爆发，所以海易通抓住了航运物流行业中小企业的诉求：

（1）融资渠道通畅，扩大经营规模——中小企业由于资金规模小，难以形成规模经济效应，所以在市场中缺乏议价能力，无法获得稳定增长的货源并形成品牌。

（2）信用支持——货船是航运物流业企业的一项重要资产，货船价值高昂，中小企业没有信息支撑，很难获得购船的融资款而不得不放弃眼前的机会。

（3）信息化、标准化的平台——信息流通速度的加快，使没有能力获取全面行业动态的中小企业迫切需求一个渠道来获取信息化、标准化的数据。

海易通平台的物流合伙人带着货源和少量的运力资源进入海易通航运物流生态中，原始需求是希望平台可以提供供应链管理和信用背书，从而可以对接相应的金融机构，获取应收账款融资，进一步提高自身的资金周转率，扩大生意规模。目前平台已经帮助部分合伙人把每月 500 万元的业务规模扩大到了每月 2000 万元。

我们来看一个例子。在传统模式下，货主（有货运需求的公司及个人）通过船务代理[①]，与船东[②]达成航运物流协议，并向船务代理支付一定的费用。由于航运物流产业的交易发生频率较低，且地域跨度较大，所以货主与船东之间存在着信息不对称。假设公司 A 从事船务代理业务，其业务模式是对接货主与船东，分别与货主和船东签订运输合同。由于水上运输周期较长，面对货主要求货物到港结算运费以及船东要求提前支付加油费和滞期费[③]的要求，A 需要用自有资金垫付，因而形成了公司 A 对货主的应收账款和对船东的预付账款。假设 A 仅有 500 万元自有资金用来从事这项业务，A 需要同时垫付这两笔费用，依据现实业务，假设 A 会同时形成 300 万元应收账款和 200 万元预付账款，A 能够承接的运费总量是 300 万元，如图 14.2 所示。

---

① 船务代理指接受承运人的委托，代办与船舶有关的一切业务的人，主要业务有船舶进出港、货运、供应及其他服务性工作等。船方的委托和代理人的接受以每船一次为限，称为航次代理；船方和代理人之间签订有长期代理协议，称为长期代理（词条解释来自百度百科）。

② 船东是指《船舶所有权证书》的合法持有人，也即是合法拥有船舶主权的人，有时也可以是一个公民、一个法人、一个公司或者是一个集团公司。有时在业界取得船舶租赁权的合法企业也被公认为是船东（词条解释来自百度百科）。

③ 滞期费是指在航次租船合同中，当船舶装货或卸货延期超过装卸货时间时，由租船人向船东所支付的约定款项。

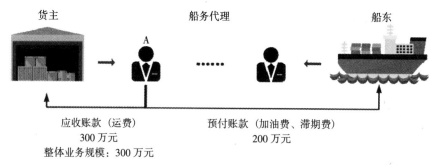

图 14.2　传统航运物流行业运营模式

　　而在海易通平台上，船务代理 A 的身份变成了海易通平台的"物流合伙人"，A 不再直接与货主或船东签订合同，而是海易通平台与货主签订合同。A 只需要向海易通平台缴纳合同金额的 20% 作为保证金，待 A 从货主方收到运费，A 向海易通平台支付剩余 80% 运费和利息，如图 14.3 所示。

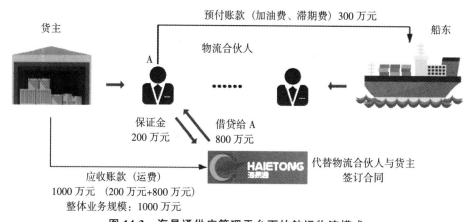

图 14.3　海易通供应管理平台下的航运物流模式

　　对比两种模式下 A 的业务规模，在传统模式之下，A 仅能通过自有资金承接 300 万元的业务。而通过海易通平台，由于通过业务形成的应收账款可以从海易通平台获得债务融资，使业务规模扩大到了 800 万元。A 的业务规模因此扩大了 500 万元。

　　同时，物流合伙人可以利用海易通的品牌和规模效应，提高竞争门槛；利用海易通在技术上的投入，将自身与货主的交互变得信息化和标准化，提升用户体验，增加竞争力。比如粮食的长江运输，就会应用到全流程的可视化、可追溯管理，各个数据节点的自动化记录，最后形成一个完整的报告。这样，一方面，解决了货主对高货值货物运输的痛点；另一方面，标准的提高也增加了物流合伙人的竞争力，是一个多赢的结果。

14.3 火币网

　　路过北京海淀区上地三街的行人都会注意到在嘉华大厦的楼顶上有硕大的"火币"二字和一个"火"的象形文字的 LOGO，这就是在"币圈"的人都熟知的火币网的公司所在地。在比特币热潮来临之初，火币网于 2013 年 9 月上线，仅过了 3 个月就依靠免手续费的战略成为了中国比特币交易平台的行业第一。在上线的第五个月，火币网又拿下了比特币现货交易的首创世界最高纪录，这之后，此项世界纪录不断被火币网刷新。在创始人李林和杜均的领导下，火币网不断打磨产品，创新产品，以巩固自身行业的主导地位。同时，火币网还进行横向和纵向的发展，在纵向上，形成了从行业上游的挖矿产业到中游的交易产业再到下游的应用领域的全产业布局，在横向上，将业务拓展到 P2P 领域和 A 股领域，寻求在多项金融领域的协同，由此逐步成长为行业全产业链全布局的掌舵者。作为行业领头的火币网在成长的同时也在极力推动数字货币区块链知识的普及以及对于数字货币的监管，积极寻找数字货币在中国的应用场景和未来发展。那么火币网是如何把握比特币所带来的机遇，又是如何通过商业模式的创新将机遇转化为价值，以及在数字货币在我国面临严格监管的今天又该如何应对，以下将进行一一解答。

14.3.1 火币网简介

　　马尔科姆·格拉德威尔在《异类》一书中提到，一个人的成功离不开其所处的时代环境提供的机遇。对于企业来说也是如此，一个企业的成功也需要其所处环境提供的机遇。火币网的发展可以大致划分为三个阶段。

14.3.1.1 早期发展阶段

2013 年 5 月，李林购买了 huobi.com 的域名，同年 9 月，火币网作为比特币交易平台上线。经过短短的几个月，火币网就成为了中国比特币行业的第一名。这主要归功于火币网对于行业的准确把握和成功的营销策略。

　　首先，李林和杜均选择了进入比特币行业最佳的时刻。2009 年，比特币正式开始运行，比特币开始逐渐从极客圈中运用的小众货币转变为全球关注的新通货。2013 年是比特币开始快速发展的一年，从 3 月到 4 月比特币的市值疯狂暴涨，引发了社会各界对其的关注。在火币网成立时，正处于比特币价格疯涨的阶段，价格的疯涨为比特币市场带来了大量的新用户。

其次，火币网准确地识别出了此时比特币市场中用户的特点，采取了对应的营销战略快速地赢得了大量的用户。在货币网成立之初，很多的用户属于跟风进入市场的非专业投资者，这些投资者对于交易平台的选择更多的是依据价格，火币网采取了与其他交易平台不同的免手续费的战略，快速地赢得了用户。

最后，火币网基于对市场走向的准确判断，坚持自己的战略使其成为行业第一。2013 年 12 月，央行等五部委发布关于防范比特币风险的通知，这个政策上的变动给国内的比特币市场带来了极大的震荡。这在很多比特币行业的企业看来是中国比特币行业"寒冬"的开始，然而火币网却看到了其中的机会——央行的政策为市场筛选出了专业投资者，淘汰了非理性跟风的投资者，同时使得留在市场的投资者更加理性，这对于一个金融市场来说是有利的。因此，火币网坚持免手续费的战略，很快成为了行业的第一。

14.3.1.2 纵向横向发展阶段

在取得比特币交易平台行业领先地位之后，火币网开始拓展自身的业务，主要进行纵向全产业布局和横向的其他金融业务的多元化。

➤ 全产业布局

2014~2015 年，火币网开始布局数字货币全产业链，在比特币产业链的各个环节火币网都拥有自己的业务。在上游矿业产业，火币网拥有数字货币矿业服务平台"Digcoin"以及中国最大的比特币区块查询网站"Qukuai.com"。在中游交易产业，火币网将原美元交易平台 BitYes 并入原有的人民币交易平台，实现了美元、人民币一站式交易，继续保持 huobi.com 行业领先的地位，同时还拥有综合数字投资平台 BitVC。在下游应用产业，火币网拥有国内第一个多重签名比特币钱包"快钱包"。如表 14.1 所示。

表 14.1　比特币产业链企业示例

比特币产业链	企业示例
上游	Digcoin、Qukuai.com
中游	huobi.com 交易平台、Huobi.pro 交易平台、BitVC
下游	快钱包

> **横向产业的相关多元化**

2016 年，火币网开始向传统的证券领域拓展。依托着火币网积累起来的交易领域的经验、团队与用户，火币网推出财猫网将其应用到传统的证券领域。财猫网是一个小额理财平台，率先开创快乐理财模式，致力于为草根阶层打造"人人会理财，人人爱理财"的互联网金融平台，目标是让理财更简单、快乐、安全。火币网希望通过财猫网将自身在比特币产业运营得出的普惠的理念传递到传统的金融领域。

14.3.1.3 国际化阶段

在发展国内业务的同时，火币网逐步发展国际的业务。这主要是基于两个方面的原因：一方面，比特币等数字货币本身就具有国际化的属性，因此很容易将业务从国内业务转向国际业务；另一方面，在中国国内对于数字货币监管的不确定性促使火币网国际化以分散风险。火币网的国际业务主要分为以下几个方面。

> **火币网全球专业站**

2017 年，火币网上线了火币网全球专业站（huobi.pro）。这主要是基于两个方面的考虑：

一方面，随着数字货币交易的逐渐发展，专业的数字货币群体出现，对于交易平台也提出了更多专业投资工具和产品的要求，火币网全球专业站提供币—币之间的兑换产品，以满足专业用户对于各类数字资产兑换以及彼此套利的需求。未来，在火币 Pro 站将上线更多的针对专业用户的交易产品，比如策略平台、量化工具、合约产品等。

另一方面，火币网全球站提供全球性的数字货币交易服务，是一个服务于全球专业交易者的创新数字资产交易平台。火币网全球站将火币网的业务扩展到了全球的范围。

> **火币韩国**

火币网将业务扩展到了其他国家，在韩国成立了基于韩元的数字资产交易平台。专注于为用户提供优质、便捷的韩元兑数字资产交易服务。总部位于韩国首尔，由火币韩国业务团队负责运营。

2017 年 9 月到 10 月，在中国的监管风险中证明了火币网国际化的前瞻性。2017 年 9 月 4 日，中国人民银行等七部委发布了《关于防范代币发行融资风险的公告》，要求对中国境内融资代币和虚拟货币的交易做出全面清理整顿工作。

2017 年 10 月，中国政府在全国范围内禁止加密资产交易。这些政策对于中国境内的数字货币交易平台造成了极大的打击。

火币网之前的国际化战略降低了这次政策所带来的损失。火币网将火币中国转型为区块链垂直领域的专业综合资讯及研究服务平台，并将交易重心转向了火币全球专业站、火币韩国、火币全球美元站等，缓解了政策对于火币网带来的打击。

14.3.2　火币网创始人的经验与眼光

从火币网的发展历程我们发现，在火币网发展的过程中，环境为其提供了大量的机遇，正如常言道"机会眷顾有准备的人"，能够把握并识别这些机遇离不开火币网的两位创始人李林和杜均。

李林是一位连续创业者，在创立火币网之前已经经历了两次创业，2013 年比特币的疯涨让敏锐的李林看到了比特币行业的机会，而比特币交易平台就是进入比特币行业的机会，因为这个环节是比特币行业的关键环节并且商业模式已经很清晰了。国内虽然不乏比特币交易平台，但当时那些平台的交易存在诸多的短板，于是他将自己的想法告诉杜均，两人一拍即合，决定创办一家服务更加优质的比特币交易平台。

为了更快地获取新用户，在火币网上线 20 天之后就提出现货交易永久免手续费，这在当时行业中是首例，因此帮助火币网迅速成为行业的第一。但免手续费也就意味着火币网与之前的比特币交易平台不同，无法通过比特币的交易盈利。杜均认识到盈利对于企业发展的重要性，积极地寻求盈利点，有了 7 年在 Discuz（全球覆盖率最大的论坛软件系统之一，2010 年被腾讯收购）运营产品的经验，杜均找到了"他山之石，可以攻玉"的办法。杜均认为用免费的方式吸引大量用户，至少有 5% 的用户会选择增值服务。有了用户和产品做基础，能够找到的增值服务是很多的。而对于比特币而言，杠杆借贷是最好做的服务。因此火币网在发展之初就寻找到了自身的盈利点，这就为后来的发展打下了基础。

火币网能够快速地发展离不开李林和杜均对于火币网始终不变的定位。这两位拥有丰富创业经验的创业者从一开始就认识到火币网并不是要在比特币的热潮下做一锤子生意，而是要做一项让投资者能够更加便利的投资的金融事业，让天下没有难做的投资。因此在 2013 年央行对于比特币政策的变化，市场认为比特币的"寒冬"到来了，当许多交易平台纷纷套现的时候，火币网却仍旧坚持自己免手续费的策略。在李林和杜均看来，央行等五部委发布《关于防范比特币风险

的通知》以及之后停止比特币的第三方支付对于市场长久发展是有利的。杜均接
受央广网的采访中提到，从 2013 年 9 月到 2014 年 3 月，火币的投资人群是大妈
基础的普通民众。对于比特币的规范使得以中国大妈为代表的部分大众投资者退
出，比特币在中国陷入了小众投资的境地。中国大妈们只懂得财富效应，很少了
解投资品背后的逻辑是否成立。而未来火币网的目标用户是懂互联网和金融的、
懂比特币的更加专业的投资者。没有了大妈们的热炒，比特币交易会朝更加理
性和成熟的方向发展。

李林和杜均对于火币网的定位也是火币网形成自身竞争力的基础。基于"让
天下没有难做的投资"的理念，在产品方面，火币网一经推出，其产品就领先于
市场：在其他公司还停留在传统电子商务静止的报价界面时，火币网已经有了符
合投资者分析习惯的 K 线价格走势图了。在服务方面，火币网是第一家推出 24
小时客服的公司，虽然当时的比特币是 24 小时交易的，但客服并不是 24 小时，
火币网率先实现了 24 小时客服，并将比特币的提现速度从行业的平均一天提高
到了两小时。

李林和杜均对于火币网定位的坚持也为火币网业务的横向扩展提供了思路。
李林发现二三四线城市存在新的投资者，他们没有专业的投资知识，但有非常大
的投资需求，需要好的产品和服务。他们需要的交易工具不能太复杂。火币网将
在网上运营比特币交易积累的经验应用到了传统的证券领域，打造了针对这类投
资者的操作简易地利用移动端进行操作的产品——财猫网。

14.3.3　火币网的商业模式

火币网的成功离不开比特币迅速发展带来的机遇，离不开李林和杜均对于机
遇的把握和准确的定位，更加离不开其创新的商业模式。

火币网专注的是数字货币的基础服务，力图使得投资者能够更加便利地投
资。通过提供免费优质便利的基础服务为用户创造价值吸引用户，然后通过向愿
意付费享受增值服务的用户收费实现价值的回收。

> #### ➤ 创造价值：免费安全便利的基础服务

火币网在比特币全产业链上提供免费的服务来吸引用户。在比特币产业的上
游，火币网提供免费的区块链查询服务；在中游的交易产业，火币网提供充值、
提现、交易手续费用全免的比特币现货交易服务；在下游的应用产业，火币网提
供免费的钱包服务。同时，火币网还通过设置多重防护为用户提供安全保障。火

币网总共有五重安全防护。第一重防护是平台安全防护，重点防护网络安全漏洞，通过上线前的安全测试、周期性的第三方安全检测以及漏洞奖励计划来保证平台的安全。第二重防护是对账户的安全防护，通过多重确认和人工审核的方式降低用户账户被盗用的风险，保证用户账户资金的安全。第三重防护是对钱包的防护，通过多重签名的技术手段，以最小权限为原则保证用户钱包的安全。第四重防护是内控管理，通过对企业环境严密监控和对于员工的严格要求实现系统安全不依赖人的原则。第五重防护是顶级的全职安全团队，这个团队保证了能够在第一时间对火币网出现的安全漏洞进行检测和修复。

> **➤ 回收价值：多样便利的增值服务**

火币网提供了多样便利的投资产品来实现价值的回收。在比特币行业上游，提供数字货币挖矿服务，在中游提供数字货币投资平台服务，在下游推出了独创的比特币领域的余额宝产品——余币宝以及现货杠杆交易服务和数字资产抵押借贷服务。

14.3.4　总结与展望

从比特币行业的发展看，随着对于比特币等数字货币的监管逐渐成熟，比特币行业还会在波动中前进，对于火币网选择的发展路径，我们认为：

第一，坚持国际化的战略，将业务拓展到更多的国家，一方面分散经营的风险；另一方面可以获得更多的经营协同效应，丰富自身服务客户的经验，提供更好的服务。

第二，坚持"让天下没有难做的投资"的理念。这个理念是火币网得以取得行业领先地位的核心。在这一理念的指导下，火币网才能吸引到更多的用户，因此这一理念也是火币网要实现未来长久发展必须坚持的。

第三，深入挖掘比特币行业存在的应用空白。比特币行业作为新兴的行业仍然具有许多空白，市场需要一个更加高效的数字货币体系和支付网络。火币网作为比特币行业的领跑者，拥有着丰富的数字货币运营的经验、团队和技术。相信通过进一步的创新整合可以进一步推动整个行业的进步。

第四，将数字货币运营的经验运用到更多的传统金融领域。火币网拥有大量运营数字货币的经验和技术，同时也拥有着大批具有投资需求的用户。财猫网的上线也让我们看到了火币网将这些资源整合进入传统金融的可能性。

参考文献

[1] 唐莹莹. 火币网：当虚拟照进现实 [J]. 商业观察，2016（5）：52-53.

[2] Jackson F R. Outliers：The story of success [J]. Multicultural Perspectives，2009，11（2）：115-118.

[3] 火币网. 2013~2015 火币网两周年年报 [EB/OL]. http：//www.huobi.com，2015-09-01.

[4] 火币网杜均. 我们做的不是生意而是事业 [EB/OL]. http：//mp.weixin.qq.com/s/0i9or-wQ2QQwXfkKNruOM3A，2015-09-12.

[5] 火币网杜均. 让中国从上而下重新认识比特币 [EB/OL]. http：//mp.weixin.qq.com/s/U38XW8mjLFSegmxDcOOKTA，2015-09-18.

[6] 每日比特币. 火币网刷新全球日成交量最高纪录 [EB/OL]. http：//mp.weixin.qq.com/s/BFlgE5fwE9Nvb9MJ3NLTVw，2015-11-27.

[7] 火币网. 为币圈生态打造了一个黄埔军校! [EB/OL]. http：//mp.weixin.qq.com/s/GH9hlfuctgFkDxiCQRN3Nw，2017-07-21.

第
4
部
分

发展：FinTech 的未来

|第 15 章|
FinTech 的风险与监管

15.1　FinTech 风险

　　金融，从出生起，就伴随着巨大的风险，而与其相关的衍生物也都带有风险的属性。近年来，以互联网、大数据、区块链、云计算、人工智能等技术为标志的 FinTech 加速发展，引领传统金融行业进行着一场如火如荼的革命。尽管目前大数据、区块链技术在识别传统金融中的信用风险和保护账户安全等方面已经有了初步的尝试，并且以此为基础建立的风控体系在保险、银行等领域内成果显著，但以技术为驱动力的 FinTech 创新业务、商业模式所带来的已暴露或潜在的风险越来越多，引起了各国的监管者以及市场参与主体的广泛关注。

　　央行科技司司长李伟总结了 FinTech 发展过程中给社会带来的四大风险趋势：业务风险外溢、大数据风险加剧、网络安全风险、技术依赖风险。李文红等（2017）则从机构和系统层面，分析了 FinTech 带来的信息科技操作风险、机构关系复杂性风险和市场共振风险等。综合各方的研究以及目前金融监管的现状，我们认为，FinTech 时代，我们所面临的新增风险主要存在于三个层面：首先是 FinTech 新产品新模式可能引发的业务风险；其次是业务支撑平台的网络与底层技术风险；最后是存在于各个领域之间的关联和传导性风险，如图 15.1 所示。

15.1.1　业务信用风险

　　当科技创新金融服务方式，衍生出新的产品或模式，FinTech 的业务与信用风险往往可能相伴而生。FinTech 企业所推出的新的产品或服务，其初衷是对传统行业的相关业务进行改进乃至颠覆，比如 P2P 这种去中介机构的融资方式，旨

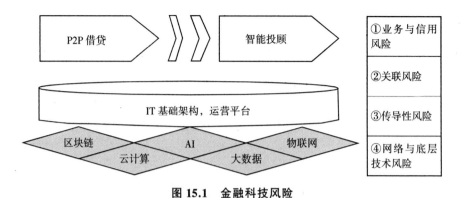

图 15.1　金融科技风险

在解决中小企业和个人的投融资需求。然而，以金融脱媒、利率市场化等特点为导向的业务转型与产品开发，很难避免机制的设计缺陷，在资金存管、信用保证、交易流程、资产评估等诸多方面，都有可能出现产品的结构化风险，导致投机套利空间产生，或因流程漏洞给投资者带来的安全隐患等。

P2P、ICO①、互联网保险和智能投顾等创新的金融服务模式都存在各自的缺陷与隐患，从目前的市场运行状况看，信用风险已经成为最核心的风险因素。从根本上说，业务与信用风险的产生，是因为系统性风险和主观缺陷的存在，系统性风险是金融市场中固有的风险，因为通货膨胀、汇率变动、政治风险、经济周期风险引发的不可规避的风险，这是所有金融产品与生俱来的特质。另外，在研发新的产品、开展新设业务时，由于技术人员主观上不可能预测到所有潜在问题，并且新事物缺乏市场的实际检验，因此，业务与信用风险就有可能在市场运营阶段暴露出来。

15.1.2　关联传染性风险

FinTech 加强了各个金融主体之间的联系。如银行、保险、证券、信托等曾经独立运营，以内部一体化流程为特点的金融机构近年来都开始了外化的过程。正是 FinTech 打破了内生的环节，逼迫着内生环节外生化、社会化、商品化、产业链化。所以，今天整个金融产品的设计、生产、控制、配置、销售变成了一个产业链、市场化的过程（朱民，2017）。由于"分工"与"外包"等活动加强了金融业务间数据、信息、技术、资金的传递沟通，所以单个业务风险和市场风险的波及效果将会具有传染性，并且往往在蔓延的过程中被放大，导致关联传导性

---

① ICO，Initial Coin Offering. 2017 年 9 月中国监管部门宣布暂停所有 ICO 相关业务。

风险显现。

在当前的 FinTech 服务中，金融价值链和产业链不断延伸，参与主体趋于多元化，每个环节之间彼此的依赖性也在增强。在这种情况下，资产定价、资本融通、营销推广、信用评估等活动受到不确定性因素侵染的外在风险会增强，而内部的结构化缺陷则会伴随着外部风险一起推向关联的环节。因此，开放的金融生产链条整体风险随之加大。

基于互联网、物联网技术的平台化、数字化业务经营方式，已经成为金融领域的常态，数据收集和计算能力的提升，以及信息时效性的增强，无疑减少了市场反应的时滞。但是，一旦市场出现某个微小的变动或漏洞，就会迅速被成千上万的参与者利用，于是监管者或金融机构难以及时地纠偏，这也会潜在地引发金融市场的羊群效应[1]，促使非理性行为扩大市场波动幅度，降低效率。

15.1.3　网络与底层技术风险

技术在推动社会进步的同时，也不可避免地带有种种缺陷和负效应，会给业务本身甚至社会其他领域带来各种风险。

互联网风险是最直接和最基础的风险，其来源于网络世界的虚拟化和网络的开源化。互联网金融时代下，金融市场希望借助互联网短平快的特点迅速获取各个净值的用户。然而，虚拟化的网络对用户信用、资产、身份信息缺乏有效鉴别能力，法律主体责任不明确也导致网络的不端行为屡屡发生，所以互联网金融这种模式很容易受到网络不安全因素的侵袭。

大数据和云计算技术改变了人们利用数据的思维方式，但其引发的安全风险不容小觑。首先，庞大的数据体量暴露性很高，本身就容易成为被攻击的目标。其次，由于海量数据的价值密度低、非结构化数据比重大，所以难以对其进行全面的安全扫描和风险排查。传统的对金融服务相关资料的收集整理已经演变成了对客户全方位信息库的建立，并储存在云中心，这些包含着大量敏感信息的数据中心如果遭到侵袭或破坏，那么随之而来的就是系统的瘫痪，使对数据有高依赖的金融活动无法正常开展，更严重的是用户的信息会遭到泄露、恶意利用。

区块链这项极具商业价值的技术始终因为风险和监管空白的问题，未能广泛应用。随着密码学、算法技术的进步，区块链的非对称加密机制实际上变得越来

---

① 羊群效应在金融市场中体现为羊群行为——金融市场中一种特殊的非理性行为，指投资者过度依赖于舆论、盲目从众，而不考虑自身的信息。

越脆弱。另外，基于 PoW 共识过程的区块链，如果某个节点掌握了全网 51%以上的算力，就可能成功地篡改和伪造区块链数据（裴勇、王飞跃，2016）。

15.2　FinTech 的监管

15.2.1　各国监管现状

➤ 美国

美国作为世界上金融服务业最发达的国家，是全球 FinTech 发展的前沿阵地，因此，对于 FinTech 的监管也早有探索。功能性监管是美国在监管框架设计上的总思路，最早源于 20 世纪 90 年代美国学者罗伯特·莫顿（Robert Merton）和兹维·博迪（Zvi Bodie）提出的功能性金融体系改革理论。所谓功能性监管，是指无论金融服务的形态和特征如何，采用了什么创新技术，所涉及的跨业务范围有多大，都根据其本质把 FinTech 的业务纳入现有的监管体系之中，而不是单纯地依据经营机构的性质。

比如，对于 P2P 和众筹的监管，就根据是否涉及资产证券化被分为两种形式：若网络平台利用自己的资金提供贷款服务或者仅仅充当信息中介的角色，对接市场上的资金需求方和供给方，则该类业务被定性为放贷业务，统一由美国金融消费者保护局监管；如果平台将已发放的贷款作为资产证券化，并在市场上发行流通，则会被认定为证券业务，由美国证券交易委员会（SEC）进行监管（美国财政部，2016）；而对于电子货币，则将其视为大宗商品，主要由美国商品期货交易委员会依据《商品交易法》统筹监管。

除此之外，技术创新监管形式也是美国近年来在金融监管中着力发展的一个方向。美国证券交易委员会已经尝试运用大数据、云计算和机器学习的技术评估市场的风险，预测投资者的行为，并努力甄别欺诈行为和监管者的不合理权限。

➤ 英国

英国采取的是一种叫作主动监管的模式，因为国内金融体系成熟，有完善的征信体系，金融人才较为专业，资讯基础雄厚（蔡凯龙，2016），表现出来的特点就是内部机制比较完善，并且能够把控金融创新与风险的相对平衡。

英国国内很早就启动了 FinTech 的风险监测跟踪研究，对市场上已经出现的或者可能出现的新业务、新模式进行分析，并评估对既有金融市场的影响，总体上保持着支持鼓励的开发态度。金融行为监管局通过审慎性的监管，及时根据市场反应制定相应的政策和机制，尽力协调风险与金融创新。

监管沙盒（Regulatory Sandbox）是首创于英国的 FinTech 监管创新机制，它本质上是一个安全的空间（Safe Space），企业可以在其中测试其创新产品、服务、商业模式和支付机制，而不会导致其立即遭受违反现有法规下的监管后果。这种机制的设置，可以赋予金融新创企业一定的权限，在得到创新价值和风险水平验证等相关的许可后，能够开始一段"试运行"。在适当的范围内，企业可以向监管机构申请获得风险的豁免权，并且能够及时得到消费者的反馈，以此改进自己的技术、流程和管理方法，降低将产品和模式推向市场的初期成本。

➤ 新加坡

新加坡作为全球第四大金融中心[①]，政府着力主导着 FinTech 的开发和监管，总体的监管思路是不局限于政策的条条框框内，鼓励大胆地创新和试验。新加坡金融管理局首席金融科技官莫汉帝也曾在"第四届金融科技外滩峰会"上表示，金融监管决策者制定政策不能靠白皮书，必须靠试点，多做试验。从目前新加坡国内的一系列举动来看，政府的支持力度极高，在关键的技术和商业领域内，由国家层面出资进行研发和推广，并结合大数据、云计算等技术对市场风险合理预测，减少创新品的缺陷。比如 2015 年 8 月，新加坡政府在新加坡金管局（MAS）下设立金融科技和创新团队（FinTech & Innovation Group，FTIG），在 FTIG 内建立支付与技术方案、技术基础建设和技术创新实验室三个办公室。2016 年 11 月，MAS 还宣布将把全国个人信息平台 MyInfo 的资料应用在金融领域，并试用区块链技术进行跨银行和跨境付款（伊莉，2017）。

➤ 中国

中国的监管模式与美国是一种相反的情形，采取的是被动式的监管。并且我国对 FinTech 的监管落后于世界水平，对 FinTech 的监管措施和试点都是针对区块链、大数据、云计算等底层技术，在运用监管科技对 P2P、智能投顾等业务层

[①] 2017 年 9 月 11 日，第 22 期"全球金融中心指数"（GFCI22）报告在中国成都和阿联酋阿布扎比两个会场同时发布，前四位分别为伦敦、纽约、中国香港、新加坡。

面的模式创新虽有尝试和研究，但力度不大，主要还是按照"一行三会"的架构实行分业政策法律监管。

总体来说，我国目前在 FinTech 领域内存在的监管问题，归结为三点特性：①滞后性。监管框架和法律法规不完善，因此事前防范不够。②程式性。中央统一、垂直分层的监管组织表现出自上而下的绝对式传导，缺乏互动交流，不利于及时有效发现和解决新风险。③欠技术性。我国在监管过程中没有很好地依托 FinTech 本身的技术优势，并且底层技术相对落后，不利于有效的处理风险。

15.2.2　启示与思考

中国已经成为全球第二大 FinTech 创新国家，市场规模和需求极大，技术应用场景潜力无穷。然而，近年来因信用风险以及其他金融风险引发的众多事件，都显示了 FinTech 的风险性巨大和国内在监管上暴露出的弊端。英国、美国、新加坡、澳大利亚等国家在对 FinTech 的监管方面有着自己的特色，并且已经运用这些工具防范风险、稳定市场。所以，我国应该在制度建设和技术创新上积极向其他各国借鉴经验，深刻思考，对现有的监管体系进行改进完善。

> ➤ **找准介入位置，明确目标**

作为监管者，找准自己的介入位置十分重要。同国际上大多数国家相比，我国传统的金融市场属于一种强监管的模式，这主要是因为国内金融体系尚不发达，金融参与者的专业水平参差不齐，而征信等行业十分落后，以至于庞大的金融市场面临的波动因素会更大，所以监管者需要格外谨慎。

我们的监管机构需要重新审视传统的监管定位——FinTech 的"成长"需要母亲般的呵护还是父亲般的严厉？监管机构对 FinTech 应该宏观指导还是包办一切？

监管的目标是规范秩序，保障市场的平稳运行。而对 FinTech 的监管，不仅需要规避各种风险、维持金融市场的稳定，还要鼓励和促进技术与产品创新，让金融更好地发挥资金融通、支付清算和资源配置的功能。我们不能忽视 FinTech 在发展过程中可能带来的信用、技术等风险，金融市场强监管的大环境在短期内也是合理的。但是，如果监管的触手伸得太远，拳头攥得太紧，必然会将这场革命扼杀在摇篮里。那么，无论市场上哪一类参与者，都不会有创新的空间，也不会享受到 FinTech 带来的机遇。另外，如果监管机构高高挂起，事前不采取有效措施进行预测和分析，只依靠事后集中整治，那么，整个金融市场都会随时面临各种风险的威胁，投资者的利益极易受到危害。所以，监管机构应该在与市场风险动态的博弈中，不断调整自己的位置，多和企业尤其是 FinTech 公司进行互动交流，必要时开发一些合作项目，共同探索金融维稳的科学路径。

➤ 转换监管思路，推进机制改革

国内对金融市场的监管，更像是一种事后监管的被动模式，在形式上，表现出垂直分层、分业监管的体系。在 FinTech 创新纵深化的趋势下，这些传统的监管思路和机制，难以应对不断衍生的创新风险。而近年来英美等国普遍采取穿透式监管、主动监管和淡中心化监管等模式，这对我国极具借鉴意义（李仁真、申晨，2017）。传统的监管模式需要面临一场革新。

目前，我们应该逐步推进分业监管向穿透式监管过渡。现有的 FinTech 业务外延较大，复杂程度很高，由此带来的风险很难预测。穿透式监管要求监管者将目光聚焦在金融机构的核心业务，而非机构的外在形式，因此可以对每一种新出现的 FinTech 创新实施及时而有针对性的监控。在进行监管的过程中，监管机构应该在完善相关政策法律、保证市场竞争公平的同时，给予一定的弹性空间，对不同的技术和模式，根据企业信用状况和潜在风险大小，实行差别的监管力度。

另外，政府部门之间应该保持监管层面上的协同，让关键的信息和技术实现互联互通，建立一套多方合作的行动机制。同时，还可以与科技企业沟通互动，共同努力在最短的时间内制定防范措施，以降低日后可能产生的风险。

➤ 加大技术投入，发展监管科技

从互联网金融兴起，到 FinTech 变革，我们越来越发现，传统的监管手段在应对这些科技赋能的产物时显得力不从心，于是，以监管科技（后文详细介绍）为代表的监管技术的创新纷纷出现。大数据、云计算、区块链这些 FinTech 底层技术改变了传统金融领域的融资、保险、支付清算等活动，而监管机构也应该积极研究应用这些新技术，不断改善监管的流程，优化风险控制的方法模型，提高科学性和精准性。众所周知，在如今的 FinTech 时代，监管机构如果没有科技监管的思维理念，势必会受制于人，那么主动式和穿透式的监管机制将无法建立，针对 FinTech 的科学监管体系必将处于真空或低效状态。

除此之外，监管科技还依赖监管者与企业双方共同协作，加强技术互通，比如建设共享的云中心、物联网。一方面，推动监管者实现监管的网络化、数字化转型，缩小真空地带，减少监管的人力财力成本；另一方面，金融机构也应当采

取应用对接、系统嵌入等方式，将规章制度、监管政策和合规要求"翻译"成数字协议，更加高效、便捷、准确地操作和执行，有效降低合规成本、提升合规效率（李伟，2017）。

> ➤ 加强各国合作，建立国际标准

FinTech 就像金融领域的一次科技革命，在全球化的趋势下，资本、技术、产品都能够广泛地流动，而这项革命所带来的商业模式和创新风险，在国际范围内也显示出了外溢性。当前，各国的 FinTech 发展阶段不尽相同，监管政策与政府态度也有明显差异，但就金融的本质风险来说，我们都面临着同样的潜在风险。主要的 FinTech 国家应联手建立一套沟通协调机制，针对各自国内的监管经验和已经发生的风险进行分享和研究，并对未来可能产生的新风险提前防范，争取推动各国在对 FinTech 的监管态度上达成共识，以便于进一步减少政策套利等其他有违国际金融秩序的乱象出现。

我们已经看到，一些国际性或区域性组织在 FinTech 监管上有了初步的举措：比如国际金融稳定理事会（FSB）已于 2016 年 3 月将 FinTech 纳入其议程，国际证监会组织（IOSCO）以及国际保险监督官协会（IAIS）等正着手对现行国际监管框架、指引和标准进行专业权威评估。在整个金融格局重塑的背景下，中国应该依靠后来居上的优势，凭借国内 FinTech 业务和技术的应用经验，以积极的姿态加入到国际金融新秩序的制定工作中，推动建立世界范围内公平、安全、创新的 FinTech 标准体系。

15.3　监管科技：FinTech 监管新风向

15.3.1　监管科技定义（RegTech）

近年来，FinTech 所引发的风险不断升级，给各国的监管工作带来了前所未有的巨大挑战，原有的监管框架和传统的金融市场监管方法不能符合当前 FinTech 灵活多变的发展特点。中国有一句俗话"解铃还须系铃人"，对于 FinTech 的监管，全球的主要国家都达成了这样基本的共识，要想更科学地实现对 FinTech 的监管，监管者就要掌握并提升对 FinTech 技术的运用能力。监管科技的概念也应运而生。

国际金融协会将监管科技（Regulation Technology，RegTech）定义为"能够高效和有效解决监管和合规性要求的新技术"。中国人民银行则更为具体地指出监管科技的内涵，即积极利用大数据、人工智能、云计算等技术丰富的金融监管手段，提升跨行业、跨市场交叉性金融风险的甄别、防范和化解能力。我们认为，FinTech 的监管，不仅可以从技术上寻求突破，还可以在制度等方面进行创新，而监管科技作为应对 FinTech 风险的新方法论，应当具备各种有效的监管理念和手段，所以以本书对监管科技的定义是"运用大数据、云计算、人工智能等底层技术优化监管流程与方法，结合新的理念和制度，综合对 FinTech 的产品、业务模式以及技术进行识别、监测与控制的一整套监管手段"。

监管科技的逻辑在于优化监管。从技术角度来说，大数据、云计算、人工智能、区块链对监管过程中的具体环节可以大大赋能。比如，利用云计算可以实现多数据中心的信息共享，监管者通过与多方平台进行协调和对接，获取高质量的市场数据，并通过先进的算法技术以及高效率处理器对整体和个体风险水平实时评估，对金融市场参与者的行为进行合理预测，甄别、筛查漏洞。从制度创新角度来说，监管思维的转变以及行业规范的建立完善可以与技术监管发挥协同效应。比如，许多国家已经在重视功能性监管，而不是单纯地根据行业的属性建立一个垂直的监管体系，扁平化的理念也在推广。另外，监管沙盒作为一种新的机制设计，在鼓励创新的同时能够将业务模式的潜在风险置于可控的框架内，也是监管科技的重要组成部分。

15.3.2 监管科技应用

➤ 技术应用

大数据、云计算技术可以提高监管者信息挖掘和数据整合的能力。监管者自身拥有较为权威和全面的公民大数据以及高运算速度与性能的硬件，而云平台的建设以及文本挖掘能力的提升，在数量上和质量上会进一步增加数据优势。大数据监管的思路与企业运用大数据进行风控的本质逻辑、方法极为相似，都是通过收集庞大的数据和基于数据进行评估预测。而对于监管科技而言，大数据的数据来源更广，复杂程度更高，需要识别和防控的对象是 FinTech 相关的业务风险，最终着眼于行业整体风险水平与稳定情况。跨平台、跨业务的开放式云计算中心，能够帮助监管者集中收集和整合海量的数据，与其他公有云以及私有云实现联通，动态地监测金融市场运行情况。目前已经有一些国家的监管机构与科技企业联合开发 KYC 系统，并将此应用于对 P2P 行业的监管中，具体评估不同网贷平台的差异风险，以及规模以上企业所代表的行业整体风险。

区块链技术本身就具有自我监管的功能，可以防范利用 FinTech 产品漏洞进行的违法活动。利用区块链的公开透明性和时间戳的功能，可以实时掌握数字资产的交易记录，这些记录以及用户虚拟信息在理论上是不能被篡改和消除的。监管者可以利用一定强度的算力和技术对时间戳中的信息进行追踪，在不介入的情况下，对市场的数字资产买卖、公募发行等交易活动进行监测。另外，将"区块链+智能合约"嵌套到金融监管体系，非常符合监管主体对金融机构风险内控、内部审计及合规性等要求，有助于整合简化合规监测流程，降低合规成本和监管执行成本（蔺鹏、孟娜娜，2017）。据了解，波兰的比特币初创公司 Coinfirm.io 已经开始基于区块链技术，开发数字货币的识别和验证系统。他们可以对客户的若干个加密数字货币地址信息进行识别分析，由此可以判断该账户是否参与洗钱、非法融资等犯罪活动，而且可以自动生成金融风险评价报告。

人工智能主要依靠规则推理和案例推理进行自我学习，全局计算的优势更强，可以更好地识别与应对系统性金融风险（杨宇焰，2017）。首先，监管机构运用机器学习方法可以对大数据进行更好的利用，海量的低价值密度数据输入模型后，可以根据智能系统输出的分析报告对潜在的风险进行预报。其次，结合云计算和物联网技术，建立一套内外部风险预警系统，不仅可以对 FinTech 衍生的特定产品与业务活动进行监测和风险控制，还能够判定金融机构以及科技公司的违法违规行为，并及时反馈给监管方以便于其迅速做出反应。最后，机器的自动和强化学习应用于监管政策和协议中，能够革新监管的模式，将标准化、准确化和客观性要求高的甄别过程交给智能机器，减少人的疏漏与主观偏袒，有利于创造公平和稳定的金融科技发展环境。

➤ 制度应用

在制度创新上，结合各国的监管现状，主要有监管沙盒（Sandbox）和创新中心（Innovation Hubs）两种形式。

监管沙盒是起源于英国，并被新加坡、中国香港等国家和地区试点运营的一套豁免机制，即对符合条件的金融新创企业豁免，但是监管机构不会降低对金融消费者的保护标准。FinTech 的布局与应用会衍生出许多风险情况尚不可预测或现有监管体系未能覆盖的创新产品和服务模式，监管沙盒正是为这些产品和企业创造了一个开放的空间。在这个空间里，允许适度放宽企业开发产品的标准和流程，但必须对其创新进行商业与社会价值评估，如果满足既定的要求，即可在虚拟的情境或实地市场中进行测试和运营。如果运营成功，则可以为这些新创企业发放正式的牌照或者核准投入市场，新产品的规范标准也可以依此进行制定。

对于模拟运营的企业，在有限的空间内可以申请法律法规的豁免权，其开发的产品可以在所谓的"灰色空间"中试行而不被立刻叫停，当运行结果呈现出高的风险和明显的损失时，就可以进行调整。而对于实际运营的企业，在享受一定豁免权的同时，必须有足够的风险承受能力和损失补偿能力，这是为了确保金融消费者的权益不受侵害。

创新中心是支持和引导机构（含被监管机构和不受监管的机构）理解金融监管框架，识别创新中的监管、政策和法律事项的特殊组织（廖岷，2016）。这种模式在形式上很像西方流行的孵化器或中国近年来兴起的众创空间。但从功能上来说，创新中心在对 FinTech 企业理解监管政策的作用上发挥得较为突出，中心会有研究员以及监管机构当局的负责人为企业进行具体业务和公司整体的指导，涉及金融产品研发的法律依据、公司业务的监管主体等，也会为部分概念性产品进行针对性的研究和风险预测。西班牙巴塞罗那的创新中心 Barcelona Activa 就具有一定的监管引导职能，能以培训的形式帮助新创企业适应政策。

15.3.3 监管科技案例

> **典型案例：IBM Watson——认知计算与金融监管**

IBM Watson 是全球领先的人工智能公司，代表着认知技术的权威。作为 IBM 进军智能领域的先锋，Watson 推动着"认知商业"时代的开启。Watson 基于自然语言理解和机器学习的功能，利用数据挖掘技术对海量数据进行整合与分析，提取出具有价值的信息。

2016 年，IBM 收购了全球领先的风险管理与合规咨询公司 Promontory，一年后，IBM 在金融论坛上宣布推出首套可帮助金融机构专业人员管理风险与合规的认知解决方案，该系统虽然是针对金融机构进行内部监控与识别合规风险而设计的，但给监管机构提供了一种利用人工智能的认知技术，防范金融科技风险的可行路径。

FinTech 的监管对技术的要求越来越高，而大数据和云中心的建设为人工智能的发展与应用提供了能量。Watson 正是依靠庞大的数据资产以及 IBM 云的优势，训练出具备自然语言处理、认知计算能力的智能系统。目前，主要发布了 Watson 金融合规工具、IBM Watson 金融犯罪管控工具和 IBM Algo One 大数据计算平台三大产品，可以帮助公司以及监管机构对系统性风险和法律风险进行识别，并给出有效的处理策略。具体来说，金融合规工具在反复训练的过程中，已经掌握了数十万条金融行业的相关监管条文，机器学习的功能使得这套系统可以实时地收集监管动态，并对数据库进行更新，结合相应的规则和要求，提示企业合规责任以及方案。金融犯罪管控工具用来协助银行监测可疑的交易行为，及时发现洗钱等金融犯罪活动。而大数据计算平台则是认知技术的基础工具，综合利用金融机构数据中心和 IBM 云的数据，为企业制定大数据的分析与预测报告，给它们的战略决策提供辅助支持。

IBM Watson 在内部监管和合规风险上开发的认知技术，对于当前 FinTech 的监管极具意义。监管机构在进行风险识别与评估时，可以充分依托 FinTech 技术本身的优势，人工智能结合大数据与云计算可以通过机器的自动学习机理，训练智能系统的处理能力，利用大量的数据，对 FinTech 衍生品进行评测与监控，节约大量人力投入，并且提高风险管控和识别能力。在不久的未来，我们也许会看到，在大数据、云计算、物联网等技术的支持下，各国对 FinTech 的监管和风险防范可以纳入可控的范围内，FinTech 这一金融领域的革命，也会在完善的技术监管环境中，不断涌现出新的效能。

➤ 典型案例：英国的监管沙盒机制

英国在 2015 年 11 月正式推出了全世界第一套监管沙盒机制，并由金融行为管理局（FCA）具体执行和管理，具体对新的技术和金融创新模式进行测试和监控。

根据 FCA 的规定，想要申请进入沙盒的企业，必须满足以下几个条件：①技术或模式具有真正的创新。FinTech 企业必须向 FCA 证明确实存在技术或模式的突破性进步，或在对 FinTech 的应用上比前人有所发展。②有商业价值或对社会有利。企业的创新必须能够有具体的应用场景，可以预见其为投资者或者整个市场创造的价值，不能只是一种概念性的产物。③进入沙盒的必要性。沙盒的系统承载力是有限的，所以不可能容纳各种项目，因此，在满足前述两条要求后，FCA 会对各个申请项目的进驻必要性进行评估。监管者主要考虑该项创新的可能风险程度、复杂性、稳定性，对于风险较小或在现行的框架内能够实施监管的技术、模式，FCA 认为它们没有资格和必要进入沙盒测试。

总体来说，整个沙盒的机制分为三个阶段：前期阶段、试验阶段和反馈阶段。在前期准备阶段，FinTech 企业或传统金融机构会向 FCA 提交一份报告，内容包括项目内容简介、合规情况、商业模式的可行性、预期价值以及潜在问题的自我评估等。经过初步筛查，监管当局会按照设定的条件和要求对其进行更详尽的审查，以确定沙盒的进入资质。随后正式进入 6 个月的试验阶段，企业会在沙盒的机制中对开发的新产品、模式进行运营，和监管者一起监测核心的绩效与风险指标，并评估给投资者以及其他金融市场参与者带来的影响。期限届满，监管机构会根据企业在沙盒中的表现情况，出具综合的反馈报告，就项目的商业价值、风险以及其他细节问题给予评估，针对通过检验的项目或技术，监管机构会发放专业的牌照，准入市场运营。

在沙盒的核心要件——豁免机制上，英国 FCA 设计了三种方式：①无执行行动承诺函（NoEnforcement Action Letters，NALs），由监管者承诺，沙盒企业只要在其所要求的章程内测试即不会存在被其追责的风险；②个别指引（Individual Guidance，IG），由监管者为被监管者提供法律解释的服务；③豁免（Waivers），在监管者的权限内为沙盒内的金融新创企业豁免部分规则（蔡元庆、黄海燕，2017）。这些豁免机制能够保障创新者享受较为宽松、稳定的监管环境，便于他们大胆地进行创新尝试和技术探索。从远期来说，监管沙盒可以大大地减少新创企业上市的等待期，降低金融产品、服务模式创新的市场检测成本，还有利于在监管机构与金融企业之间建立和谐共生、彼此信任的关系，共同推动 FinTech 的创新发展。

Blink Innovation 成立于 2016 年，2017 年被亚洲著名救援公司 CPP 集团收购，Blink 运用互联网和大数据技术，开发了一款可以实现自动理赔的保险应用，这款保险产品可以基于精准和及时的信息监控，为航班被迫取消的客户第一时间购买就近时段的替代航班，保障客户尽可能不受延误之苦。而保险的费率、风险以及权责范围是比较复杂的内容，所以，为了避免合规成本以及潜在的套利风险，公司希望能够进入监管沙盒中测试，以便公司能够根据实际的销售、赔付情况以及系统的稳定性，做出适时的调整。2016 年，FCA 对第一批进入沙盒的 24 家企业进行了测试，Blink Innovation 就在其中，而其他的领域如区块链、移动支付、财富管理等赫然在列，涉及的企业有传统金融机构，也有科技公司和 FinTech 初创企业。

沙盒监管作为监管科技的制度创新实践，目前已经在英国以外的国家展开试行，这套豁免机制无疑能够很好地平衡 FinTech 创新与风险的关系，但它也存在豁免上限不清、与各国的政策法律难契合等问题。所以，未来监管沙盒还有一段路要走，也需要与 FinTech 的发展步伐保持契合；而在金融创新打破地域和国别界限的趋势下，各国也应该抓住机遇，迎接挑战，努力搭建世界的协调和监管框架。

参考文献

［1］U.S. Department of Treasury. Opportunities and Challenges in Online Market-place Lending ［R/OL］. https：//www.treasury.gov/connect/blog/Pages/Opportuni ties -and -Challenges -in -Online - Marketplace-Lending.aspx，2016-10-05.

［2］蔡凯龙. 各国是如何监管金融科技的 ［EB/OL］. http：//finance.sina.com.cn/zl/bank/2016-10-10/zl-ifxwrhpn9545994.shtml，2016-10-10.

［3］蔡元庆，黄海燕. 监管沙盒：兼容金融科技与金融监管的长效机制 ［J］. 科技与法律，2017（1）：7-14.

［4］李仁真，申晨. FinTech 监管的制度创新与改革 ［J］. 湖北社会科学，2017（6）：156-163.

［5］李伟. 金融科技发展与监管 ［J］. 中国金融，2017（8）：14-16.

［6］李文红，蒋则沈. 金融科技（FinTech）发展与监管：一个监管者的视角 ［J］. 金融监管研究，2017（3）：1-13.

［7］廖岷. 全球金融科技监管的现状与未来走向 ［J］. 新金融，2016（10）：12-16.

［8］蔺鹏，孟娜娜，马丽斌. 监管科技的数据逻辑、技术应用及发展路径 ［J］. 南方金融，2017（10）：59-65.

［9］新加坡金融管理局（MAS）. Consultation Paper on FinTech Regulatory Sandbox Guidelines ［EB/OL］. http：//www.mas.gov.sg/news-and-publications/consultation-paper.aspx，2016-06-06.

［10］杨松，张永亮. 金融科技监管的路径转换和中国选择 ［J］. 法学，2017（8）：7-14.

［11］杨宇焰. 金融监管科技的实践探索、未来展望与政策建议 ［J］. 西南金融，2017（11）：22-29.

［12］伊莉. 这里有各国、各领域最全面的金融科技监管政策解读 ［EB/OL］. https：//www.leiphone.com/news/201708/JWp0aMstIBnML-LJj.html，2017-08-15.

［13］袁勇，王飞跃. 区块链技术发展现状与展望 ［J］. 自动化学报，2016，42（4）：481-494.

［14］中国人民银行. 中国人民银行成立金融科技（FinTech）委员会 ［EB/OL］. http：//www.pbc.gov.cn/goutongjiaoliu/113456/113469/3307529/index.html，2017-05-15.

［15］朱民. FinTech"逼迫"金融机构剥离内生封闭产业链，机构监管走向功能监管 ［EB/OL］. https：//www.leiphone.com/news/201709/VduRpc6f3atcAZxf.html，2017-09-18.

|第 16 章|
FinTech：中国弯道超车的机会

16.1　中国 FinTech 发展现状

众所周知，FinTech1.0 与 FinTech2.0 甚至是 FinTech3.0 都起源于英美国家，如果说在 1.0 和 2.0 阶段，是"中国模仿"（Copyto China）的时代，那么以人工智能、区块链、云计算、大数据以及物联网等基础性技术与金融业深度融合的 FinTech3.0 阶段，正在向"模仿中国"（Copy from China）跨越。实际上，在 FinTech2.0 的互联网金融领域，利用互联网技术进行金融场景的扩展，中国已逐渐获得话语权，在 FinTech 领域弯道超车的势头逐渐显现。在 FinTech3.0 阶段，无论是从 FinTech 投融资，还是从 FinTech 业态发展规模来看，都可以说是处于主导性地位。全球公认的顶级财经杂志《经济学人》发文称，FinTech 成为继高铁后，中国另一个"弯道超车"引领全球的行业（财新网，2017）。

首先，从 FinTech 投资来看中国金融科技。英国 *Innovate Finance* 2017 年 2 月的报告显示，2016 年前 9 个月，中国 FinTech 公司获得的融资占全球 FinTech 公司融资总额的 50% 以上，首次超过美国成为全球第一。据零壹财经不完全统计，如图 16.1 所示，2016 年全球 FinTech 融资总额为 1135 亿元，其中中国 FinTech 融资 875 亿元，是海外 FinTech 公司融资的 3 倍多。而从投融资笔数看，2016 年，全球共发生 504 笔 FinTech 融资，其中 281 笔发生在中国。总体来讲，无论是融资总额还是融资次数，中国 FinTech 行业都表现出了强劲的竞争力，受到资本的青睐。

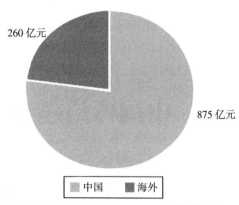

260 亿元

875 亿元

中国　　海外

图 16.1　2016 年全球 FinTech 融资额分布

资料来源：零壹财经. 全球金融科技投融资与指数报告［R］.

其次，从全球 FinTech 企业规模看中国金融科技。在毕马威与投资公司 H2 Ventures 联合发布的"2017 FINTECH 100"榜单中，中国有 9 家 FinTech 公司上榜，如表 16.1 所示，其中有 4 家公司位列全球前五。同时在美国 BI 网站发布的 2016 全球 FinTech 独角兽企业 Top20 中，中国有 8 家企业上榜。从这些数据可以看出，在全球 FinTech 行业中，中国企业的发展势头可见一斑，引领了整个 FinTech 行业的发展，在支付、网络借贷等细分业态领域表现迅猛势头。

表 16.1　榜单中的中国公司

2017 年全球排名	企业名称	2016 年全球排名	行业
1	蚂蚁金服	1	支付
2	众安保险	5	保险
3	趣店（趣分期）	2	借贷
6	陆金所	4	借贷
9	京东金融	10	借贷
27	51 信用卡	新入选	借贷
31	点融	新入选	借贷
36	我来贷	33	借贷
38	融 360	34	借贷

资料来源：KPMG and H2 Ventures. 2017 FINTECH 100［Z］.

最后，从具体的细分业态看中国金融科技，中国的 FinTech 的发展在三个方面最为显著（周木，2017）。

第一个方面是移动支付。手机移动支付基本成为我们每一个人的生活常态，据英国《金融时报》统计，中国移动支付市场规模达 5.5 万亿美元，是美国的 50 倍，中国移动支付可以说引领世界，支付宝与微信逐渐形成两分天下的局面。2017 年 9 月，支付宝在杭州肯德基餐厅上线刷脸支付，成为全球首个刷脸支付的应用场所，将生物识别技术应用于支付行业，可谓赚足眼球。在移动支付发展的推动下，"无现金社会"还会远吗？

第二个方面是网络借贷。2007 年 6 月，中国首家 P2P 网贷公司拍拍贷成立，自此，中国的网络信贷可谓是进入了爆炸式增长时期，网络借贷 P2P 公司数量在 2015 年达到顶峰，据零壹财经数据中心统计显示，截至 2016 年 10 月，P2P 平台共有 4763 家，正常运营的有 1850 家。另外，为满足中小企业融资以及消费者对消费金融的需求，一些大的电商平台如京东集团和阿里，也借助于电商场景，依托交易过程中的数据，向 B 端中小企业和 C 端消费者提供信贷服务，成为促使网络借贷健康发展的重要创新方式。在网络借贷市场中，中国占据着 3/4 的市场份额，据中国产业信息网预测，到 2019 年，我国网络借贷有望突破 3.7 万亿元市场规模。

第三个方面是投资理财。2013 年，蚂蚁金服推出余额增值服务和活期资金管理服务产品，即在线基金余额宝，可谓开互联网理财的先河，以其操作简单、低门槛、零手续费、可随取随用的特点受到大众的青睐。截至 2017 年 4 月，余额宝资产规模达到 1656 亿美元，超过摩根大通，成为世界上最大的市场货币基金（波士顿咨询，2017）。

随后，互联网理财平台层出不穷，开辟了银行和股市以外的第三条理财途径。中国互联网络信息中心（CNNIC）发布的第 40 次《中国互联网络统计报告》显示，截至 2017 年 6 月，购买互联网理财产品的网民达 1.26 亿人，互联网理财的渗透率不断提升，据中经视野产业研究中心预测，到 2020 年，我国互联网理财有望达到 15 万亿元（搜狐财经，2017）。

中国的金融科技行业发展之快，备受瞩目，受到资本青睐。在 FinTech3.0 时代，中国能成为世界范围内的佼佼者，我们认为主要有以下几方面的原因：

第一，落后的银行体系不能满足国民对于金融产品和服务的需要。中国的银行业虽然在技术上不断进行升级，但相对于经济发展速度和国民金融服务需求来讲，还比较落后。我国中小微企业融资难、融资贵的问题一直存在，而且在消费结构升级方面，金融服务不能跟进，导致这一部分金融需求在传统的金融渠道不能得到有效满足。而随着互联网的发展和普及，中国网民用户已是世界上最多的，市场需求促进一些大型互联网公司或者新创 FinTech 企业诞生，加速利用 FinTech 来满足传统渠道不能满足的金融需求。

第二，不断增长的国民财富，FinTech 需求旺盛。随着我国经济的发展，人民逐渐共享改革开放发展成果，收入不断提高。据国家统计局数据，2016 年，我国居民人均可支配收入达 23821 元。在理财方面，国民可选的理财路径较少，大多选择将钱存入银行或投资股市。随着银行利率调整和股市不景气，基金证券等理财方式门槛较高，且操作烦琐，这些理财渠道对于国民的吸引力不断降低。在这种情境下，互联网理财的兴起成为了及时的理财替代品，简单、易操作、门槛低的特点使其受到追捧，而且目前高收入工薪阶层，对于互联网理财的接受程度较高。据安永发布的《2017 年金融科技采纳率指数》显示，如图 16.2 所示，中国 FinTech 采纳率达 69%，位居世界第一，世界平均水平为 33%，这表明 FinTech 在与传统金融进行深度融合。FinTech 在创新金融产品和服务的过程中，能被人们迅速接受，是 FinTech 在中国发展如此迅速的强大市场基础。

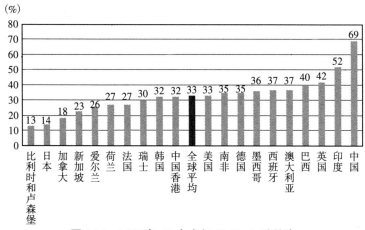

图 16.2　2017 年 20 个市场 FinTech 采纳率
资料来源：《安永 2017 金融科技采纳率指数报告》。

另外需要指出的是，随着互联网以及移动互联网的普及，据 BCG 统计分析，如图 16.3 所示，2016 年中国互联网网民达 7.1 亿人，大致相当于美国和印度的总和，互联网消费达 9670 亿美元，仅次于美国。如此大的市场规模，使得一大批 FinTech 初创企业能够有巨大的市场基础，这是我国的市场特色所在。能够抓住这一市场的任何金融产品和服务的创新，即使只是针对长尾市场，由于市场基数之大，最后获得的市场都将是无比广阔的。

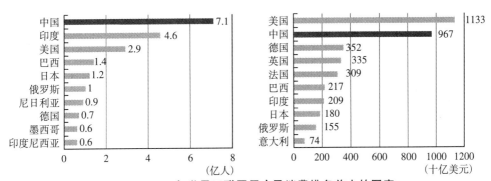

图 16.3　2016 年世界互联网用户及消费排名前十的国家
资料来源：波士顿咨询. 解读中国互联网 ［R］.

第三，FinTech 人才支撑。中国 FinTech 的发展有大量的人才作为支撑，在中国，金融行业以其独特的优势吸引了大批精英人才，同时创业者和科技人员作为 FinTech 发展的人才补充。据领英发布的《2016 中国金融科技人才白皮书》显示，截至 2016 年，中国有 760 万金融从业者，有 50 万以上的金融精英以及 1 万以上的金融科技精英。人才红利依然是中国整体经济发展过程中的有利因素之一，在 FinTech 行业中，人才红利的现象依然适用。

第四，创新创业的政策引导以及在前期 FinTech 监管上的宽容。"大众创业、万众创新"成为一种潮流，创新驱动发展上升为国家战略。政府在支持 FinTech 创业和其他新创企业的发展中给予了政策以及产业资金支持，并推动建立各种国家级创新创业孵化平台。在 FinTech 创新的监管中，前期持一种温和参与的态度，当然，这种温和参与的监管态度也表现出监管的被动，目前监管表现出不断加强的趋势。在 P2P 网络借贷的爆炸式发展中，可以看见温和监管的刺激，以及后来随着问题频发，在防范风险上，监管层加强了参与。

第五，可用于投资的资本保障。中国目前有可用于投资的大量资本，正如前文已提及的，中国在 FinTech 方面的投资已位于世界领先地位。据 CB Insights 统计，为支撑早期和成长期的 FinTech 投资，中国政府运营着 750 多家投资基金支持创业公司。并且，目前中国的 IPO 市场也非常活跃，公司的上市业务发展较快，一度超过英、美等国家。

另外，一个国家 FinTech 的发展也取决于金融科技生态圈的成熟状况。在英国政府委托安永所撰写的《中英金融科技——释放的机遇》中提到，一个国家在 FinTech 领域的优势的建立，与 FinTech 所处的生态圈以及生态群的各种属性要素息息相关。该报告认为，FinTech 生态圈依赖于四种核心的属性，即人才、资本、政策以及需求。通过前文的分析可以看出，中国 FinTech 的发展中，在金融科技人才、市场需求、政策和资本上都展现出独特的优势。这些核心的金融科技生态圈属性为中国 FinTech 能够在新一轮的潮流中引领世界，进行"弯道超车"提供了有利的条件。

那么，中国能够在 FinTech3.0 时代，实现弯道超车，具体可以从哪些方面进行突破呢？本书认为在三个方面存在着弯道超车的机会：一是科技实力的打造上；二是在促进创新性经济方面；三是对包括 FinTech 监管在内的整体国家治理方面。接下来，我们将从这三方面来具体剖析 FinTech 带给中国的发展机遇。

16.2　弯道超车的机会之一：科技实力

第一次科技革命始于 18 世纪 60 年代，正值中国康乾盛世时期，实行封建闭关锁国政策，极力排斥先进科学技术，失去一次发展机遇。19 世纪 70 年代，世界进入第二次科技革命时期，当时的清政府处于内忧外患之中，对于科学技术的态度虽然由排斥转变到引进，开展了洋务运动，但服务于封建统治而不是促进社会发展的洋务运动很快失败了，再次失去第二次科技革命带来的发展机遇。第三次科技革命始于 20 世纪四五十年代，中国处于抗日战争和解放战争时期，没有发展科学技术的和平环境。在前三次科技革命中，中国由于各种原因没有参与到科技革命的进程中，在一些关键技术上落后于西方，这也导致在整个现代化进程中处于落后的劣势位置。

随着改革开放政策的实施，中国逐渐参与到世界发展进程中，2010 年在经济总量上超过日本，成为仅次于美国的世界第二大经济体，但整体的科技实力与经济总量仍然不相适应。在制造业领域，全球已经形成了四级梯队的格局，整体上，中国依然处于以中低端制造为主的第三梯队。第一梯队依然是以美国为主的全球创新中心，第二梯队为欧盟、日本等高端制造，第四梯队为一些资源输出国。为了对制造业进行升级，实现中国制造到中国创造，以制造强国为目标，国家也制定了《中国制造 2025》规划。

与前三次科技革命相比，中国的内外部环境发生了翻天覆地的变化，从整个国际环境看，以和平为主流，中国也一直注重国际关系的处理。从国内来看，经济发展依然是重中之重，正处于产业结构升级和转变经济发展方式的阶段，而经济发展模式也正逐渐转变为科技创新驱动型经济。所以，在新一轮的科技革命中，中国奋起直追的内外部条件已经具备。

据日本文部科学省 2016 年对世界各国科技实力产出统计数据显示，中国的科技投入在 2013 年已经超过日本，在 2014 年达到欧盟的 56%，是仅次于美国的第二大科技投入国。在研发经费的投入方面，2014 年，中国研发经费投入占 GDP 的 2.05%，基本与欧盟的 2.08% 持平，超过了英国的 1.72%。在科技人才方面，截止到 2014 年，中国科技人才总量为 152.4 万人，超过美国的 125.3 万人，仅次于欧盟的 176.2 万人。从研究成果来看，在基础科学研究成果方面，2015 年，中国的论文被引用次数占世界的 13.5%，而 1981 年还不到 1%，美国 2015 年论文被引用次数占 22%，而 1981 年，这一数据为 55%。2016 年中国 "高被引学者" 的数量增加到 197 人，占世界总数的 3%，位居第三。从应用性研究来看，应用性研究主要的衡量指标为专利数量，世界知识产权组织发布的 2015 年《世界知识产权指标》显示，中国的专利申请量已经超过美国和日本的总和，达到 110 多万件，成为世界上第一个专利申请破百万的国家。从专利申请授权量上来看，2014 年，中国专利申请已经跃居世界第三。一系列数据显示，中国的科学技术正在逐渐发力，势必在新一轮科技革命中把握住机会，进行弯道超车，成为科技强国。

从宏观层面来看，在发展科学技术方面，逐渐形成项目、人才、基地到政策的全面布局，在近些年的一些前沿科技上，中国表现更加出色。例如，在人工智能领域，据乌镇智库发布的《全球人工智能发展报告（2017）》显示，2014~2016 年，中国 AI 企业增加了 818 家，融资达 25.83 亿美元。从人工智能专利数量来看，中美两国保持着稳定增长，图 16.4 为 2000~2016 年中美两国人工智能专利数对比。

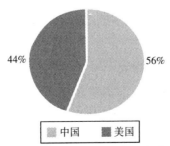

图 16.4　2000~2016 年中美两国人工智能专利数对比

资料来源：乌镇智库. 全球人工智能发展报告（2017）[R].

从企业层面来看，中国互联网公司的成长大多是基于应用型创新而发展壮大的，成就了一大批巨头。目前，一些互联网巨头开始重视基础研究驱动的创新，在开元平台、云计算服务、计算机硬件和传感硬件方面，形成了一大批实力较强的企业。大型互联网公司自身建立开放平台生态，将技术对外开放，促进了相关领域的创新和创业。例如，百度 2016 年对外开放深度学习开源平台 PaddlePaddle；在云计算方面，有百度云、腾讯云、阿里云等，在云计算基础研究和应用层面各有所长。

而作为新一轮技术革命中的重要一环，中国的 FinTech 发展势头迅猛，中国企业在新机遇面前反应迅速，无论是在 FinTech 基础技术研发上，还是在业务应用层面，都表现了高程度的活跃，成为引领世界的重要一极。在金融科技专利方面，近年来中国积累增长迅速，并且发生了从应用型专利到一些具有前瞻性、基础性的专利的转变。2016 年，全球金融科技专利申请量为 9545 件，其中美国高居榜首；中国居第二位，虽然数量上与美国仍有一段距离，但随着投入的增加，前景可期。

FinTech 作为颠覆性技术形态，将为中国带来在科技实力上弯道超车的机会。从工业革命到电气化革命以及信息革命，都伴随着金融制度的创新，金融业始终作为产业革命的支撑而存在。FinTech 作为推动金融业务发展的第四次金融改革浪潮，将对金融业整个业态带来深刻的影响，而金融业的变革和创新对于整个国家科技的发展将产生促进作用。中国尤其需要把握好 FinTech 的浪潮，加大对人工智能、区块链等基础性技术的研发，并与广阔的应用场景进行结合，加强应用性技术的创新，从技术层面和应用层面寻得突破，把握金融科技话语权。

16.3　弯道超车的机会之二：创新型经济

党的十九大明确提出，"创新是引领发展的第一动力，是建设现代化经济体系的战略支撑"。创新驱动发展是我国转变经济发展方式的有效路径，将经济增长的驱动力从依靠劳动力和资源转变为依靠科技创新，这也是世界各国经济发展的成功经验。信息革命时代，互联网技术渗透在各行各业中，无论是"互联网+"还是"+互联网"都带来新的经济发展形态，而 FinTech 可以说作为伴随技术应用的突破，成为各类市场参与主体主动拥抱的大趋势，成为当下创新创业的风向标，并且从企业的成长速度、对就业的拉动以及对整体经济发展的贡献来讲，都发挥着重要的作用。

FinTech 作为一种技术与金融深度融合的创新，为我国整个产业升级带来了新的机会，通过对金融业各个业态的赋能增强金融业的活力，从而增强金融业对实体经济的促进作用。这也是在这一轮 FinTech 变革中，无论是从国家宏观层面，还是传统金融机构、大型互联网公司，或是 FinTech 新创企业，都在积极主动推动 FinTech 的发展的重要原因之一。

在 FinTech 赋能全行业的过程中，除了在科学技术上为中国带来弯道超车的机会，还给中国的发展带来商业模式的创新。基础科技驱动型创新与应用驱动创新（后者主要表现在商业模式的创新上）是创新型经济的两大重要方式，在我国目前的企业成长过程中，这两种方式表现尤为突出。

商业模式创新是中国互联网发展的一大特色，借助于商业模式创新，中国互联网行业创造了一个又一个风口。图 16.5 是波士顿咨询在《解读中国互联网》报告中对中国互联网风口行业的举例，可以看出在团购、网络信贷 P2P 以及网络直播中表现出明显的风口效应。

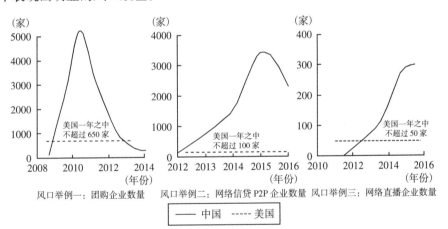

风口举例一：团购企业数量　风口举例二：网络信贷 P2P 企业数量　风口举例三：网络直播企业数量

来源：艾瑞；网贷之家；Wallstreet Fintech Club；Venture Radar；TechCruch；CB Insights；BCG 分析。
注：美国数据来源于 Venture Radar、TechCrunch、CB insights 等网站的综合，由于所披露企业大部分是接受过融资的企业，数量统计可能存在一定低估。

图 16.5　中国互联网风口举例

资料来源：波士顿咨询. 解读中国互联网［R］.

另外，1997~2017 年，互联网新创公司达到 10 亿美元估值的时间分布上，中国平均为 4 年，美国为 7 年。中国新创公司的快速发展和成长主要是因为商业模式上的创新，创造了一个又一个"一夜成名"的企业奇迹。

FinTech 初创企业依靠商业模式创新迅速成长，也是目前中国 FinTech 企业能够引领世界的一大原因所在。首先，FinTech 商业模式创新主要表现在针对传统金融业务没有覆盖的市场需求，进行快速的响应，创造顾客价值主张。例如针对小微企业短、小、快的融资需求，京东金融和蚂蚁金服基于交易流程提供线上小贷服务。其次，商业模式的创新也表现在对于传统价值创造活动过程的重构和颠覆，例如针对大众理财对于便捷易操作的需要，融 360 提供金融垂直搜索服务，改变了传统个人理财烦琐的过程，通过线上搜索便能获得适合个人需要的理财产品。最后，商业模式的创新还表现在对于价值实现过程的创新上，通过免费方式获得客户，基于客户的需求和创造顾客附加值的过程创造收入，便是此类创新的表现。

能够通过商业模式的创新进行快速发展，这也是基于中国市场特点——庞大的互联网用户提供了市场基础，即便是针对小众市场、长尾市场的业务创新都能获得庞大顾客数量。

在 FinTech 领域，依靠商业模式创新获得成长的例子很多。中国 FinTech 领域最引人注目的三大领域，即移动支付、网络借贷以及投资理财，这些业态的迅速成功表现来源于对商业模式的巨大创新。

在移动支付领域，蚂蚁金服的成长主要是基于支付宝在支付结算领域的创新，成为 2016 年全球 FinTech 领域的领头羊。移动支付为庞大的线上消费服务，中国有世界上最大的电子商务市场，阿里巴巴目前总成交量（GMV）已经超过沃尔玛，成为世界上最大的零售平台。中国移动支付不仅在国内渗透率高，目前已经有走出国门的趋势，向海外输出中国式移动支付模式。目前，蚂蚁金服已进入世界 26 个国家和地区，支付宝已经接入了 12 万家的海外线下商户门店，范围涵盖各种消费场景（科技日报，2017）。

在网络借贷领域，中国的网络借贷企业增长在 2015 年达到顶峰，主要针对中小微企业 B 端客户或者是 C 端客户的信贷需求，提供融资需求。在网络借贷的流程中，利用 FinTech 技术，例如大数据风控技术，从多维度、动态性的大数据中形成消费者信用画像，基于此提供信贷服务，改变了银行的风控流程，使得信贷更加精准，提高了良性贷款率。

在投资理财领域，中国民众收入不断提高，多元化的理财需求得不到满足，而互联网理财的出现，为大众投资理财创造出了新理财路径。余额宝从 2013 年推出，在短短几年内已成为世界上最大的市场货币基金。大型互联网公司也与银行、证券、基金以及保险等传统金融机构在渠道上进行合作，围绕中国互联网用户提供多元化投资理财产品和服务。

商业模式的创新是大多中国互联网公司成长壮大的成功路径选择，而利用 FinTech 与金融应用场景进行结合，针对中国民众的金融产品和服务需求，在价值主张上契合消费者需求特点，在产品、服务、渠道等价值创造过程中传递价值主张，从而创造价值。商业模式的创新是中国企业抓住 FinTech 发展机遇的重要路径，这是毋庸置疑的。

除了商业模式的创新外，利用 FinTech 进行创新创业，为传统金融机构、大型互联网企业以及一些创业企业带来了成长的空间。例如，传统金融机构可以利用 FinTech 提升传统金融业务，进行金融产品和服务的升级换代，更好地为现有顾客服务，同时开辟新的业务发展渠道。对于大型互联网企业来讲，利用已有的场景优势，例如，电商场景、社交场景，围绕用户的需求，利用 FinTech 进行客户的价值挖掘，是提升整个企业生态价值的重要来源，同时打造新的业务增长极，通过多元化的路径降低经营风险。对于新创企业，"FinTech+"提供了广阔的市场机遇，使得创业企业围绕着 FinTech 赋能金融业务进行创业活动，不论是在技术上还是围绕顾客价值主张进行各种创业活动，对于 FinTech 带来的创业都有极大的想象空间，从当下的 FinTech 发展规模上看也可以印证这一点。

众所周知，这是一个科技驱动商业的时代，FinTech 不仅从技术层面带来了新的发展机遇，而且对于不同类型的企业带来了新的价值和创造机会，不同的市场主体都能参与到 FinTech 的发展潮流中而开展创新创业活动。利用 FinTech 进行商业模式的创新，也最能实现从"中国模仿"到"模仿中国"的实质跨越，并且在某些 FinTech 领域，例如移动支付领域已经实现了这一目标。总的来讲，FinTech 作为一种新技术，为发展创新型经济提供了不二机遇。

16.4　弯道超车的机会之三：法制环境

现代法制环境是衡量一个国家综合国力和国际竞争力的重要方面。科学技术的进步不仅促进了社会、经济发展方式的变革，而且也会影响到国家和社会的治理。科技发展对现代法制环境的影响主要表现在以下两方面：第一，科技推动社会大变革过程中，产生新的治理议题，对现有的法律和监管制度提出挑战；第二，科技的发展也为监管和治理提供了新的手段，提供解决现代治理过程中各种问题的方案。所以说，科技的发展对法制环境也是一把双刃剑，既带来机遇也产生了挑战，那么如何利用科学技术提升现代国家的治理水平，应对社会发展中的种种问题，是把握科技带来的发展机遇的重要议题。

自中华人民共和国成立以来，我们国家的治理水平不断提升，但与世界上治理水平领先的国家相比，还是存在着差距。《2016 国家治理指数报告》① 显示，综合各项指标评价体系，在 192 个国家中，中国排在第 28 位，排在第一位的是丹麦。在前 30 名中，中国是唯一一个人均 GDP 在 1 万美元以内的发展中国家，其他国家人均 GDP 均在 2 万美元以上。这说明了中国国家现代治理水平得到了很大的发展，同时也说明，我国的法制环境还有提升的空间。从国内的情况来看，基本面和总体上是积极向上的，但随着互联网以及移动互联网的普及，公民参与到国家的监管与治理进程中，以及近年来发生的一些影响范围较广泛的社会事件，都对国家的法治能力提出了更好的要求。

不仅是社会领域，也包括经济发展领域，正如上一章所阐述的，在 FinTech 领域，整个监管层面表现出被动性，存在着时间的滞后性、形式的程序性以及监管中缺少技术性等监管问题。FinTech 作为全球范围影响较大的又一次金融革命，刺激了从基础技术到应用多层面、多主体参与的创新，同时也带来了从业务到信用再到技术等方面的风险。在新的社会技术创新方面，如何在实现防范风险和激活创新之间保持平衡，是对包括市场、政府甚至整个国家治理水平和能力的基本要求，不仅仅是在 FinTech 领域，任何经济活动的创新必然带来新的监管问题。

在这一轮 FinTech 创新创业过程中，从暴露出来的多起恶性融资事件来看，我们的监管在 FinTech 发展过程中显得捉襟见肘，整个监管是落后的。而从全球 FinTech 监管来看，中国也存在着很多机会，不仅对 FinTech 创新创业的监管，也包括利用 FinTech 技术提高法律监管水平。

提高法律治理水平，包括对 FinTech 本身的监管，具有的机会表现在以下几方面。

首先，从全球范围来看，基于人工智能、云计算、大数据以及区块链为技术支撑的 FinTech 还处于初期发展阶段，在各项领域的发展应用还不成熟，世界各国针对 FinTech 的最佳监管方式还处于实验和探讨中。利用这一时期，加强对 FinTech 本质和发展规律的研究，与 FinTech 市场各方参与者进行通力的合作，在把握金融科技发展规律的基础上提出最佳的监管方式是可能的，从而在激发

---

① 该报告是由华东政法大学政治学研究院研制，根据指标体系衡量世界各国现代化治理水平。

FinTech 创新创业的过程中更好地防范风险，保护各方相关者的利益。

其次，FinTech 是技术与金融的深度融合，是对金融业的赋能。从金融业来看，我国的金融业依然是一个受到高度管制的行业，处于市场化改革的进程中，而世界上其他金融业发达的国家，例如英国、美国、新加坡等，都在 FinTech 赋能金融业的过程中进行了金融科技监管的积极探讨和实验。积极进行国家间的学习和探讨，同时结合我国国情和实践，寻找一条适应我国国情的金融科技监管之路，提高监管水平，实现弯道超车，这是可行的。

最后，FinTech 的发展，是依赖于各项基础技术的发展，而大数据、区块链、云计算等技术不仅有利于 FinTech 的发展，而且其应用的场景相当广阔，应该积极探讨将这些技术应用于国家法治水平的提高上来。例如，我国政府积极探讨了将大数据用于现代化法律与监管中的各种措施。借助于大数据可以提高决策的科学化水平以及政府服务能力等。正如上文已提到，在金融科技监管上，发展监管科技也是一种监管的创新。

从这些方面来讲，FinTech 不仅会在科学技术上、创新型经济的发展中带来机遇，也为提升整体国家法制环境带来弯道超车的机会。

参考文献

［1］波士顿咨询. 解读中国互联网特色［EB/OL］. http：//www.199it.com/archives/633046. html，2017-09-24.

［2］财新网.《经济学人》刊文点赞：中国 FinTech 领先全球［EB/OL］. http：//opinion.caixin. com/2017-03-31/101072935.html，2017-03-31.

［3］飞笛资讯 Fintech 研究组. Fintech 趋势——我国金融科技监管框架整体设计将加速开启［EB/OL］. http：//www.sohu.com/a/141063230_114985，2017-09-24.

［4］科技日报. 中国移动支付走出国门，向海外市场扩张［EB/OL］. http：//dz.china.com.cn/ gxjs/2017-07-24/58488.html，2017-07-24.

［5］KPMG and H2 Ventures. 2017 FINTECH 100［EB/OL］. https://home.kpmg.com/au/en/home/ insights/2017/11/2017-fintech-100-leading-global-fintech-innovators.html，2017-11-17.

［6］搜狐财经. 2020 年互联网理财规模预计达到 15 万亿［EB/OL］. http：//www.sohu.com/a/ 135173855_635933，2017-04-20.

［7］零壹财经. 零壹财经 2017 年 1 月全球金融科技投融资与指数报告［EB/OL］. http：// www.01caijing.com/article/13550.htm，2017-02-10.

［8］周木.《经济学人》：中国 FinTech 一骑绝尘、引领全球［EB/OL］. http：//www. dongchanet.com/yaowen/20170331/3600.html，2017-03-31.

|第 17 章|
FinTech 时代的个人学习与发展

17.1 FinTech 时代的能力革命

17.1.1 FinTech 时代的工作

回顾技术发展的历史，我们不难发现，每一次的技术革命都引发了工业革命：第一次工业革命带来了蒸汽机，使传统手工作业逐渐转变为工厂生产作业；第二次工业革命带来了电，使一些新的产业如电子工业、电器制造业和通信产业等快速发展起来；第三次科技革命促进了以电子计算机为代表的一系列信息控制技术的发展，劳动生产率大幅提高，高强度的工作逐渐减少，信息化的改造逐渐完成。如今，从本书前文所阐述的 FinTech 对现有金融业务的赋能与颠覆中我们可以真真切切地感受到，FinTech 带来的变化是巨大的、革命性的。FinTech 时代已经到来，而这将引发新一轮的工业革命，不仅会对现存的工作岗位造成威胁，还会带来一些与 FinTech 相关的工作机会。

➤ FinTech 带来的威胁

2016 年 3 月，谷歌旗下的产品机器人 AlphaGo 以 4∶1 的比分战胜了韩国围棋选手李世石，为这场"事关人类命运"的比赛画上了句点（杨扬，2016）。然而，由这场比赛所引起的人们对于人工智能、机器人的关注却并没有停止：有人为人工智能技术的快速发展欢呼，而也有人担心机器人将来会统治世界。人工智能技术未来的发展存在着不确定性，而可以确定的是人工智能的确正在对一部分人的工作产生威胁甚至已经替代了一些工作岗位。

在金融行业，随着 FinTech 应用的深入，原有的一些岗位开始逐渐被机器所取代，如投资理财行业就受到较大的冲击。目前，建立在大数据、现代资产组合基础上的智能投顾已经实现了让机器代替人工完成大量计算工作并实现跟踪调仓和自动买卖的操作，美国的 Wealthfront、英国的 Betterment、国内的弥财等多家公司都已经推出了智能投顾服务。与理财分析师自己主动学习资产组合理论、CAPM 定价模型和行为金融学理论不同，智能投顾的产品机器或程序能够在设计开发阶段就将这些理论输入智能投顾系统，并在与用户交互的过程中积累用户的行为数据，帮助其进行下一步的投资判断。此外，智能投顾一般可以 24 小时工作，从而能够更及时、全面地把握全球金融市场行情，更好地管理用户财富。如同 20 世纪 90 年代 ATM 的出现导致银行界淘汰掉了 17.9 万名出纳员（王作冰、叶光森，2017），随着智能投顾的发展，理财分析师这一职业可能也会逐渐被淘汰。

创新工场创始人李开复曾预言：未来 10 年，大部分人类只需要思考 5 秒钟以下的工作都会被人工智能取代，从比例上说，未来 10 年人类 50% 的工作都会被取代，比如助理、翻译、前台、会计、理财师等（李开复、王咏刚，2017）。以人工智能和大数据为代表的技术使现有的许多基础性金融工作岗位正遭受巨大的威胁，这些岗位主要具有两大特点。一方面，这些工作具有重复性较高的特点，尤其在银行，每天不同的业务基本可以分为几大类，在每个类别下会产生许多笔同样的业务；另一方面，这些工作的标准化程度较高，每一步操作的具体流程都有对应的明确、清晰的规定，相似的输入会产生相似的输出，这一特点使得其工作内容能够被编译为一些标准化的步骤，机器能够很快地理解外部需求并作出相应准确的反应。FinTech 的快速发展对具有以上两大特点的工作产生了巨大冲击。

➤ FinTech 带来的机会

尽管 FinTech 的发展对一些工作岗位产生了威胁，但 FinTech 同时也带来了一些机会。需要注意的是，由于金融科技发展的目的是提高效率，这往往意味着更少的人完成更多的工作，所以一般来说，FinTech 的发展并不会增加基础工作岗位的数量。但是，对于一些技术要求较高或工作内容复杂的岗位而言，FinTech 不仅不会威胁到这些岗位，反而会提高这些岗位上人才的价值。2016 年 3 月，英国《金融时报》报道称，现在美国斯坦福等 4 所名校人工智能专业的博士生第一份工作合同年薪已达到了 200 万~300 万美元，在背后争抢这些人才的公司主要是 Google、Facebook、IBM、苹果、微软、亚马逊、特斯拉等一系列全球领先的公司。顶级公司强烈的需求与高额的薪酬充分体现了市场对于 FinTech 技术人才的认可。

造成高薪酬的重要原因可能是 FinTech 人才的供给比较少。与 FinTech 飞速发展导致的高需求对比，FinTech 人才供给的数量一直比较有限。据统计，在 FinTech 的竞争浪潮中，中国企业里有 71% 的受访者认为招聘或留住金融与科技领域复合型人才方面有点难或非常难，在全球受访者中这一比例为 80%（普华永道，2017）。创新工场曾经投资了一家以人工智能技术进行发薪日贷款的公司，但当时投资时公司内部很多反对的声音说投资金额不合理（过高），对此创新工场的合伙人将这一高估值解释为人工智能领域人才的溢价，侧面反映出 FinTech 领域人才的稀缺性（王晓，2017），这种稀缺对一些人来说正意味着职业发展的宝贵机会。

17.1.2　FinTech 时代的能力

在 FinTech 时代，为了降低威胁、不被时代所淘汰，同时迎接机会、更充分地实现自我价值，人们需要具备一些适应时代需求的能力。对应人工智能技术发展需求的 "AIQ"（Artificial Intelligence Quotient）（王作冰、叶光森，2017），我们认为，人们还应具备一定的金融科技商数（FinTech Quotient）水平，这一能力可以被细分为四个层级：操作 FinTech 的能力、编写 FinTech 的能力、运用 FinTech 创新的能力和超越 FinTech 的能力。

➤ 能力层级一：操作 FinTech 的能力

在理解使用 FinTech 的能力之前，我们可以先看一个事例。亚马逊是一家世界领先的互联网公司，其获得成功的原因很多。就电商业务而言，作为在行业内率先使用大数据、人工智能和云计算进行仓储管理的公司，亚马逊商城提供的快捷运输配送服务为其带来了大量的客户。在配送服务中，亚马逊线下仓库中精细化的仓库管理系统极大地缩短了备货时间，提高了运转效率。与传统仓库货品管理不同，亚马逊的仓库中更多的是一些小型的机器人或机械臂去完成选货、捡货的工作，而工作人员的主要任务则是照看这些机器人，必要时还会进行一些维护工作。因此，在亚马逊的仓库中，能够留下来的都是经过培训后能够使用这些机器人的员工。尽管亚马逊宣称不会因为机器人的投入而解雇任何一位员工，因此这一技术变革不会对那些仍然不具备使用新机器能力的员工产生负面的影响（郝鹏程，2017），但我们仍然可以将这一事例类比到金融行业，感受到 FinTech 时代对人们使用 FinTech 能力的要求。

亚马逊的仓储管理与工厂生产的管理有些类似，在这个过程中，技术的进步使得工厂不再需要那么多生产线工人，而能够留下来的就只有那些能够熟练操作新设备的员工，大部分员工将不得不面临被淘汰的命运。FinTech 的发展对金融行业也产生了相似的影响，新技术的应用会导致 FinTech 的产品越来越多，以 FinTech 技术为核心的机器设备也会越来越多。此时，使用 FinTech 的能力就成为在金融科技时代的基础能力，这种能力是指在应用层面理解 FinTech 的能力，使人们能够具备类似制造业中操作或维护"新设备"的能力从而能够从容地操作基于 FinTech 技术而推出的新机器设备。使用 FinTech 的能力是其余三种能力得以形成的前提，相比于其余三种能力，使用 FinTech 的能力形成的过程比较简单，具备这种能力的人可以成为 FinTech 时代的蓝领工人。

➢ 能力层级二：编写 FinTech 的能力

进一步地，在 FinTech 应用的内层，技术代码/程序对 FinTech 应用的产生起到了重要的推动作用，大数据、人工智能这样的技术最核心的基础部分正是其背后的逻辑程序。因此，我们认为编写 FinTech 程序是人们在 FinTech 时代应该具备的第二项能力，与其他能力相比，这项能力的技术要求较高，具备这种能力的人可以称为 FinTech 时代的工程师。

➢ 能力层级三：运用 FinTech 创新的能力

如果 FinTech 无法进行商业化的应用，那么 FinTech 的影响范围将只会局限于实验室而不能扩展到人们的生活。因此，更进一步地，在理解 FinTech 应用与编写 FinTech 程序的基础上，我们还应具备将 FinTech 商业化、运用 FinTech 进行创新的能力。具备这种能力，不但要求我们具备理解 FinTech 技术的能力，更重要的是具备敏锐的商业触觉，具备对商业模式的深刻理解，知道我们如何可以让技术服务于创新。具备这种能力的人将成为 FinTech 时代的创造者和企业领袖。

➢ 能力层级四：超越 FinTech 的能力

尽管目前人工智能发展越来越成熟，FinTech 应用所能实现的功能越来越强大，然而，在现有的市场环境中，人的智慧仍然难以被机器取代，人依然具有机器难以具备的一些特质与能力，这就是我们应该具备的最后一种能力：超越

FinTech 的能力，可以被理解成一种人类独有的认知与情感能力。

超越 FinTech 的能力又可以分为三个层次：第一层包括对软数据的理解能力和热认知能力。软数据是指无法度量的数据（区别于硬数据，即能够被度量、被传递的数据），热认知是指带着感情的认知（区别于冷认知，即不带感情的认知），人的审美能力以及人独有的潜意识即体现了这一层次的能力。第二层包括人的想象力和创造力，使得人能够将不相干的事物联系到一起，提出一些机器难以产生的创意。牛顿看到了苹果落地，由此产生苹果为什么会落地的思考，进而发展为万有引力定律即体现了人的想象力和创造力。第三层能力包括人的哲学思维和道德能力水平，哲学思维使人的世界观独一无二，道德水平使人具有社会属性，能够明辨是非。机器能够根据法律条文判断某件事的合法性，但却难以理解人情世故、人性或者判断某件事是否合乎道德要求。类似地，如今人工智能机器虽然能够在短时间内学习古诗并作出一首诗，但在对想象力要求比较高的小说创作方面，机器却难以通过训练与人类比肩，更不可能写出像《悲惨世界》《骆驼祥子》这样取材于生活，同时体现了对人性和民族命运深刻思考的传世佳作。

17.2 FinTech 时代的教育革命

17.2.1 FinTech 时代的教育要求

FinTech 时代对个人能力提出的要求不仅会对个人产生影响，更广泛地还会对我们教育方式、教育内容产生巨大的影响。针对总结出的 FinTech 商数，我们认为应该加强三个层次的 FinTech 教育，分别提高人们对于 FinTech 的认识、增强 FinTech 技术能力并逐渐培养一种应用 FinTech 的商业思维，从而帮助人们应对 FinTech 发展带来的职业挑战。

➢ FinTech 的基础教育

FinTech 基础教育针对的是使用 FinTech 能力的培养，主要解答 FinTech 是什么、FinTech 的技术包含哪些、FinTech 发展的前沿话题有哪些等基本问题，提高人们对于 FinTech 的认识水平，加深人们对于 FinTech 的理解并鼓励尝试使用 FinTech 应用，从而在教育与实践结合的过程中逐步提高人们使用 FinTech 的能力。

　　FinTech 基础教育的形式比较丰富，如学校专设课程、在线课程或者网络上的金融科技科普等。就学校专设课程而言，FinTech 的基础教育应该不仅仅局限于金融专业或计算机专业的学生，任何对 FinTech 感兴趣的学生都能够通过这门课程认识 FinTech、了解 FinTech 最新的发展情况，在老师的引导和学生主动的探索下锻炼学生们使用 FinTech 应用的能力。我们认为，在 FinTech 时代到来的大背景下，每一个人至少都应该具备这一基础能力。这是因为我们可以想象到未来的生活会因为 FinTech 变得越来越方便，但如果人们都不了解 FinTech、不会使用 FinTech 产品，那么他们将很难跟上时代发展的步伐，也无法享受到技术所带来的好处。

➤ FinTech 的技术教育

　　FinTech 技术教育针对的是编写 FinTech 程序的能力，主要解答 FinTech 技术原理有哪些、FinTech 应用如何实现等问题，使人们能够深入理解 FinTech 运行的逻辑并且能够主动推动 FinTech 的发展，例如，自己编程开发一个基于 FinTech 技术的 APP 或者是在现有的 FinTech 应用（如支付宝）中开发小程序等。

　　尽管 FinTech 技术教育难度较大，门槛也相对较高，我们仍然认为推广与普及 FinTech 的技术教育十分有必要。与过去互联网技术对当今社会带来的变革性影响类似，我们认为基于互联网技术发展起来的 FinTech 也有带来这种巨大变化的潜力。当这种变化发生时，掌握编写 FinTech 程序的能力能够帮助人们把握时代变化中发展机会，提高个人的不可替代性，帮助人们实现自我价值。与 FinTech 基础教育仅从表面了解 FinTech 不同，FinTech 技术教育深入到 FinTech 应用的技术原理层次，该层次的教育内容包含程序编写、数据挖掘、模式识别与机器学习等。

➤ FinTech 的商业思维教育

　　FinTech 商业思维教育针对的是运用 FinTech 的能力，主要解答 FinTech 如何商业化为具体应用、如何利用 FinTech 创造价值等问题，使人们能够将 FinTech 技术转化为商业化的产品并推向市场，例如，开发面向用户的 APP、提出一种借助 FinTech 技术可以实现的新的商业模式等。这种教育可以帮助人们逐渐形成一种对商业活动的感觉，提高人们对 FinTech 市场中商业机会的敏感程度。

　　商业思维的形成是一个比较漫长的过程，其具体的教育形式也比较模糊。以具有代表性的 FinTech 应用进行案例分析或许是形成这种商业思维的基础，通过对较为成熟的 FinTech 产品进行剖析，了解其如何应用 FinTech 技术、解决了什么问题、满足了用户的何种需求以及如何带来商业价值等问题，以深入地了解市场，从而逐渐建立起对这个市场的认识。在全面充分的案例分析基础上，我们还可以在日常生活中进行自我训练，例如观察日常生活中存在的问题并从商业化的角度提出一些可行的解决方案等，类似以上的思考过程有助于商业思维的形成。

17.2.2 FinTech 教育实践

在全球 FinTech 发展热潮的影响下，许多学校也开始探索进行 FinTech 的教育。牛津大学于 2017 年 8 月宣布开设 FinTech 教育的在线课程（Samantha Hurst，2017），内容涵盖了与货币、支付、金融市场相关技术的教育，如区块链、人工智能、大数据等，同时还包括一些概念的介绍，如监管科技（RegTech）、地产科技（PropTech）、社会融合（Social Inclusion）等。牛津大学希望通过开设这些课程帮助金融从业人员应对 FinTech 发展带来的挑战，指导金融从业人员形成新的技能，以适应环境的变化。

在 FinTech 基础教育方面，纽约大学已经新设了全球第一个 FinTech 专业以专门培养金融科技方面的人才，斯坦福大学也于 2017 年首次为学生提供 FinTech 课程。在此之前，宾夕法尼亚大学沃顿商学院、哥伦比亚大学商学院等都已经纷纷针对学生推出了类似的课程（莫莉，2017）。2017 年 9 月，美国政府和一些美国重量级科技企业几乎同时宣布将投资巨额资本，提高美国在科学、技术、工程学和数学方面的教育，其中重点发展 K–12 阶段（从幼儿园到高中毕业）的编程教育（卢晓明，2017）。这一措施不仅体现了美国在提高人们编程能力方面所正在做出的努力，同时也释放出一个信号：未来程序语言或许会成为一门人人都需要掌握的语言。

国内教育方面，人们对于 FinTech 教育的重视程度也越来越高，如北京大学设立金融科技研究中心、西安交通大学设立"一带一路"FinTech 研究院、上海财经大学设立 FinTech Lab、AI Lab 等。学校之外的一些教育机构发现了 FinTech 教育市场存在的空白，也开始开设一些面向公众的 FinTech 线上课程，如瀚德 FinTech 创新学院、Talking Data 旗下的腾云大学等。此外，特许注册金融分析师（CFA）的考试已经确定将 FinTech 作为新增考试科目，考试内容包括机器学习、数据分析、区块链、比特币和监管科技等，这一举措能够引导人们主动了解与学习 FinTech。

17.2.3　FinTech 教育案例

我们以腾云大学为例来说明 FinTech 时代的教育要求。腾云大学（Talking Data University，TDU）是国内领先的独立第三方数据提供商 Talking Data 旗下的专注于大数据教育的平台，其致力于传播数据知识、构建数据思维、提升数据能力、挖掘数据价值，让更多的人具备大数据分析的能力。除了每周邀请国内外知名大数据专家开展大数据的专题讲座并进行免费的视频直播外，腾云大学还为许多企业客户开展了许多线下的大数据培训活动。截至 2016 年年底，腾云大学已经为 100 多家企业的数千名学员进行了大数据能力的教育活动，其服务客户包括招商银行、中国平安、中国移动、万科、万达等。图 17.1 是腾云大学提供的部分最新的在线课程。

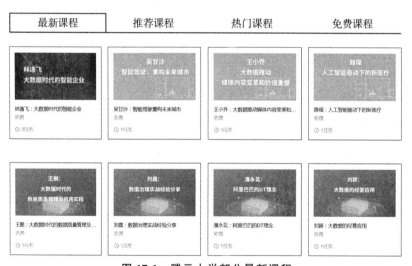

图 17.1　腾云大学部分最新课程

> **大数据基础教育**

腾云大学目前所提供的课程大多属于大数据基础教育，其课程教学的主要目的是普及大数据这一概念，展示大数据目前的应用领域，如金融、房地产、城市规划、市场营销等。其中比较具有代表性的课程如《探寻数据价值之路》以及《数据重构金融新生态》。

《探寻数据价值之路》的主要目的是为了让人们了解数据价值以及大数据的一些具体应用。在大数据已经渗透到我们生活的方方面面的背景下，人们对大数据的关注度和重视度都在逐渐提升，大数据的价值正在不断被挖掘。通过介绍挖掘数据价值的基本方法，这门课程可以引发人们对于大数据价值最大化的思考，大数据价值是否已经被充分挖掘？未来还可以从哪些方面实现大数据的价值？基于这些问题，人们能够逐渐形成对于大数据的基本认识。

《数据重构金融新生态》着重介绍了大数据在金融行业的应用，其主要目的是帮助人们理解大数据对金融行业造成的影响。随着互联网、移动互联网、物联网、可穿戴设备等技术的发展，人们日常生活及交易等数据都被记录下来，该课程通过分析这些积累起来的生活数据对金融行业产生的影响，能够让人们了解大数据在金融行业的具体应用。

➤ 大数据技术教育

在大数据技术教育方面，腾云大学也提供了一些课程，主要介绍与算法、分布式存储有关的技术概念与方法。这些课程大部分可以免费学习，而少量由国外著名大数据专家讲授的技术课程则需要收取一定的费用。其中，《Alluxio 以内存为中心的虚拟分布式存储系统的原理与使用》即体现了腾云大学的大数据技术教育。

Alluxio 是世界上第一个以内存为中心的分布式存储系统，它为不同的计算框架提供统一的接口，使人们能够通过这个统一的接口访问不同类型的数据源。与此同时，Alluxio 实现了多层次的存储机制，能够有效解决大数据技术应用中存在的数据存储的管理与配置问题。《Alluxio 以内存为中心的虚拟分布式存储系统的原理与使用》这一课程的主要内容是介绍 Alluxio 的技术原理以及使用方法，解释如何用技术实现大数据应用的问题。

除了推出教育视频之外，腾云大学还积极借助 Talking Data 的资源推动大数据技术教育的进程。Talking Data 作为国内领先的第三方数据服务商，在经营的过程中发现用户的人口属性是最重要的数据之一，但通过人工制定的规则难以预测设备使用者的性别和年龄。面对这个现实的商业问题，同时为了激发人们在技术学习方面的热情，Talking Data 举办了全球算法大赛。在为时两个月的比赛中，出现了许多精彩的算法，这些算法的结果以及此次大赛的成果都以视频的形式展现在了腾云大学中，可供对算法感兴趣的人们学习。

➤ 大数据商业思维教育

在大数据商业思维教育方面，腾云大学推出了《富人和穷人的故事：在移动数据中发现你不曾想到的》《数据变现的秘密》以及《阿里巴巴的 DT 理念》等课程。与之前两类课程不同，这些课程更关注的是大数据的商业化，包括如何发现大数据应用的商业机会、如何挖掘数据价值等。

随着移动互联网及大数据的发展，大数据在媒体、社交媒体、移动平台及金融、城市规划等领域得以广泛应用，看不见、摸不着的大数据在影响着我们生活的方方面面。那么，富人和穷人看待大数据的想法是否会存在不同？如果是，又会如何不同？应该如何利用大数据创造商业价值？通过学习《富人和穷人的故事：在移动数据中发现你不曾想到的》这门课程，人们或许能够得到答案。

《数据变现的秘密》对大数据实现商业价值的过程揭示得更加直接。该课程通过揭示互联网行业里将免费产品形成的流量、数据及品牌价值这些核心资产转化为商业价值的过程，让人们了解互联网大数据和流量变现的秘密，从而使人们建立起对于大数据商业化的认识。还有一些课程选择将领先的 FinTech 作为典型案例进行学习，如《阿里巴巴的 DT 理念》。该课程通过介绍阿里巴巴的 DT（Data Technology）理念以及数据科技在阿里巴巴的应用实践，引发人们对于数据科技时代大数据商业应用的思考。

作为中国最专业的大数据平台，腾云大学不仅提供与大数据相关的基础教育、技术教育和商业思维教育，还提供了大数据与其他 FinTech 技术融合相关的教育资源，如《大数据与人工智能》《大数据时代的智能企业》以及《人工智能驱动下的新医疗》等。从较为单一的大数据教育，到大数据与人工智能教育的结合，随着 FinTech 渗透的程度越来越深，未来腾云大学或许还会进一步提供与 FinTech 相关的更加多元化、更加深入的教育。FinTech 所引发的教育革命正在促使越来越多像腾云大学这样的教育平台出现，并随着时代进步逐渐发展壮大。

参考文献

［1］Hurst S. Oxford University's Saïd Business School Announces Online Short Course in FinTech［EB/OL］. https：//www.crowdfund insider.com/2017/08/120252 –oxford –universitys –said –business–school–announces–on line–short–course–FinTech/，2017–09–04.

［2］郝鹏程. 亚马逊仓库雇用机器人大军，没被裁的员工都去做什么了？［EB/OL］. http：//36kr.com/p/5092620.html，2017–09–13.

［3］李开复，王咏刚. 人工智能：李开复谈 AI 如何重塑个人、商业与社会的未来图谱［M］. 北京：文化发展出版社，2017.

［4］卢晓明. 白宫和 Facebook 等科技巨头共同斥资 5 亿美元，支持美国 K-12 编程教育［EB/OL］. http：//36kr.com/p/5095823.html，2017–09–29.

［5］莫莉. 金融科技火遍全球 教育行业亟待跟进［EB/OL］. http：//www.financialnews.com. cn/hq/cj/201706/t20170621_119578.html，2017–06–21.

［6］普华永道. 2017 年全球金融科技调查中国概要 ［R/OL］. http：//www.pwccn.com/zh/finan-
cial-services/FinTech/global-FinTech-survey-china-summary-2017.pdf，2017-04-10.

［7］王晓. 金融科技人才到底有多紧缺？年薪百万可能只是起步价 ［EB/OL］. http：//m.
21jingji.com/article/20170406/herald/98158a11371a6fdcea4af95e8162a456.html，2017-04-06.

［8］王作冰，叶光森.人工智能时代的教育革命 ［M］. 北京：北京联合出版公司，2017.

［9］杨扬. 阿尔法狗之父，低调的天才 ［EB/OL］. http：//www.hqrw.com.cn/2016/0406/48601.
shtml，2016-04-06.